图文版艺术家
传记系列

唐云传

郑 重 著

中国出版集团
东方出版中心

图书在版编目(CIP)数据

唐云传 / 郑重著. — 上海：东方出版中心，
2018.5
（图文版艺术家传记系列）
ISBN 978-7-5473-1218-6

Ⅰ.①唐… Ⅱ.①郑… Ⅲ.①唐云（1910—1993）-
传记 Ⅳ.①K825.72

中国版本图书馆CIP数据核字（2017）第276170号

出 品 人	赵 东
策划/责编	张 晶 范文渊
封面设计	吴文越
版式设计	荣成设计

唐云传

作　　者：郑　重

出版发行：东方出版中心
地　　址：上海市仙霞路345号
电　　话：62417400
邮政编码：200336
经　　销：全国新华书店
印　　刷：江苏苏中印刷有限公司
开　　本：890×1240毫米　1/32
字　　数：352千字
印　　张：16.5
版　　次：2018年5月第1版第1次印刷
ISBN 978-7-5473-1218-6
定　　价：78.00元

东方出版中心邮购部　电话:（021）52069798

目录

第一章

珠宝巷里的唐记参药店

杭州珠宝巷

　　天下西湖三十六，就中最好是杭州。杭州是因西湖而出名，还是因地处杭州才使西湖显耀，这里的是非功过无法说清楚。但有一点是可以肯定的，无论是杭州，还是西湖，它们之所以能使人回肠荡气，这和名人的诗酒流连、文人的捧场分不开。白堤、苏堤、孤山、苏小小墓……无一处不与名人有关。就连那一坊、一弄、一巷，也多是与名人有着诸多的牵连。它们的命名，各有所由来。

　　那条北出丰乐桥街、南出笕桥街的一条小巷，曲曲弯弯，看起来没有什么特殊，却有着一个极为富贵的名字：珠宝巷。这样一条小巷，自有它悠久的历史，宋代叫中沙前巷，因茅山河得名。茅山河在唐代称中沙河。到了元代，这条巷子里住的多是西域的客商，这些巨商大贾，在巷中设珠宝金玉古玩铺子甚多，由此而改为珠宝巷。

　　这条巷子是住过不少名人的。宋代就有司马渡、萧家渡、盖王府，因历史湮没，无从查考。忠肃公于谦曾经在这里住过，当时还有人写了诗："贡玉论珠席上珍，不贪夜气识金银。景行故里明忠肃，所宝唯思社稷臣。"忠肃公曾在这里做了什么德政，我们是无从知道的，这首诗带有点捧场的意味。这当然是明代的事了。到明末的崇祯年间，这里是古董商人献珠斗宝之所在。有一次，一位古董商人寓居在珠宝巷，携带着一只锦盒，盒中藏有一珠碧草，上有生就的小龙，像手指那样大，淡黄色，鳞角牙爪都齐全，循枝盘绕，气色如新。当地博物竟无人能识透它。当时末代潞王正在杭州监国，便把它买进府中。这位潞王利用居住珠宝巷之便，家中收藏着许多奇异的古物，佛水盆、竹节石、纯阳像、四面观音、夜里放光的舍利，在杭州是名噪一时的。到了清代，道光丙戌进士项达居此。嘉庆丙子年，一位老先生考取国子监学正，放任知县，他"舍花封之烂漫，甘槐市之萧条"，隐居在于忠肃公故宅，主讲紫阳书院，当起教书匠来了。

就是这么一条巷子，竟有如此显赫的历史，至于整个杭州和西湖更可想而知了。杭州毕竟有着湖山之盛美，所以苏东坡老先生的那首诗把西湖写成"淡妆浓抹总相宜"的美人，使后人为之折服，都说他把西湖写绝了，没有人敢提出异议来。正因为杭州有着那么好的湖光山色，才使那些客居杭州的外乡人，唱着"游人只合江南老"的调子，做着终老在杭州的梦。在外地的杭州人，因为自己出生在西子湖畔，都是以杭州人自居，那是带着几分乡情几分自豪的。

画家唐云也是这样，在他的画幅上，总是忘不了题写"杭人唐云"的落款。这一方面是他要区别于姑苏的唐寅，因为曾有人开玩笑说他是姑苏的唐寅，因为追求秋香跑到杭州去了。更重要的是唐云在画上寄托着他缕缕的乡思，他忘不了自己是杭州人。

当年，唐云带着父母的骨血降临到这个世界，就是出生在杭州珠宝巷这片土地上。

满月酒和抓周儿

　　杭州的阴历七月，暑气虽然还未消尽，却是很有诗味的。七月初七，牛郎织女银河相会，市井坊巷，家家户户都备以莲藕茜鸡之类的果品，向这对小夫妻祝福。还有一种泥塑的魔合罗，就成了孩子们最时髦的玩具，他们身披荷叶，手持荷花，学着魔合罗的各种姿态。到了夜晚，妇女们对月穿针，女孩儿用凤仙花染红手指甲，男人们则面对着馄饨杯盘，饮酒为乐。诗书人家就更雅了，他们把五色诗签悬挂在竹竿上，写着自己作的诗，作不来诗的也要写上唐诗宋词的句子，掷付清溪或投入西湖中去，让那雅人雅事随水流去。

　　按照杭州的习俗，孩子将要出世之前，外婆家须备花红礼品前来催生。不知是送子观音的勤奋，还是唐云要赶七月初七的热闹，没有等外婆家来催生，他就于1910年（庚戌）8月10日（阴历七月初六）来到人间。他的到来，使唐家的七月初七乞巧节更加热闹。不久又是七月十五的盂兰盆节和七月三十的放河灯。在他出世的这一个月里的好日子都被他遇上了。

在珠宝巷内，唐云家虽然算不上名门望族，却也是有些身份的。祖父唐光裕创办的参店，兴旺发达的时期虽已过去，由于父亲唐景潮对参店的惨淡经营，还是能维持家计的。不过唐记参店的名望在外，倒不在于参药鹿茸之类，而是唐景潮的广交朋友，乐善好施，扶贫济危，当地人对这位参店小老板都尊称之为唐菩萨。像这样的家庭，对长孙长子的降临，自然是要隆重庆贺一番的。

吃满月酒，唐家发帖宴请。这时末代皇帝还坐着龙廷，一切风俗都没有变更，家人照例要给唐云剃头。在杭州，满月酒也叫剃头酒。亲友送礼，一顶帽儿是少不了的。那黑色的缎帽上，缀着红顶银饰，有寿星、兽头，还有金玉满堂及长命富贵的字样。剃下的头发不得随便乱扔，必须搓成团，用红丝花线扎好，挂于厅堂的高处，表示孩子长大之后有胆量。

此时的唐云虽然被打扮得像个小寿星，与一般的孩子并没有什么两样。可是在客人将要入席就座时，他哇哇地大哭起来。母亲喂乳他不吃，祖母抱着拍着走着，他仍然是啼哭不止。好事的客人斟上一杯状元红送到唐云的嘴边，让他闻闻酒香，又放在他的嘴边让他吸吮一滴，他竟然张开小嘴，把一杯状元红给喝下去了。

唐云的此举，博得满座喝彩。他喝下那杯酒后，安安静静地入睡了。

杭州人对一个人的出生十分重视，习俗礼仪也特别多。吃了满月酒，到了三个月后，便要过百禄。这时自然又要庆贺一番。到了六个月，那是中等规模的庆贺，最隆重的要算周岁的庆典了。

唐云坠地，本就健康壮实，到了周岁，长得胖墩墩的，不只是牙牙学语，而且可以自由走动了。当然，他的那点自由还是有限的。这时唐云要经受一次预卜自己未来的测验。

杭州人的习惯，孩子长到周岁的时候，家长要用一只托盘，把文具、算盘、书本、赶牛鞭……放在一个托盘里，让孩子自己去取这些东西，看他先拿什么。先拿赶牛鞭的要种田，先拿算盘的可能会经商，拿书本和笔砚的可能会成为读书人，先拿印的可能要做官……唐云周岁的那天，老祖母早按旧例，在托盘里放好一切她认为应该放的东西，把托盘放在桌子上。

唐云走到桌子前，看看这，看看那，就是不伸手去拿托盘里的东西。祖父、祖母、父亲、母亲，都带着各自的希望祈祷着，焦急而紧张地等待着，似乎唐云此举真的要决定他的终身。唐云似乎并不理会这一切，他伸手去摸那托盘，什么也不拿，只是使上一股劲，把托盘翻得底朝天。托盘旁正好有一只空酒杯，他顺手拿起，放在嘴里吸吮着。

"哎呀，这孩子——"全家都惊呼起来。这可是一个不祥之兆啊。

古人曾认为杭州山水太秀丽，加上苏东坡老先生那首咏西湖的诗，使人感到西湖就像是一位风骚迷人的狐狸精，所以杭州绝出不了好子弟来。这话虽然不包含什么必然的真理，还是有些人相信的。何况唐云的这一非凡的举动，怎能不使全家人的心都蒙上一层阴影呢？

祖父的烟枪和父亲的算盘

　　在历史上，"杭州人"的确是个有趣的话题，引起过人们的议论和研究。正如现在讨论"海派文化"这个时髦话题一样，为谁是上海人争论不休。唐云出世的那个年头，讨论谁是杭州人、杭州人有什么特性也是热闹过一阵的。什么杭州的沿革、杭州通考之类的书籍也应运而生，向上一直考到杭州的出现是在大禹时代。柴虎臣著的《杭州沿革大事考》就说："禹末午，巡会稽至此，舍航登陆，乃名杭，始见于文字。"后来，杭州的名气也就渐渐地大了起来，为越为吴，也是吴越争霸的战场。东汉时曰浙江，三国时曰富春，东晋时为吴郡，隋唐时为杭州。杭州的名气真正显赫时是在宋代南迁成为小皇帝偏安时的国都。

　　人们研讨了杭州的变迁，由此而得出结论，杭州人的性格也是随着杭州的变化而变化着的。渔猎时代无从说起，当他们还是吴越国人，杭州人有着好战、坚忍、刻苦、猜忌的性格，并且富于巧智。自从以西施作美人计征服了吴国，兵事上虽然打了胜仗，但民俗上却每况愈下，喜斗、好勇、坚忍、顽强的性格消失了，猜忌式的小心眼却逐渐地发达了起来。以后的历史，杭州人就处于被征服的地位，隶属于北方人的胯下。东吴时孙家父子的崛起，杭州人虽然扬眉吐气了几天，历经隋唐，到了南宋，杭州人就不怎么样了，因为他们的骨子里，混入了汴京人士的文弱血脉，变得以文雅自夸，以清高而自命了。终日过着只求欢娱、不思振作的日子，当然就是大事干不来，小事不愿干了。看上去杭州人的性格是蛮硬的，他们自己也常以"杭铁头"而自慰，那只不过是在阿Q精神支持下摆出的大少爷的架势。

唐云的先人是从汴梁迁来还是西域的回人，已经无从考证，但他祖父唐光裕却有着贵族的疏懒习气。鸦片战争的炮火枪声并没有使他觉醒，而虎门烧鸦片散发出来的缕缕香气却把他熏得晕头转向，他把唐记参店交给儿子管理，自己躺到床上，抱着一杆烟枪，每天只是腾云驾雾，不问家事了。对长孙唐云，祖父是倍加爱护的，经常把他抱在烟榻上，吸上一口大烟，慢慢地向他的鼻尖上喷吐着，让孙子也闻闻那股香味。更甚者，祖父有时也叫他吸上几口，一解自己在烟榻上的孤独。

在唐云幼小的心灵里，第一留下的印象就是祖父的烟枪，他常把那烟枪当作自己的玩具。

既是儿子又是父亲的唐景潮，对这些是看不惯的。作为儿子，他无法去劝阻老子不吸鸦片，但是作为老子，他可以教育儿子不要沾染那种习气。他常常以算盘代替烟枪，给儿子灌输一些生财之道。然而唐景潮虽身为参店小老板，却不懂经营，也不善理财，而是以清高文雅而自诩的。他爱好文学，又是一位书法家，写得一手漂亮的颜真卿。在杭州城里，他的参店并不像他的书法那样有名，更不像他的诗那样俊逸古朴；广交朋友，又使他具有名士派的风流。这位带着大少爷习气的参店经营者，生意做得并不怎样，到唐云懂得玩耍的时候，真的有点家道中落了。虽然自己没有把参店经营好，但想到儿子抓周儿掀翻了托盘，他担心儿子将来还不如自己。

对唐云的行为，祖母钟氏是从来不表态的。她觉得祖母与孙子毕竟是隔了一辈的人，教育孙子是儿子的事情，何况自己娘家的人也是中过状元的。中过状元又怎样？后辈还不都是纨绔子弟，把一个好端端的富有的家庭败得差不多了，并没有因为祖祖辈辈居住在状元弄就能挽狂澜于既倒。她只是照样念她的佛，照样到灵隐寺烧香。

人生第一位老师还是母亲。唐云稍微懂事，母亲汤素贞就以钟家的衰落来告诫他："不要学状元弄的钟家样，一个个都是败家子。"祖母听了这话，心中虽不甚愉快，但从来不和媳妇争论，她是一位很重事实的老人。汤素贞虽不懂得书画，但她能教唐云读书识字。像中国所有的诗书人家那样，给孩子启蒙时，总是从教孩子读唐诗开始的，又总是把"春眠不觉晓，处处闻啼鸟，夜来风雨声，花落知多少"作为第一课。

与祖父的烟枪和父亲的算盘相比，对母亲教的唐诗，唐云有着特殊的感受。母亲教的诗，他一听就能背诵，学会了一首还想再学第二首。

金鱼缸、裱画店和插图本《千家诗》

人是有天赋的。这种天赋就是生物信息，表现出来的就是对客观事物的反应和接受能力。

唐云的天赋中蕴藏着爱自然、爱小生命的因子，直到白发老翁，他的这种童心仍然在时时流露着。每年的冬天，都有一个小小的金铃子在他那宽厚的胸脯上越冬，他用从肌体内散发出来的热温暖着那个小生命。他给它饮水，他给它食物，它也似乎在给他欢乐，消解他老年的寂寞。自然界的小生命，在他童年时不就给过他很多的欢乐吗？

杭州有些有名望的人家，院子里都有一面照壁，遮挡着行人的视线，照壁的后面却藏着一个色彩缤纷的世界，有花草，有假山，有曲曲小径，还有养鱼养鸟的情趣。唐云家中照壁后面有一只很大的金鱼缸，缸里养着各种各样的金鱼，泛着各种色彩。这只金鱼缸就是唐云的世界，他经常趴在缸边看金鱼，用草棒同金鱼嬉戏，金鱼是他的朋友。

有一天，家里人突然发现唐云不见了，四处出动找他，结果发现他蹲在金鱼缸里，在那里捉金鱼。八十岁的唐云，听到胸前金铃子的清脆的叫声，童年捉金鱼的情绪就回荡在胸中，还说："那次最得意，伸手就能抓到一条金鱼，抓了很多，觉得自己的本事很大。"人生大概就是这个样子，到了老年，就会觉得自己无所为，而且在衰退，就会想到童年的壮举，就会觉得那时的本事很大，一种自豪的情绪油然而生。

唐云的童年，珠宝巷的珠宝铺虽然萧条了，但是裱画铺子还在。裱画铺也是唐云的娱乐场所。每次他带着弟弟妹妹上街，走不上一段路，他就钻进裱画铺内，聚精会神地看贴在板上的大大小小的画，再也不管弟弟妹妹的事了，害得弟弟妹妹只有哭着回家。他自己有时是忘记回家的。有一天傍晚，裱画店要关门了，他就躲在裱画的大案子下，在裱画店过了一个通宵。这一次，家里的人无法找到他，急得有些发疯了。但唐云并不以此为戒，反而觉得很痛快。

唐云长到六岁，父亲要送他入塾读书，便给他起了个名字叫侠尘。上学的那天，父亲还对他的名字作了一番诠释，要他像侠客一样，做一个有血有肉有骨气有正义感的男子汉。

启蒙老师是一位老先生，名字叫萧也牧。唐云很快就发现这位老师只懂得做诗，不懂得画画，心中总感到有一种遗憾。萧也牧教学很懂得孩子的心，他不让孩子们读那些有很多注释而没有插图的唐诗集子，而是用《千家诗》当课本。《千家诗》上有许多插图，都是山水画，书页的下半部是诗，上半部就印着插图，那山水画又是一页一页地连绵不断。唐云对读诗有兴趣，对书页上的插图更有兴趣。白乐天、苏东坡、林和靖咏西湖的诗，画的也都是西湖景色，唐云看了感到特别亲切。他用小纸片把《千家诗》上的插图描绘下来，送给他的小朋友。这样，就有许多想要画片的小朋友围着唐云转，使他很自鸣得意。

唐云长到八岁，就从私塾转入珠宝巷紫阳小学，插班读三年级。这时，老师教的已经不再是《千家诗》，规定读《古文观止》。唐云对《古文观止》也有着浓厚的兴趣，不只是那写景的散文他能熟背，就连那些策论、杂说，他也背得很熟。读到《陈情表》、《祭十二郎文》等富有感情的文章，他读得声泪俱下，那是很动情的。

读古文，背古诗，唐云在紫阳小学生活了三年，到十一岁时，他考入了杭州第二高等小学。这个小学是一所教会学校，学生们都要做礼拜，这对欢喜自如随意的唐云，就像紧箍咒套在头上，感到极大的不自在。他想逃脱做礼拜，要再考别的小学。但是这所学校里有图画课，对唐云富有吸引力。有所得就必有所失，为学画画，他就硬着头皮留在第二高等小学，每个星期天都要去忍受做礼拜的痛苦。教图画课的教师是王松林，他看到唐云能背那样多的古诗，对画图又特别敏感，便对唐云进行精心指导，使唐云懂得画画的许多道理，不再像描绘《千家诗》的插图那样依样画葫芦地东涂西抹了。

十三岁的唐云，已经长得像毛头小伙子了。这一年，他考进了惠文中学。真是冤家路窄，唐云越是怕做礼拜，偏偏又考入要做礼拜的教会学校，不但如此，惠文中学还特别重视英语。不知为什么，唐云对语言的接受能力特别差，对英语不但没有兴趣，甚至还感到讨厌。看来，唐云对语言缺乏敏感，那是天生注定的，八十年的岁月，他走南闯北，不要说英语，就连普通话也不会说，在上海生活了五十年，不会说上海话，仍然是一口浓重的杭州话。语言讷讷，有时连杭州话也说不好。

屋漏又逢连夜雨，船迟偏遇顶头风。唐云对英语极为讨厌，而他的父亲偏偏要他到英语专科学校去读书。英语本来就不好的唐云，怎能考上英语专科学校呢？还是父亲托了人情，走了门路才使唐云进了这所专科学校读书。这一年，唐云恰好是十五岁。可怜天下父母心，做父亲的对孩子的了解是那样少，又总是主观地把自己的希望加到孩子头上，变成孩子的希望，往往还带有专制性。

在这个学校里，不但要读英语，不但要做礼拜，更有一个令唐云头痛的是还要学数学。直至如今，唐云回忆起这段生活，还感到苦不堪言。他说："英语、礼拜、数学，像三把刀子压在我的脖子上，使我透不过气来，虽然用了九牛二虎之力，数学学得最差，总是考最后一名，英语也总是考最后一名。"

唐云也有他的撒手锏：语文是全班最好的。如果以单科成绩计算，唐云的语文总是考第一名。有时别人问他学习成绩怎样，他跷跷大拇指，含糊其辞地说："第一名！"这颗带着一点虚荣的心，也有着最大的安慰，他遇到了一位中国文学特别好的老师——查猛济。查猛济是位多才多艺的老师，他不但教学生读《史记》，也教学生如何欣赏音乐，还教学生做诗，他自己的诗有着宋诗的特点，清峻而富有哲理，带着淡淡的禅味。有一次，唐云想自我标榜一下，作了两首诗给老师看，老师以为他是从哪里抄来的，也可能是年岁大的学生代笔。唐云不服气，就少年气盛地当场作了两首诗给老师看。

"是有点诗才。"查猛济看了直点头。

"本来就是我作的嘛。"唐云自有些得意。

"你作诗是从哪里学来的？"查猛济问。

"老师，是你教的。"唐云说。

"噢，你领会得很快，还要在格律上下些功夫。"查猛济送给唐云一部《清诗别裁》，要他多背诵几首。

查猛济也懂得一些绘画。他教唐云欣赏音乐和赋体韵文时，就告诉唐云："音乐、韵文和绘画都是相通的"。以当时唐云对绘画的体会和绘画水平，还无法理解老师的话。直到若干年以后，他才把对音乐和韵文的感受引入画中。他说："听音乐，读韵文，可以体会到艺术的节奏，理解艺术是如何转折而有波澜，艺术要活泼，转折的地方要接得上，画画也是这个样子。"

在当时，唐云是说不出这番话的。可以想象，在当时，如果没有查猛济老师的教导，学做诗，听音乐，读韵文，在"三把刀子"下的唐云，不知道在这个学校里将如何生活三年。

违抗父命走自己的路

唐记参店倒闭了。

这是唐云意料中的事情，并没有为此事感到震惊。不知从什么时候起，唐云就知道父亲不会打算盘。

这件对唐家不幸的事却救了唐云，他在英文专科学校只读了一年，在他十六岁的时候便辍学在家，要帮助父亲把参店维持下去。唐云同样不会打算盘，对经营参店和读英文一样没有兴趣，大部分时间在练字学画。

唐景潮的朋友中有两类人，一是中医，一是书画界的名人。当时杭州的书画界是萧山派的画家占主导地位，画山水的陈朴，画人物的陈梅舟，画花卉的赵叔英都经常到唐家来，又会作诗又能写郑板桥书体的周子雯，学金冬心书体的王鹿春，也都是唐记参店的座上常客。唐景潮以书画会友，和这批人交上朋友，但他们的经济都不怎么好，实际上是唐家的食客。唐云是很欢喜这批老年人的，从他们的绘画艺术上，他得到了许多教益。何况唐云这时正在临颜真

图1　唐景潮

卿的《南城小麻姑仙坛记》，练得功力很不错了，深受这批书画家前辈的称赞。

　　前辈们称赞唐云的书画，作为父亲的唐景潮是不以为然的。他自己对书画虽然极为喜爱，而且又是下了海的人，正因为如此，他深知下海的结果，使唐记参店倒闭。这就使他更直觉地认为，那些搞书画的朋友大多穷困潦倒，而行医的朋友生活都比较安定富裕。一种功利心态使他反对唐云学画。

　　"你去学中医，济世救人。"父亲明确表示自己的意见。

　　"我不学，眼泪鼻涕的，脏得很。"唐云已经不像小时候那样听话了。何况这时他的绘画刚刚入门，兴趣正浓。

　　"不学医也好，到邮局找个事情干干。"父亲虽是向儿子作了让步，仍然不希望儿子画画。

"我见到钞票就头痛。"唐云说。

"没有钞票，谁给你饭吃。"父亲说。

"就是饿肚子我也画画。"唐云和父亲顶撞了起来。

"没有出息——"父亲很不高兴，没有把话说下去，大概他又想到抓周时唐云将那测定命运的托盘打翻的事情了。

这几乎成了美术史上一个共同现象，有不少艺术大师，在他们决定献身艺术的时候，往往得不到家长的支持，有的甚至遭到暴力的干涉。文艺复兴时期的文艺三杰之一的米开朗琪罗的艺术生涯的开始就是这样。他那贵族出身的父亲知道自己的儿子要和石头泥土打交道时，竟是如此的愤怒，他认为那不是艺术，他发誓不容许波那罗蒂家族中出现摆弄凿刀和画笔的人，他要让五个儿子都成为银行家。被誉为西方现代艺术之父的塞尚也有着同样的遭遇，童年时，父亲就给他买来一盒颜料，塞尚开始了艺术上最初的涂涂抹抹，父亲以为是游戏，感到很好玩。但是，当塞尚越画越认真，并在学校中获得二等奖时，老塞尚大吃一惊，把儿子叫到面前，大声怒吼道："你要想想将来，有天才就会饿死，有金钱才能活。"在中国，情况稍有不同，由于绘画一直受到历代统治帝王的重视和扶植，有的帝王就是书法家或画家，书画被认为是一种高人雅士的行为，有些人甚至因画而平步青云，所以遇到的阻力要相对少一些。但也不会一帆风顺，同样会被望子成龙的父母看成是"不务正业"，是玩物丧志，没有远大理想的表现。唐代画家阎立本不就告诫人们不要再走他的道路吗？但有意思的是，这种较量的结局，多半是孩子获胜，再严厉的父亲，最后也只能认可孩子们的选择，报之一声叹息而已。究其原因，大概就是起源于爱的热情是任何力量也禁锢不住的，它是一团烈焰，可以熔化坚冰；它是一颗种子，可以穿透磐石。这时的唐云热爱艺术之火刚刚燃起，还不知道会烧到哪里。

唐云果然是唐家的一把烈火，而且是一把不祥之火。他在家帮助父亲维持唐记参店，经营了一年，不但没有起色，到了他十八岁那年，不知从哪里来了一把天火，唐记参店的参丹丸膏，顿成灰烬。

清理参店废墟，从地下室里挖出两缸黑黝黝的膏子。唐云以为是参膏之类的贵重药物，想把这两缸膏子卖了，也可以维持家庭生计。仔细一闻，不料是两缸鸦片膏子。原来是祖父把它藏在地下，以备救急之用的，但两缸烟膏连动也没动，祖父就归天去了，遗嘱上没有写明此事，谁也不知道还有这两缸宝货。也许是老人家在弥留之际，对吸鸦片突然有了悔悟，为了不让后代再吸上这种东西，所以才秘而不宣。在当时，鸦片也是贵重的东西，如果把两缸鸦片烟膏卖出，所得的钱也足够维持家庭一个时期的生活的。

唐景潮不但没有把这两缸鸦片膏子卖掉，反而和唐云的姑丈一起，腾云驾雾地抽起鸦片来了。

对姑丈和父亲一起抽鸦片，唐云有着一种本能的反感情绪，烟榻之旁，于是就常常出现一些小小的口角。

"读书有啥好，活着就要随人的兴趣。"姑丈说。

"你这有什么兴趣可言，是没趣。"唐云对姑丈从来是不客气的。

"画画有啥好，我的朋友都是画画的，穷得要命，每天一菜一汤，连家都没有，住在旅馆里。"父亲极力反对唐云画画。

"那也比有人有家而不能归好！"唐云这话是针对姑丈说的。因为姑丈抽鸦片，姑母不让他回家，只得每天和唐景潮混在烟榻上。

"我现在才知道，抽鸦片快活如神仙。"父亲这样说，鸦片使他和姑丈粘在一起了。

"爷爷就是抽鸦片抽死的！"唐云也气得跳了起来。

"你给我滚！"父亲要把唐云赶走。

家里的房子被烧了，又和父亲发生了冲突，唐云便搬到姑丈家去住了。他的两位善良的姑母同嫁给一个丈夫。唐云想，姑丈在我家抽鸦片，我就住到他的家里去。两位姑母当然很欢喜唐云去住的。这时的唐云搞不懂，两位姑母为什么钟情于一个男人，而且又是一个鸦片鬼。

姑母家的住宅也是庭园式的建筑，有两个花厅。东花厅是两位姑母起居会客的地方，西花厅则是一处清静所在，有假山、喷泉、奇花异卉，是一栋三层楼，唐云就住在二楼。偌大的花厅，只住着唐云一人。唐云不知道，这个花厅正在闹鬼，两位姑母白天也不敢到这里来。

"那里住不得的，有狐狸大仙，经常要显灵的。"姑母说。

"什么仙，什么鬼，你叫他们来好啦，我来对付他们。"唐云说。

这时正是夏天，杭州热得像一只火炉。唐云赤膊露体，只穿着一条大腰短裤作画。晚上就到假山旁去乘乘风凉，想看看狐狸大仙的真容。

等了两个晚上，没见什么动静。唐云想，可能是姑母的疑神疑鬼，根本没有什么大仙。第三个晚上，唐云就不到假山旁去了，留在楼上画画。

这天晚上，唐云画了一幅山水，是临南宋画家马远的《踏歌图》，两棵柳树画得特别得意。他自我欣赏了一番，然后又蘸饱了水墨，横笔一扫，又画出了一块坡石，那淋漓的墨韵使唐云喜不自胜。正当唐云陶醉于水墨之中，突然有一股奇怪的味道随风飘了进来，那味道又特别强烈。唐云拿着笔抬头一看，一只花狐狸正趴在窗台上，瞪着两只眼睛，也在入神地看他画画。唐云没有去惊动它，心想它会不会像聊斋中的那些小狐狸，摇身一变变成一个少女走到他的画案上来。

花狐狸和唐云对看了一阵，用前爪洗洗脸，就慢慢走开了。走了几步又回头向唐云看了一眼，然后就消失在茫茫的夜色中。

第二天，唐云把看到花狐狸的事和做饭的师傅说了。

"要除掉它，已经闹得全宅不得安宁了。"做饭师傅说。

要除掉花狐狸，唐云是有些不大愿意的。他觉得花狐狸的两只眼睛特别动人、特别传情。但他想到两位姑母担惊受怕的样子，也就不好意思反对了。

当天晚上，唐云和做饭师傅利用花厅旁的一个泉水池，在池子里放上食物和捉狐狸的夹子，等待狐狸的到来。到了半夜时分，只听得水池里滴格响了一声，随着传来狐狸的尖叫声，那叫声尖利阴森凄惨，使人毛骨悚然。

做饭师傅当场就把狐狸的皮剥去，把它提回家烹煮。第二天清晨，做饭师傅把烧好的狐狸肉带来，又搬出一缸绍兴加饭，和唐云对饮起来。

"什么好的下酒菜，使你们一大早就喝酒。"姑母问。

"你家的狐狸大仙被捉住了，你尝尝它的肉，很香。"唐云说着就把一块狐狸肉送到姑母面前。

"哎呀呀，你们作孽啊，狐狸大仙要显灵的。"姑母说着，那肉是绝对不敢吃的。

"吃到肚里，看它还显灵不。"唐云说着，又很香地吃了起来。

在生活中，唐云不信邪；在艺术上，唐云同样不信邪，血气方刚的十八岁小伙子，正是处于不信邪的年龄。不过，对那只小狐狸，唐云总是带着隐隐歉意的。每忆及此，唐云总是说："那只小狐狸很通人性。"他曾经多次为小狐狸写真，都写得那样传神，注入着自己的感情。这叮能是"吾虽不杀伯仁，伯仁由我而死"的心态，使他对小狐狸之死始终是内疚弥深。

第二章

走出珠宝巷

杭州唐伯虎

　　唐云的绘画生涯，如果从他六岁入学画《千家诗》的插图算起，到他十九岁已有十三个年头了。

　　画了十三年，他没有向谁施行过拜师礼，他学画的版本就是故宫博物院出版的珂罗版画册画片。杭州的庙多，富家庭院也多，那雕梁画栋，门饰壁画，以及风景如画的西湖景致，南高峰北高峰的山水，都是他的老师。这些活生生的教材也就够了，因为艺术本来就不是教出来的，它是一颗种子，需要的只是合宜的条件和环境，有了这些，它就能生长，就能喷芳吐艳。文化古城杭州和珠宝巷的文化气氛，都是唐云的艺术土壤。

　　开始，唐云学画是出自天性的爱好，也有些是为了消遣。父亲主持的唐记参店虽然不怎么景气，维持家计还是可以的，吃饭穿衣不用发愁。现在，参店变成灰烬，父亲又吸起了鸦片，唐记参店要复业开张，已经没有经济实力了。要寻别的生路，这时的唐云又能做什么呢？这就使他不得不考虑向绘画讨生活。否则的话，连买笔买纸张的钱都没有，再把画画当作消遣自娱，不要说养活父母和弟弟妹妹，就连自己也只能喝西北风了。

在商品经济时代，绘画艺术能不能得到社会的承认，就要看一张画幅能不能产生经济效益。唐云精心画了一批山水扇面，送到舒莲记扇庄出售。初出茅庐的画家，作品自然标不高价钱，正因为每把纸扇的价钱便宜，所以买的人也多。花钱不多，买一把画家的真笔扇面扇扇，清风徐来，暑气尽消。商品经济的市场，是随着消费者的风转的。舒莲记扇庄销售的唐云山水扇面又便宜又好，一传十，十传百，渐渐地在杭州城内刮起了一阵抢购唐云画扇的风。特别是那些识字不多而附庸风雅的人，甚至连唐云和唐寅也搞不清楚，还自以为买了一把唐寅的画扇，自鸣得意地成了唐云画扇的义务宣传员。

你也买，我也买，你也叫，我也叫，居然叫出一个"杭州唐伯虎"来。有人曾开玩笑说，唐云在杭州起家，是因为占了名字的便宜。其实也不完全是这样，唐云的山水虽然不像唐寅那样有师承，但在稚嫩中流露出横溢的才气，和"日就野禅，衣钵尘土"的浙派绘画相比，显出了清新灵秀，把那种硬板秃拙的老气横秋全抛弃了。

杭州唐伯虎代替了唐云，杭州人的确也为自己城里出了一个唐伯虎而高兴起来。上门买画的，介绍职业的渐渐多了起来。经过一番考虑，唐云应聘冯氏女子中学，接了王潜楼的教席，教起图画来了。

王潜楼是西泠书画社的社长，也是有些名气的画家。他是浙江富阳人，在杭州以卖画授徒为生。王潜楼是唐云父亲的朋友，同唐

图2　唐云在杭州西泠印社（1945）

云早就认识，唐云也经常到王潜楼家请教画艺。王氏的一些学生都喊他为"唐大先生"或"唐老帅"。这一方面是因为唐云排行居长，另一方面也是对这位杭州唐伯虎的尊敬。唐云接了教席不久，王潜楼就病逝了。王身后萧条，唐云就帮助王家解决了些生活上的困难，以示对王潜楼的感谢。

　　唐云开始出名后，生活的圈子很快就扩大了。他参加了杭州的一些艺术团体，诸如西泠印社、西泠书画社等。在这些团体的艺术活动中，唐云又结识了杭州画家高野侯、丁辅之、陈叔通、陈伏庐、武劭斋、姜丹书、潘天寿、来楚生等，同他们在一起切磋艺术，唐云的艺术视野极大地开阔了，名气也大了。但是，唐云自己心里很清楚，此时他只不过是站在中国绘画艺术宫殿的大门口，还没有登入堂奥，何况自己要走上卖画为生的道路，不能和那些玩艺术的相比。所以他丝毫也不敢怠慢疏懒，在艺术上更加刻苦用功了。

唐云青年时代的作品才华横溢，给人留下了深刻的印象，直到他进入古稀之年，人们见到他早期的作品，仍然是赞不绝口。1982年，张堃一曾有诗题唐云二十二岁时的作品，题为："俞志华以唐云药翁二十二岁时所作秋景扇面一叶见赠，喜赋，并以致谢：紫赭惊秋艳，萧疏涧水滨。著虫著两个，俯仰似相寻。画师正韶年，崭见才华新。染翰师造化，栩栩物态新。感君慨然赠，琼瑶未足珍。"

此后，唐云又为张堃一作了一张画，张氏亦有诗题记："唐药翁云为画鸣蝉图一帧，赋题一绝：物情皆有逢时乐，日朗风轻蝉纵声。自喜余年睹清晏，啸歌时亦似蝉鸣。"

西湖巧遇富阳女

　　父母之命，媒妁之言，唐云在十八岁时就和一位钱庄老板家大小姐订婚了。唐记参店虽然已不复存在，但牌子还是没倒，钱庄的大小姐与参店的大少爷恰也是门当户对。

　　钱庄大小姐的长相如何？性格如何？唐云并不知道，这时他也无心于女孩子的事。虽然只有十八岁，唐云的心性已经逐渐明朗了，画画自然是第一爱好，对书法和作诗，也有着浓厚的兴趣。唐云对这些诗书画的注意，远远超过对女孩子的注意。除此之外，如果把和尚和美女相比，唐云欢喜的是和尚；如果把美酒和美女相比，唐云欢喜的是美酒。唐云也自称："欢喜美酒，欢喜和尚，不大欢喜美女。"

　　唐云就没有一见钟情的时刻吗？

　　在唐云二十岁那年的8月，他又和弟弟妹妹去游西湖。

　　外地人对杭州的西湖，都以为它的盆景气息太重，在游览之余还要把它评议一番，叫他们作第二次游览，情趣大减。而杭州人对西湖是百游不厌。唐云不知游了多少次西湖，也不知画了多少张西湖山水，但他的游兴丝毫未减。从涌金门沿着湖边，一景一景地游着观着，白堤、柳浪闻莺、花港观鱼、孤山、苏堤、苏小小墓……

"回去吧，我累了。"妹妹不愿意游了。

"不到湖心亭看三潭印月，就等于没有游西湖。"唐云说。

弟弟的游兴比唐云还浓，他早已跑到游艇上坐着，等着哥哥和妹妹上船了。

湖心亭不只是以三潭印月而惹人游兴，那桂花的清香更沁人肺腑。唐云正向桂花丛中走去，忽听有人喊道："你看，那是唐伯虎。"

唐云知道，姑苏的唐伯虎也是游过西湖的。所以对别人喊唐伯虎，他没有理会。

"哪一个唐伯虎啊？"一个女孩子的声音。

"喏，那个高个子就是唐伯虎。"另一个女孩子的声音。

"唐伯虎早已成了古人。"女孩子说。

"是你们杭州的唐伯虎，唐云。"另一个女孩子解释着。

唐云回头一看，原来是两个女孩子在他背后指指点点。其中一个女孩子他是认识的，她叫俞亚声，是王潜楼的女弟子，又因为他们同是富阳人，所以寄住在王潜楼家中，对唐云总是以"唐大先生"称之，间接的也就成为唐云的学生了。

"你也来游西湖了。"唐云搭讪着。

"这是我的同学，她叫范石庵。"俞亚声向唐云介绍着。

"不知师傅仙庵何处？"唐云也会说笑话。

"人家又不是尼姑。"俞亚声说。

"倒像一个男孩子的名字。"唐云说。

"你的唐云也很像女孩子的名字啊。"范石庵虽然有一个男性的名字,人却很文静。

她们和唐云寒暄了一阵,就分手了。

唐云看着她们的背影,心中还在念叨着:"这个富阳女子俞亚声,过去我怎么没有留意呢?"

俞亚声虽然算不上漂亮,但生得小巧玲珑,也很清秀,在杭州的女孩子当中,长相还是很出色的。

虽然不能说一见钟情,俞亚声的影子却总是留在唐云的心中。他们经常到西湖边上,花前月下,情语窃窃。以后的发展,到底是唐云主动约俞亚声,还是俞亚声主动约唐云,现在连他们自己也说不清楚了。男女之情,如日月风云,都是极自然的事情。可以说,他们是以画为媒,逐渐进入"相看两不厌"的佳境。

俞亚声还是很理智的,她对唐云说:"我比你大三岁,我们谈恋爱行吗?"

"那有什么不行。"唐云根本就不认为是个问题,这可能是恋火攻心所致。

俞亚声到底是女孩子,对唐伯虎点秋香的故事极有兴趣。对唐伯虎点秋香是不是在灵隐寺,她要搞出个究竟来。

"唐伯虎画画,家里那样穷,连被子都没得盖,哪里还有心思点秋香。"唐云有时也会杜撰出一些史实来凑热闹。

俞亚声有一个弟弟,这时也在杭州念书。他看到姐姐和唐云在一起,不是游湖,就是画画,就劝他们:"光画画是不行的,一定要读书。"

"死读书也是不行的，要理解才有用。"唐云说。

"画画是读书人的闲情逸致，不是正业。"俞亚声的弟弟说。

"画画是我的正业，读书才是我的闲情逸致。"唐云说。

对于他们这样的争论，俞亚声总是以讨论绘画为由把话题岔开的，否则唐云会一直争论下去。

讨论绘画，唐云往往摆出一副老师的架势，不是把自己的作品拿出来讨论，而是以对学生的口气对俞亚声说："你老是临别人的画，永远画不出自己的面貌的。"

"你也是从临摹别人开始的，现在不是还在临摹吗？"俞亚声也有着自己的个性。

俞亚声的话是真的。上海书局出版的印刷品《富春山居图》，唐云就临摹了好几年。绘画是一门实践性很强的学问，老是嘴上谈画是不行的，必须纸上谈画。唐云画山水，俞亚声画花卉。唐云有时也客串一下，和俞亚声合作一幅花卉，或是俞亚声画花卉，唐云补景。

唐云和俞亚声谈恋爱的消息，终于传到他父亲唐景潮的耳朵里。这位唐菩萨本来以为儿子已经订婚，和别的女孩子在一起玩玩也未尝不可，就眼开眼闭地并不过问。后来这个消息又传到钱庄老板大小姐的耳朵里，这位大小姐就派媒人找到唐家，一方面兴师问罪，一方面要选择吉日良辰和唐云完婚。这样唐景潮就无法再眼开眼闭地装糊涂了。

"那边提出成亲的事，你是怎样打算的？"唐景潮比较婉转地问唐云，他以为唐云会很爽快地答应的。

"我又没有钱可管，娶钱庄的女儿干什么?"唐云有些阴阳怪气。

"怎么，你想把这门亲事回掉?"唐景潮有些不乐。

"你不就是要我结婚吗，我给你娶个媳妇就是了。"唐云说。

"放肆，除了钱庄那边的，娶任何人家的闺女都不准进门。"唐景潮有些发火了。

"不进门就不进门!"唐云顶撞父亲。

父亲一个耳光扇了过去，把唐云打了一个趔趄。

这一记耳光并没有把钱庄大小姐打进门，也没有阻隔唐云和俞亚声的绵绵情愫，他们继续唱着恋爱进行曲。

莼社中坚

古人讲过这样的话:"人无癖不可与之交,以其无真情也。"在唐云的生活中,放在首位的当然还是画画,此性不改,此情难移。正因为他书画艺术癖好的至深,所以他参加西泠印社总有些难以满足之感。西泠印社毕竟是治印、研究金石为主的团体。在西泠印社诸多名家的影响下,唐云虽然偶尔也治印,那只不过是玩玩而已。所以他想组织一个纯粹研究书画的团体。

当时唐云羽毛尚稚嫩,不可能登高一呼,就有人跟着他跑,这已经不是画《千家诗》插图的年龄了。当时的西泠印社负责人是丁辅之,他比唐云年长了许多,又在社长之位,当然不会不要这个位子去和唐云搞什么新的艺术团体。西泠印社的老将姜丹书是美术教育家,德高望重,很能得到艺术界的拥护,又是唐云父亲的老朋友;潘天寿虽然也比唐云年长几岁,毕竟比较接近,共同语言多一些,在艺术上,潘天寿正新作连幅,在画坛名噪一时。唐云心想,要能有这两个人举起帅旗,肯定会有不少人跟着干的。唐云和姜丹书、潘天寿一说，两人欣然允诺。

一天，他们在西泠印社旁边的柳浪闻莺，泡上几杯龙井茶，讨论这个艺术团体的名称。有的提出叫西湖书画研究会，有的提出叫孤山书画社，还有的提西子画坛，唐云都认为不好。他说："这些名字都太露了，要有一个藏而不露的名字。"

这时正是杨柳吐绿、桃花盛放的时刻，西湖水边的莼菜也在抽出一丝碧绿的嫩茎。唐云突然灵感一动，诗意勃发，说："莼社怎样？"

"好，这名字有双重意义，吴带当风的吴道子，就创造了莼菜条的线条。"潘天寿拍手叫好，立刻领会莼社的意蕴。

"既有西湖的特色，又有绘画的特色。"姜丹书也表示赞成。

唐代画圣吴道子，醉酒之后，在洛阳的大同殿一日之间写成嘉陵江三百里山水，可见他下笔神速，使中国的山水画走上革新的道路，创造出一种新的体貌。他画人物时，能立笔挥扫，势若旋风，其姿圆转，而衣服飘举，后人都称之为"吴带当风"。他的线条瘦劲而有力，像莼菜条一样圆润而粗细一致。

唐云与吴道子，虽上下相距千余年，但他们的灵魂是相通的。否则的话，他为什么偏偏在这种时刻看到西湖的莼菜，又偏偏想到吴道子的创造，而又把两者融会贯通，想起一个莼社的名字来呢？唐云是一位灵感型的人物，那灵感常常从他的画、他的诗、他办的事上表现出来。

莼社虽然是书画艺术团体，但他们是以酒会友，谈诗论画。他们每聚必饮，有的人也是每饮必醉的。唐云就是一位善饮而常醉的人。每醉又都是莼社成员来楚生送他回家。直到四十年之后，唐云题来楚生的画，还带着浓重的怀旧情思写道："画笔对君难出手，酒兵输我破重围。侵寻四十年前事，醉卧西泠夜送归。莼社画人皆豪于饮，而楚生不胜杯酌，每为所困。"来楚生虽然滴酒不进，但他从不中途退席，对唐云总是奉陪到底，等待着送唐云回家。

莼社是每星期聚会一次，每次聚会每人出大洋两元，自己吃自己的，不像现在有人愿意用公款宴请。因莼社的学术思想非常活跃，对书画界很有吸引力。莼社的成员除了姜丹书、潘天寿、唐云、来楚生外，高野侯、丁辅之、陈叔通、陈伏庐也都参加了进来。在一次艺术活动中，唐云画了一只乌龟爬到山顶上，在那里引颈张望，山下有一只兔子刚刚睡醒，正在往上攀登。他画的这幅龟兔赛跑，引得大家哈哈大笑，都说："有意思，有意思。"唐云当场口占四句："一龟登峰已造极，一兔要上攀不得，更因龟勤兔子懒，仰望高崖看颜色。"来楚生用隶书把这四句诗题写在画上。

唐云看到来楚生的隶书写得活泼奔放，大刀阔斧，很有气度，打破了一般隶体书写的常规，很有自己的个性，在心中暗暗叫绝。

莼社的成立，更加激发了唐云的创作欲望。他经常带着纸笔，跑到虎跑、龙井、九溪十八涧……对景写生，写杭州的峰峦烟水、花径翠竹。杭州的山山水水，不但写着唐云少年时的梦，也刻着他青年时的足迹。难怪他在离开杭州五十余年的时候，对杭州仍是魂牵梦萦，每有得意之作，都以为是西子湖水给他的营养，在画上不止一次地题写着："余幼年好游虎跑，山野之处，游目畅怀，细察云烟变幻之状，记于笔底，作为粉本，往往日行百里未知倦也。今移居上海，追怀往昔，常于梦寐时得之，发之笔墨，可作卧游。"

富春江畔大石居士

钱庄老板的女儿迟迟不愿解除婚约，就像月老手中的红丝线，有形无形地把她与唐云拴在一起，使唐云和俞亚声的西湖之恋也变成马拉松，一直持续了四年。直到唐云二十四岁，他总算挣脱了那根红丝线，与俞亚声结婚了，这时俞亚声已是二十七岁的大闺女了。

男女之合，自然便生儿育女。他们在一起合作绘画，可以说是多产画家。他们结婚之后，又成为多产夫妻，男男女女的孩儿，一个接一个出世。唐云虽然在生活上累累重担，但在绘画中，他的精神还是自由的。

1937年，日本侵略中国的战火燃起，上海已告危急。和上海唇齿相依的杭州，也是人心惶惶，人们纷纷迁往内地。恰在这时，唐云家第二次遭受火灾。火神爷似乎存心与唐云过不去，偏偏要用火把他赶出杭州。这时，莼社的画友也都星流云散，各奔东西，杭州再也不是画画的地方。去内地，唐云又感到挈妇将雏去那举目无亲

图3　唐云和俞亚声结婚照

的地方，也难以生活。于是，他们全家就迁到俞亚声的故乡富阳乡下。好在这个地方离杭州不远，经常可以听到一些信息。

富阳山清水秀。唐云初到这里，心情是平静的，画画，写诗，登上大石山观看富春江上的风帆，尘世的烦恼似都抛弃，过着一种世外桃源的生活。因有大石山这样的景致，他就以大石斋榜其所居，自己也就做起大石居士来了。

富阳的生活使唐云初尝富有者的苦恼。俞家是富阳的首富，俞家的大小姐又嫁给杭州的唐伯虎，在乡下人看来，他们是郎才女貌。而俞家的佳婿不在杭州过优越的城市生活，跑到富阳乡下当居士，那也是有钱人才能干的。这样，手头缺钱的就自然把他们当成银行，困难时总是要来借钱的了。对钱，唐云向来认为那是身外之物，只要自己能拿得出，他总是乐意借出来的。

俞亚声的一位叔叔，家道虽然衰落，船破还有三千钉，按理说生活还是能维持的。但他是斗蟋蟀赌场上的老手，虽为老手，总是输的时候多。再好的家底也经不起输，正如俗语所说，吃不穷能玩穷。输得多了，他就埋怨养蟋蟀的仆人没有把它们养好，并向唐云借钱，买良种蟋蟀，再和对手一决雌雄。

富阳斗蟋蟀是有名的。每年三伏天一到，斗蟋蟀大赛就开场，北到湖州、苏州、无锡和常州，南到金华、萧山、诸暨、绍兴等地，都带着蟋蟀名种到富阳来赌输赢。但富阳当地没有蟋蟀名种，那些大马头、白麻头、三色、重青、淡青种青麻头等名种，都是靠外地引进。

"要赢钱就要有名种，没有名种，就是把钱借给你也会输光。"唐云很内行地说着。

其实，唐云自己就是斗蟋蟀的好手，在杭州斗蟋蟀的市场上，谁不知道唐大阿哥的名种蟋蟀。

"我到哪里去弄到名种？"叔叔说。

"这两天你先歇着，我到杭州给你看看。"唐云说。

杭州有一家鸟店，老板是清廷皇室的后裔，清朝灭亡后，他流落到杭州开起了鸟店。每年夏天，也兼营名种蟋蟀。而且把北方斗蟋蟀的技巧带到南方，成为杭州的高手，会玩着呐。唐云斗蟋蟀的诀窍，多少是由他传授的。

"您老身子好吧?"一进鸟店，唐云就打揖问候。

"哟，唐大先生，怎么多久不见啦?"这位二哥哥捧着鸟笼谦恭地说着。

"想请您老搞一堂名种蟋蟀。"唐云说。

"我就知道大先生要来，给你留着呐，你是想斗重花，还是小斗斗?"二哥哥问。

"当然要斗重花。"唐云。

所谓斗重花，就是输赢大，小斗斗就是朋友之间玩玩。二哥哥一听唐云要斗重花，知道唐云此斗非同小可，总是有些把握才这样干的，所以他就趁机想在价钱上讨一个便宜。

"名种倒是有，只是价钱太大。"二哥哥在唐云脸上瞄了瞄，那意思是说你能买得起吗?

"我没有钱，向老婆借的钱。"唐云说着，就把装银元的钱袋子往柜台上一放，银元哗哗直响。

二哥哥像是无意地用手轻轻地摸摸钱袋，一口答应下来，说："好，你就买二十元一堂的吧。"

二哥哥给唐云挑了一堂十二只蟋蟀。

唐云一看，有一只蟋蟀胡须只剩一根，中间一条腿也断去半截，但头很大，就要二哥哥给他换一只。

"这是土虫，常州种，你拿回去马上就斗，你只管斗，保你赢的。"二哥哥说得像打包票那样自信。

重阳节的那天，唐云回到富阳。

在俞家的祠堂里，一笼一笼的蟋蟀都摆开了。监局人把蟋蟀称了分量，经过抓阄，唐云带回去的土虫正好碰上萧山帮的淡青。

萧山的蟋蟀是很有名的，所产的名种主要是重青、淡青种青麻头，而能做到常斗常胜。

一看土虫与淡青相遇，那位叔叔有些胆怯，因为他输怕了。唐云要他沉住气。

斗蟋蟀不只是两家在斗输赢，是有许多帮花的，就像押宝的一样，大家都看常赢的高手押在几点上，其他的人也都会跟着押在那个点子上。

等到开笼的时候，帮花的人一看那土虫没有啥出奇，引起了一阵哄笑，以为根本不是那只淡青的对手，大家都向淡青倾斜，白花花的银元都投到萧山那边去了，足足有一百元大洋。

叔叔看到押了那样大的数目，脚有些发抖了，这次要输了，哪里付得出一百元大洋。

"别怕，这次要人家的钱都归我们。"唐云在他耳边大声地说着。看到这种情景，其实唐云心里也发怵，此刻也只好夜行吹口哨——壮胆吓鬼了。

双方帮花把钱押定，监局出来开闸了。他一眼看到土虫，连声赞叹："好品种！"

听到监局这样一说，有几家帮花想把钱移到土虫这边来，已经不允许了。

闸门打开，监局用两根引草把土虫和淡青一引，两只蟋蟀顿时交起锋来。萧山帮的淡青一开始就来势很猛，乱咬乱扑，两个回合就把土虫甩到笼外去了。萧山帮那边的帮花叫起好来。但仔细看看土虫，它的两只牙齿仍然张开，发出清脆的叫声，它并没有败下阵来。两只蟋蟀相斗，一只虽被甩在笼外，或者在笼内逃跑，只要牙齿还是张开的，就可以把它放进笼内再斗。监局把土虫又收进笼内，土虫叫了几声就向淡青扑去，一进一退，一下一上地翻打着。连续斗了十分钟，萧山帮的淡青终于调转头来跑了，土虫穷追不舍，一口咬着淡青的后腿，把它甩出笼外。淡青的双牙紧关，不声不响地发蔫了。

土虫弹弹后腿，直立起身子叫得很响。

接着又开始斗第二场。土虫又与萧山的三色对上了。这只萧山三色，青头，朱砂点，背部呈淡青色。土虫虽然第一场斗赢了，但遇上萧山三色，大家议论着肯定要失败的，所以又都把花投向萧山，也恰恰是一百元大洋。赌场上就是这样，越输越不信邪。

土虫和三色交手，足足斗了十五分钟还不分胜负，双方的帮花都把心提到喉咙口。正当大家静气相观时，只见土虫钻到三色的肚子下面，利用小个子的优势，把三色顶翻，接着又跳到三色身上，对着它的肚子狠狠地咬了一口，把三色的肚皮也拉破了。三色蜷缩起来，抽搐着。

"这只小东西真是异种！"大家都惊叫起来了。

斗了两场，唐云赢了二百元大洋，就请大家到酒店里去吃酒，不管认识的或是不认识的，都可以坐下吃酒，这叫捧场。剩下的钱，唐云只拿了二十元还给俞亚声，其余的钱都给那位叔叔了。

唐云出斗的第二只蟋蟀是青麻头，和萧山的白麻头相遇，一开闸门，还没有用引草，两只蟋蟀就斗了起来。只是几个回合，青麻头就把白麻头打败了。

唐云的第三只蟋蟀叫大方头，与萧山帮的重青斗。一开闸门，大方头就女高音一样引颈高歌，还没有斗，重青就溜着笼子的边上打转转了。

蟋蟀是早秋虫，一般的蟋蟀，西北风一起就不能再斗了。唐云的土虫，虽然在刮西北风时还精神抖擞。有一次唐云喝醉了酒，他又去开笼看看它，从那以后土虫就不能再和别的蟋蟀斗了。蟋蟀一闻到酒味就退性，醉酒的唐云哪里还能管得了那样许多。退了性的土虫，唐云并没有马上把它扔掉，一直把它养到自己死亡。

蟋蟀又是时令感很强的小虫。唐云有一只蟋蟀，两头尖、肚子大、腿粗、牙长，从立冬开始上场斗，一直斗到冬至。每次开笼，别的蟋蟀上来就被它咬翻。过了冬至，这只两头尖就不能再斗了，唐云便把它养在钵子里，点上一支蜡烛给它保温。还有一只白马牙，是一只越冬的蟋蟀。平时，唐云用蜡烛替它保温，到开笼对峙时，斗盆下垫着热毛巾保温。这只蟋蟀斗了一个冬天，到了春天，它也就死亡了。

唐云用二十元买的一堂蟋蟀，在赛场上有输有赢，输的除去，还赢了一千二百多元银洋。不但帮助那位叔叔把输掉的钱赢了回来，还把欠债也还清了，于是就劝那位叔叔不要再和人家斗蟋蟀了。他说："斗这个不好，要入迷的，强中还有强中手，要节制，要少斗而为之。"

这次蟋蟀大战之后，唐云又一次回到杭州，专程去看望二哥哥，把赢来的钱带去一些送给他。

"斗得怎样？"二哥哥一见就问。

"斗得很好。"唐云说。

"你要听我的话，准能斗赢。"二哥哥说。

"你这样内行，自己为什么不去斗呢？"唐云问。

"人的绝技是不能用的，用多了，别人就会暗算你。"二哥哥是久经世故的人。

"名种养出来的也不一定都好，龙生九子，九子还不一定相同呐，同胞兄弟的性格也不一样。"唐云也劝二哥哥对自己培养的名种蟋蟀不要过分自信。

在生活中，唐云也是有输有赢的。但他善于节制自己。

斗蟋蟀、养油葫芦，唐云的这些少年时期的玩意儿，使他童心永驻，直到晚年，仍然兴趣不减。他给由上海调往天津的老朋友李研吾写信，要李研吾帮他搞到北方的油葫芦，"叫哥哥"。信中说："弟年逾古稀，尚好童年所玩之物，儿态未改，殊可笑也。兄云油葫芦有许多名堂，遇有经验者为我一问，一如何养；二叫声如何？如叫时有几个起伏即几个翻头？又闻油葫芦之外，另有'叫哥哥'，也是人工培养的玩意儿，天津也有购得，今年不要，下年再托你。"

神交黄公望

　　仁者乐山，智者乐水，不知这话有没有根据。我想这可能是只有山没有水，或者是只有水没有山的地方的一种阿Q式的自我安慰。如果不是这种精神在作怪的话，到了富阳就迫使你既要做个仁者，又要做个智者，否则，只做仁者或者只做智者，那是必定要吃亏的。

　　唐云是个聪明的人，他在富阳山居，使仁者和智者萃于一身。他常登上汉士严子陵先生垂钓的高台，俯瞰一碧如练的富春江从脚下静静地流着，山水之美尽收胸中。从严先生祠堂的倾颓，钓台山路的芜窄，唐云感到富阳人是不大爱惜自己的祖先的。至于把严先生的神像移入红墙铁栅的红楼，使烧香者多添些摩登的红男绿女，唐云又感到富阳人的浅薄，倒也不是严先生的本意。唐云为富阳人的行为所产生的懊恼，到了二十年之后还是耿耿于怀的。这不是笔者的猜测，有唐云画的严子陵钓台附近景色那幅画的题识可为佐证。他说："严子陵钓台附近写得此稿，亦将二十余年矣，偶想消游，复作此帧，得毋有先生之风山高水长

图4　唐云《严陵滩上》

之意耶？"看来唐云对严先生的理解志在山水之间，要比富阳人透彻得多。

　　但是，唐云对黄公望的理解就不完全是那么回事了。唐云生于杭州，却不喜欢浙派的绘画而志在吴门、虞山画派之间。这两派都受董源、巨然的影响，更直接宗法元四家，特别是黄公望的影响。唐云从欢喜吴门、虞山画派，到直接临摹黄公望《富春山居图》，而且临摹了一段时间才发现自己临摹的那张画原来是假的，他心中自然有些懊恼。以那时的学识和眼力而论，唐云没有识别出黄公望的真伪，而后来识别了，说明他的学识和眼力的提高，又觉得有些宽慰。这次他来到黄公望的故里，他要弄清楚黄公望的气息和胸襟。

黄公望《富春山居图》为明末宜兴（阳羡）吴洪裕所藏。吴洪裕是个古董迷，他最爱玩的有两卷东西，一卷是隋代智永禅师的《千字文》真迹，一卷就是《富春山居图》。他病得快要死了，做下了两篇祭文，第一天祭焚《千字文》真迹，自己守着直到烧完为止。第二天一早祭焚《富春山居图》，火刚刚燃起，这位老古董迷支撑不住了，家人将他扶进卧室，他的侄儿忙将《富春山居图》从大火中抢出来时，已经烧去起首的一段了。这起首的一段，写城楼睥睨，一角是平沙无垠，用秃笔横扫，苍苍莽莽，很有韵味。这段平沙写的富春江口出钱塘江的景致，自平沙以后的五尺，才写峰峦坡石，烧去的就是这五尺余的平沙。黄公望的名作都是很不幸的，《秋山无尽卷》亦遭火劫，下边烧残如锯齿。为倪云林作的《江山一览图》长卷，归邹之麟收藏，邹氏死后，又用它作为殉葬。黄公望题此卷说画了十年才完成，笔酣墨饱，元气淋漓。沈周晚年有临本，萧云从也曾临写过一卷，说黄公望的原作"展纸如烟泛空碧，笔锋抽掣为云霓，迄今散落在人间，长松新石出秋山；不知老人年九十，此心犹若孤松间"。但不幸的是，它与邹之麟的白骨一同发磷光于九泉了。

同样，《富春山居图》的临本也很多。恽寿平有临本，邹之麟

有拓本，唐宇昭有油素本；王翚曾三临《富春山居图》，一是给唐宇昭摹，一是给笪重光借唐氏本再摹，一是给王时敏摹。据传王翚过毗陵（武进），将为笪重光摹写《富春山居图》时，听说周颖侯与吴洪裕极亲昵，曾以价值千金的古玩，抵借《富春山居图》橅写。还没有摹好就还去，到此图经火焚之后，周颖侯再从吴氏借临完成，常对人夸诩富春山居真迹已烧残，唯独他的临本完全。当时一般人心目中，也都以为见周颖侯的橅写本，必可想象得出全图精美。王翚想借来看起首的一段，竟不能如愿。一年以后，王翚与恽寿平同游宜兴，才得看到这个橅摹本，全似小儿涂鸦，并且起首的一段，无异于焚后本，也不是完全的。吴历也有《富春山居

图》的临本，曾拿去给王时敏看，王时敏藏有沈周背临的一卷，即拿来勘对。山川树木，毫无遗失，只是沈周本的设色是自己的本色，卷尾题云："痴翁本向余藏，请题于人，被其子乾没，而后出售，贫不能归，叹息背临而已！"沈周受黄公望的影响很深，他自己曾作一偈说："画在大痴境中，诗在大痴境外，恰好二百年来，翻身出世作怪。"从背临这一件事情上，其记忆的天才，已足我们惊叹了。

唐云弄清了《富春山居图》传世的有这样多的临本，而且又都是出自名家之手，就凭这一点，临本也是了不起的。但是唐云曾临摹的那卷并不是出自名家的手笔，而不知出自哪家无名小卒之手，他又有些愤愤然了。他想到黄公望在虞山（常熟）的红桥之上，抱着酒瓶看山饮酒，饮罢则把酒瓶投入河中，舟子用篙把酒瓶打捞上来，高呼："黄大痴酒瓶！"心中又感到一阵轻松起来。他也学着黄大痴（公望）的样子，抱着酒瓶，坐在大石山上，静静地观赏着富阳的群山秀水，《富春山居图》的真本又映现在眼前。那长有二丈的大卷子上，有数十山峰，峰峰不同；有树木数百棵，棵棵异态，雄秀苍莽，变化飞动，有淋漓缥缈而不知的妙境。那皴擦的长披大抹，似疏而实，似散漫而又能凝聚在一起，看上去是平淡浅近，似乎人人都能画，可是自己为什么就不能得其神韵呢？"大痴，大痴，你是怎样画出这样长卷来的呢？"

"唐云，唐云，何必要问，我在卷尾中不是题写得很清楚了吗？"唐云似乎听到了大痴老人的声音。那段文字自己不是抄录过吗？怎么又忘记了呢？大痴明明写着："至正七年，仆归富春山居，无用师偕往，暇日于南楼援笔写成此卷。兴之所至，不觉亹亹布置如许，逐旋填扎，阅三四载未得完备，盖因留在山中而云游在外故尔！今特取回行李中，早晚得暇当为着笔，无用过虑有巧取豪夺者，俾先识卷末，庶使知其成就之难也。十年青龙在庚寅，歇节前一日，大痴学人书于云间夏氏知止堂。"黄公望七十九岁归富春山居开始作此图，题写这段文字时已经八十二岁了，这个长卷还没有完成，他花了多少心血啊！

不知不觉中，唐云已经把一瓶酒喝光，便把空酒瓶子扔在富春江里，让它随水漂去。他觉得自己有些醉了，那远处的群山怎么突然变成黄大痴的画了，他老先生也是醉里看山吗？唐云突然有所参悟，使他和黄大痴醉的不是酒，是那静赏的喜悦。他感到那喜悦就是在瞬间人与自然的同化，那是永恒的喜悦；他的感情和大痴已经沟通，那感情就是天地间的真爱，将这爱移到画面上，就是气韵，就是生命！

对富春山居的生活，无论在唐云的生活上或是艺术上，都是不可缺少的一环。那是因为富春的山水陶冶了他的胸怀，黄大痴的艺术使他对绘画的玄机有所参破，像一颗生命力极顽强的种子种到他的心田里。在他以后的绘画及诗词中屡屡出现那种意境。

二十世纪八十年代，唐云对富春的生活似乎是更加难以忘怀。他又画了一幅《忆旧游》的山水，并题曰："五十年前居富春江上，山光云影，朝夕相对，领略变化之妙。彼时家毁于兵火，而对此景色足以怡情可忘忧也。"

唐云不只是自己常写富春江上景色，以释怀念，看到蒋玄诒作了幅《仿大痴富山图卷》的画，他又乡思牵动，诗兴勃发，随即赋诗题于画上：

　　　　　　　　玄诒仿大痴，真得大痴趣。

　　　　　　　　笔转岭头云，墨流树脚水。

　　　　　　　　苍茫见一舟，仿佛语两子。

　　　　　　　　乍觉卅年前，同在此图里。

第三章

瓢儿和尚和写《瓢儿和尚》的诗人

俗胎中的佛根

　　十八九岁的唐云，已是一位恂恂儒雅、有守有恒的白面书生了。但是，他和一般的念书人又不完全相同，他的父亲"唐菩萨"的广交朋友，诗酒流连的生活，又给他熏出了一股名士派头。要当名士，光会吟诗作画还不行，对世俗间的烟火，还要表现出几分超脱来，诸如做个什么居士啊，樵者啊，闲散之人啊。唐云在富春江畔的生活，自名为"大石居士"，也就包含着这层意思。

　　唐云的父亲人称"唐菩萨"，这只不过是一个诨号，其实他并不曾出过家，当过和尚，而是他为人宽和，家中朋友如云。在他的朋友中，也有亦僧亦俗的和尚。如果是一位笃信佛教的和尚，是不可能常到他家吃酒、吃肉、吸鸦片的，在佛门看来，这些都是人间的罪孽。

　　那时年未及冠的唐云，常在烟榻旁边玩耍，他那安静的性格和做事聚精会神的样子，特别是他那生就的两片如来佛式的耳朵，颇得和尚们的欢心，都说他与佛有缘，能出家为僧更好，有的和尚甚至要收他为佛门弟子。

这些虽然都是夸奖儿子来为老子捧场的世俗之言，却启迪着唐云思索佛偈禅语。唐云有时也去灵隐游玩，对古刹伽蓝、暮鼓晨钟、禅杖木鱼、紫金袈裟倒也有一些兴趣，他想，如能真的像那颠和尚说的收他为嫡传弟子，生活也是很不错的。

一天，唐云在父亲的书房里东翻西翻，找到一部线装的恽寿平（号南田）的《瓯香馆集》。对恽南田的没骨花卉，唐云是不欢喜的，此时他正钟情于山水，也热衷于学做诗，他觉得读读恽南田的诗，也可以领略一些禅机的乐趣。《瓯香馆集》卷首，有一篇南田的重孙鹤生写的《南田先生家传》，唐云读了之后，兴趣很浓，原来恽南田也在灵隐寺当过和尚。但是，唐云以为后代为其先人作传，总难免有不少溢美之词，他有些不相信，这就使他要研究恽南田到底有没有当过和尚的问题。

唐云花了许多时间，翻阅许多资料，终于查清恽南田确实当过和尚。明朝崇祯末年（甲申），吏部建议起用生员，南田的父亲逊庵亦在起用之列。事情未成，逊庵就带着十余岁的南田去了福建，途中流落失散，南田为"旗帅"陈锦收留。陈锦没有儿子，就把南田收为养子。以后，陈锦到了杭州，他的夫人信佛，带着南田去灵隐寺烧香拜佛。这件事被逊庵知道了，就与寺僧商量如何把儿子找回来。硬讨当然不是办法，一个普通的生员怎敢与"旗帅"较量。寺僧设计，等陈锦的夫人率南田来烧香拜佛时，故作惊人之言："此子慧根极深，但福薄命短。"陈锦的夫人问："那该如何是好？"寺僧说："让他出家，方可免除大灾大难。"陈夫人不得已，遵从寺僧的建议，当天就给南田剃发，自己哭泣而去。

对恽南田的这段轶事，唐云读得津津有味。再往下看时，恽南田毕竟受不了当和尚的清苦，不久就还俗学画了。开始，恽南田学的也是山水，主要是临摹黄大痴的《陡壑密林图》。唐云更加感到高兴，恽南田和他相去数百年，拜的老师都是黄大痴，他想看看恽南田有没有像他一样临摹过黄大痴的《富春山居图》，结果发现了恽南田写的《记秋山图始末》的文章。娄东画家王时敏的山水也是学黄大痴。王氏听说润州张氏藏有黄大痴的《秋山图》，就带着书信和银两去了润州。王时敏到了张氏家，只见广厦深堂，大厅里积着厚厚的尘土，鸡鸭的粪和杂草满地皆是，举足趑趄，难以着地。这情景使王时敏大为吃惊："这样的人家怎会藏有黄一峰的画呢？"但是主人很慷慨，以宾主之礼相待，然后出示《秋山图》。王时敏打开画卷一看，真是骇心惊目，只见此图用青绿设色，写丛林红叶，翕赩如火，甚为奇丽。上起正峰，纯用翠黛，用房山横点，积成白云笼罩着画面。白云是用粉汁淡染，村墟篱落，平沙丛杂，小桥映带，丘壑灵奇，笔墨深厚，赋色丽而神古……

唐云读了这段文字，屏息静气，《秋山图》如在眼前，真像王时敏刚看到此图的情景那样：观乐忘声，当食忘味，神色无主了。当唐云从陶醉中清醒过来之后，才知道自己看的是恽南田的一段文字，并没有看到《秋山图》，他觉得自己受了恽南田的文字之惑，深感遗憾。

使唐云更感到遗憾的是，王时敏虽然以千金之价，并没能把《秋山图》买到手，而一位贵戚玩弄了一套小权术，不费吹灰之力，就把这张画弄到手。唐云为此顿足高呼："苍天何在？公理何有？"

唐云对恽南田的早期山水虽有钦佩之情，可惜恽氏没有继续把山水画下去，而改画了没骨花卉。恽南田与"丹青不知老将至，富贵于我如浮云"的王翚交谊甚厚，看到王翚的山水和自己的面貌很接近，就对王翚说："现在，我们两人不相上下，但将来你必然擅山水而取誉于天下，到那时我还能干什么呢？"于是，恽南田改画南唐徐熙的没骨写生花卉，含苞待放，残英半堕，画上题语尤精，兼工书法，时人称之为"三绝"。但结果呢？晚年的恽南田仍然是心境凄凉，过着"烟云不改旧时贫"、"独采苹花待故人"的生活。

恽南田的身世在唐云的心中引起不小的波澜：和尚没有当成，画虽然成功了，仍然无法改变那贫困的生活。恽南田人生中的两大失误，给唐云留下了一些阴影。自己的画虽小有名气，谁能保险能够成为黄大痴式的大画家；自己虽然没有出家当和尚，但和尚的生活对他又特别具有吸引力。所以唐云认为：画画与当和尚相结合的生活，那就是一种最完美的人生了。

半个出家人

恽南田在灵隐寺的机遇总是留在唐云的心头。他再一次来到这个佛门圣地，不只是为了游玩，而是想交一个和尚朋友。

从和尚的法号中，唐云知道有一位叫却非的和尚。对这个法号，唐云很欢喜，他说："却非，却非，了却是非。"

"小施主，请问你叫贫僧为何？"随着这说话声，一位和尚站在唐云的面前。

唐云本来是心之所想，发之于口，想不到这自言自语却被和尚听见了。

"你就是却非大法师？"唐云表现出他的机灵。

"不敢，不敢。小僧只管寺内香火。"却非说。

唐云问了一些佛门的清规，诸如进寺要注意什么等，却非和尚都非常有礼貌地一一作了回答，并请唐云到禅堂内去坐。

"你为什么当和尚？当和尚之前又干什么？"刚刚举步，唐云就又向却非发问。

"阿弥陀佛，出家人不谈往事。"却非和尚双目微闭，双手合十，不再搭理唐云，径自走了进去。

唐云第一次拜访和尚，就这样碰了一鼻子灰。他认为这是因为自己六根未净，对佛无诚所致，与和尚交朋友的火候还未到啊。

唐云觉得像灵隐这样的佛门圣地，那里的和尚品位高，一下子交往甚为困难，便想到那荒山的小庙中去结交和尚。

在一个月华如水的夜晚，唐云来到火神庙。一把天火把唐记参药铺烧个精光，因此唐云对火神不大有好感。再加上火神实际上是一种操作之神，用现在的话来说是干具体工作的，不像灵隐寺中的如来佛，有着令人起敬的大家风度。再加这座小庙地处偏僻，平时就香火冷清，晚上就更显得索然寂寞了。

在朦胧的佛灯之下，唐云看到一位和尚正打坐蒲团，手捧黄卷，静诵真经。那和尚二十多岁的样子，长得文静清秀，一脸的书卷气，与其说他是位出家僧人，还不如说他是位青年学子。

唐云心想："想不到这座小庙之内，竟有这样的俊和尚，那佛台之上的火神爷根本无法和他相比。"

唐云不敢唐突去打断那和尚念经，静立在和尚的背后。可是和尚收起经卷，从蒲团上立了起来，主动和唐云打了招呼。

"你怎么知道我来了？"唐云感到惊奇。

"你未进山门，我就听到你的脚步声。"那和尚谈吐极为文雅。

和尚把唐云领到山门之外，在明月青松中交谈起来。

"你住在这里干什么？"

"出家。"

"为什么要出家？"

"我心有佛，佛心有我。"

"菩提本无树，明镜亦非台。佛在何处？"唐云从谈禅的书中得知一点知识，这时也胡诌起来。

"阿弥陀佛，施主年龄不大，岂可谈禅。"和尚说。

唐云心中暗暗笑了。我这是胡诌，他还以为我在谈禅，可见这和尚的禅机不深。这样一想，唐云的胆子又大了起来。

"请问法号？"

"巨赞。"

"出家前呢？"唐云总是改不了自己的习惯。

"阿弥陀佛，出家人

图6　唐云《佛像图》

不谈往事。"巨赞微闭双目，双手合十，但他不像却非和尚那样对唐云下逐客令。

"我看你不像出家人，像是一个念书的。"唐云对巨赞进行试探。

"万事不可参透，请先生多多谅解。"巨赞和尚不愿说出自己的身世。

中国有句俗话"日久见人心"。唐云和巨赞和尚厮混熟了，赢得了巨赞的信任，并把他引为知己，巨赞才把自己的身世和心事告知唐云。

巨赞原来是上海光华大学的学生，曾经参加过共产党，蒋介石"四一二"屠杀共产党人，他由上海逃到杭州，东躲西藏了一年多，对人生的看法有新的理解，就遁入空门，到火神庙当起和尚来了。

和一般和尚相比，巨赞是受过大学教育的，文化素养较好，为他深入研究佛学打下了基础。当他深入研究之后，对佛学有着自己的独到精辟的见解，后来到了灵隐寺，成为名震东南佛国的大法师。巨赞和尚经常请唐云到灵隐寺作客，唐云亦经常为他作画。但当唐云邀请他到自己家小聚时，巨赞的双脚却不出佛门，不入俗门，从不接受唐云的邀请。不过，唐云和巨赞相识之始，巨赞的佛法并没有那么高深。所以当唐云把自己杜撰的佛法和他胡诌时，巨赞无法找出其中的破绽，并连连称赞："你是半个出家人。"

巨赞所说唐云是"半个出家人"，并不因为唐云对佛法的一知半解，而是他热衷红尘，此时正和俞亚声在热恋中。

半僧半俗的瓢儿和尚

巨赞和尚去灵隐寺之前，先由火神庙到了净慈寺。

净慈寺是杭州一大佛寺，前对苏堤，后依南屏山，是后周太祖显德元年吴越王钱俶所建，当时称之为慧昭明院。寺内有一口大铁锅，重数千斤，可供数百僧人吃饭。刚建时，寺内壁画为五十三参佛像。苏东坡居杭州时，常来这里参禅，与寺僧交谊甚深，所以他有诗："卧闻禅老入南山，净扫清风五百间。"南屏山麓，有明代爱国诗人张煌言墓。净慈寺的规模和灵隐寺差不多，故二寺为南北二山之最。净慈寺更为特别的是南屏山的隆起，所以寺钟初动，山鸣谷应，传声很远，有响入云霄之感。

净慈寺也是唐云寄情山水的地方。

这倒不是因为净慈寺的风景秀丽，而是因为寺内有位叫若瓢的和尚。在唐云的眼里，若瓢是位凡心未净的侠义和尚，对朋友能以肝胆相照。若瓢俗姓林，原是唐云父亲的朋友，他经常到唐云家里去，就是他认为唐云有佛根。唐云没有成为若瓢的嫡传弟子，却与若瓢结下莫逆之交。唐云认识了巨赞之后，认为那火神庙太小，平时香火冷清，实在委屈了巨赞，所以就把巨赞引荐给若瓢。若瓢此时已是净慈寺的护持僧，接受了唐云的建议，就把巨赞留居净慈寺。

云游四方的若瓢和大学生出家的巨赞，两人的秉性不同，文化素养不同，对佛学的理解也不同，所以两人有些不相和谐，虽在空门，常有口角之争。其实这也是佛门弟子常有的事情。

一天，唐云又去净慈寺，想叫若瓢烧一碗东坡肉解馋。杭州的寺院，只有净慈寺可以荤食，那是因为苏东坡常来净慈寺留下的传统习惯。唐云虽然不敢自比苏东坡，每次那顿东坡肉总是要吃的。

唐云刚进寺门，就看到若瓢和巨赞在打架。巨赞是位白面书生，又了解若瓢的性格，不大愿意和若瓢吵架，要论打架，他就更不是若瓢的对手了。这次不知是为了什么打起架来，巨赞在前逃，若瓢在后面追。

"你简直像鲁智深！"唐云一把拉着若瓢。

"鲁智深是花和尚，我不花。"若瓢正在气头上，把唐云推了一个跟跄，又去追赶巨赞。

"他的凡心不净，将来总是要惹祸的。"巨赞一边跑，一边说。

唐云又跟在后面追，想把他们拉开。

"出家人应该与世无争，你们两个人就先争起来了。"追赶了几圈，唐云才挡在中间把他们拉开。

若瓢和巨赞打架，害得唐云连东坡肉也没有吃成。

巨赞终因和若瓢和尚无法相处，虽经唐云多次劝解也没有用，终于还是去了灵隐寺，主持那里的佛事。

人的心目中是不能没有偶像的，所以，大多数人总要为自己塑造一个偶像进行崇拜。若瓢虽为和尚，但他不崇拜佛祖，也不崇拜佛法，心目中只崇拜唐云。唐云虽然比若瓢年轻，却是若瓢心中的一尊佛。若瓢喜欢唐云的画，唐云画得好，若瓢说好；画得不好，若瓢也说好。

"想要成佛，要目空一切，除了佛，别的什么都不应该崇拜。"唐云说。

"我不想成佛，只想成为画家，难怪巨赞说我的凡心未净。"若瓢说。

这时，若瓢已跟唐云学了几笔兰花。唐云还教他画竹，并对他说："兰花只要用笔撇就可以了，画竹时，笔要四面滚。"

唐云感到若瓢的悟性很好，笔致不俗，只是他很懒，不大多画，进步不大。

唐云有了名气之后，也像个游方的和尚一样，挟着画笔，东奔西跑。若瓢又总是穿着一领袈裟，白玉钵盂，跟在唐云的后面。有一次，唐云和若瓢云游到宁波的天童寺，与元龙和尚相遇。元龙法师也是一位好客的人，以贵宾之礼招待唐云。破除佛门清规，在寺内请唐云吃火腿蹄髈，然后到后花园吃茶谈禅。

唐云对若瓢可以说一往情深，直到若干年之后，对净慈寺的生活唐云仍感到难以忘怀，在《怀若瓢》的诗中写道：

苍水祠边负手行，一秋十日住南屏。

寺僧与我都漂泊，剩有湖山入梦青。

风雨茅庐初识郁达夫

一天，唐云随手翻阅一本妹妹唐瑛买的杂志，一篇小说的题目映入眼中。光是《瓢儿和尚》这个题目就使他放不下这本杂志。只看书中写道：

"喏，那面上的石壁排着的地方，就是胜果寺呀，走上去只有一点点儿路。你是不是去看那瓢儿和尚的？"

我含糊地答应了一声之后，就反问他："瓢儿和尚是怎样的一个人？"

"说起瓢儿和尚，是这四山的居民，没有一个不晓得的。他来这里静修，已经有好几年了。人又来得和气，一天到晚，只在看经念佛。看见我们这些人去，总是施茶给水，对我们笑笑，只说一两句慰问我们的话，别的事情是不说的。因为他时常背了两个大木瓢到山下来挑水，又因为他下巴中间有一个很深的刀伤疤，笑起来的时候老同卖瓢儿——这是杭州人的俗话，当小孩子扁嘴欲哭的时候的神气，就叫做卖瓢儿——的样子一样，所以大家就自然而然地称他瓢儿和尚了。"

唐云读到这里，高兴地笑了起来："这不写的若瓢吗？"

唐云知道，若瓢当小和尚的时候，时常挑着两只瓢儿式的大木桶下山挑水，特别是若瓢的嘴巴给写得活灵活现。再往下看时，唐云觉得作者写的又像是巨赞了，而写的恰似他和巨赞相见的情形：

"师傅，请问府上是什么地方？"

我开口就这样问了他一声。他的头只从经上举了一半，又光着两眼，同惊骇似的向我看了一眼，随后又微笑起来了，轻轻地像在逃遁似的回答我说：

"出家人是没原籍的！"

唐云越加感觉作者写的是巨赞，若瓢不会有这样的神态的。唐云再往下读：

我走出到了他那破茅棚的门口，正立住了脚，朝南再看江上的灯火，和月光底下的钱塘江水，以及西兴的山影的时候，送我出来，在我背后立着的他，却轻轻地告诉我说：

"这地方的风景真好，我觉得西湖全景，绝没有一处及得上这里，可惜我在此住不久了，他们似乎有人在外面募捐，要重新造起胜果寺来。或者明天，或者后天，我就要被他们驱逐下山，也都说不定。大约我们以后，总没有在此再看月亮的机会了吧。今晚上你可以多看一下子去。"

唐云似听到巨赞在向他说话，那次巨赞和若瓢打架，巨赞送他下山时，说的不就是这番带些伤感的话吗？这位作者是谁？对和尚的事情知道得这样清楚？

"郁达夫——"唐云读完这篇小说，一看作者的名字使他吃惊了。

"这不就是写《采石矶》的那位作家吗？"唐云想到读《采石矶》的心情，才知道自己对郁达夫已经仰慕很久了。他连忙上净慈寺找若瓢，要若瓢带他去拜望郁达夫。

郁达夫的生活经过几多波折，此时静居杭州，盖了一座风雨茅庐，想过几天安静的日子。他的思想也发生了很大的转变，笃信佛教，研究佛学，与佛门往来较多。《记风雨茅庐》中的几句话，是颇能代表他此时的心境的："一个人既生下了地，一块地却不可以没有，活着可以住住立立，或者睡睡坐坐，死了便可以挖一个洞，将己身来埋葬……""自家想有一所房子的心愿，已经好几年了"，而此时实现了，"从今以后，那些破旧的书籍，以及行军床，旧马子之类，却总可以不再周游列国了，学夫子的栖栖一代了"。郁达夫是很想安静下来的。

若瓢陪着唐云下得山来，正好遇上一场大雨。若瓢不顾身上淋湿，却把他那双皂靴从脚上脱了下来抱在怀里，赤着脚在街上行走。唐云直笑他："若瓢，你真是个傻瓜，那双靴子有什么重要？"

若瓢只是不听，仍然把皂靴抱在怀里。

唐云和若瓢走进郁达夫的风雨茅庐，屋里陈设虽然简单，却收拾得很干净，有点满室书香的味道。

"这是画家唐云，慕名来拜访你了。"若瓢介绍着。

"应该我去看你。"郁达夫说。

"你是新来，又是我们杭州的贵客，当然应该我来看你了。"唐云说。

这时，郁达夫的夫人王映霞从室内走了出来，把斟好的两杯上等龙井放在桌上，声音清脆地说着："早就听说过你这位'杭州唐伯虎'了，可惜没有机会识得你的金尊佛面啊。"

王映霞生得小巧，热情活泼，又很健谈，一出场就使唐云有些手足无措。

"你不知道，她是二南夫子的孙女啊！"若瓢介绍着。

"啊，二南先生是我父亲的朋友，我家他是常去的，你家我也常去，怎么没有见过你啊？"唐云有些轻松了。

"我是女流之辈，怎敢见你唐伯虎呢？"王映霞说着又补充一句："许多女孩子都想见你唐伯虎的。"

二南先生姓王，是王映霞的祖父。王氏是杭州的土著老百姓的一族，老先生是杭州的一位典型代表，其道德文章、人格风度，都为杭州人称赞。他经常到唐家和唐景潮对酒谈诗，一顿饭要吃上几个小时，不以尊长自居，常常也和唐云喝酒，谈古论今。王映霞本姓金，是王二南长女的女儿，应该是二南的外孙女。因二南的儿子早逝，没有后代，就把王映霞给了王家抚育，以继王氏之宗。

王映霞的几句话，把唐云说得不好意思起来，想和郁达夫交谈，一时又想不出话来，只是坐在那里，品着龙井茶，也品味着鲁迅送给郁达夫的那帧条幅《阻郁达夫移家杭州》：

钱王登假仍如在，伍相随波不可寻。

平楚日和憎健翮，小山香满蔽高岑。

坟坛冷落将军岳，梅鹤凄凉处士林。

何似举家游旷远，风波浩荡足行吟。

"你是品诗，还是品茶?"若瓢看到唐云那样聚精会神，感到有些好笑。

"这诗用典很贴切。"唐云搭讪着。

"字也好。"郁达夫说。

"是，这字是从魏碑中脱胎而来。"唐云说。

王映霞是个快嘴快舌的人，就问唐云："你知道鲁迅这个人吗?"

"他是杭州人? 不认识。"唐云说。

"这老先生故作正经，专门骂人。"王映霞说。

"不，先生是个勇士。"郁达夫打断王映霞的话，接着又说，"这诗的意思，鲁迅先生给我说过。"

唐云虽然知道这诗里所用的典故，但并不理解诗人在这里用典的意义。

"这诗讲的都是杭州的事情，那意思是……"郁达夫刚说到这里，话题突然转了一个弯，没有把原来的意思说出来，就讲别的事情去了。

唐云看看郁达夫，感到他的情绪不佳，有些太忧郁了。他又想到郁达夫写的《采石矶》中的黄仲则，那种"似此星辰非昨夜，为谁风露立中宵"的痴情和忧郁，对郁达夫自己来说，不正是"夫子自道"吗？

"我读过你的《采石矶》。"唐云说。

"那是十多年前写的。我是从安徽回上海，船过采石矶有所感触。"郁达夫说。

"我也很欢喜黄仲则的诗，《都门秋思》把诗人的清苦和寂寞都写出来了。"唐云说。

"你对他的诗理解得很深刻了。黄仲则是乾隆时代的诗人，他的诗写得很特殊，你去看看他同时代诗人的集子，你就能明白，个个总免不了十足的头巾气息。他们的才能不是不大，他们的学问也不是不博，但诗都写得和平敦厚，读起来没有味道。而黄仲则的诗，是语语沉恸，字字辛酸，真正有诗人气息！"郁达夫谈得有些激动了。

"我觉得黄仲则受了李白的影响。"唐云说。

"是的，仲则的诗学李白，有点狂，但也有狷的一面，但这有什么不好呢？孔夫子也说'狂者进取，狷者有所不为也。'你画画不也是要有点狂的味道才好吗？"郁达夫越说越有精神。

郁达夫呷了一口茶，又接着说："我从富阳到杭州念中学，星期天没事，就到梅花碑和丰乐桥的直街的旧书铺去，买了不少旧书。

那时没有钱，旧书便宜，新书买不起。后来买到黄仲则的《两当轩集》，真是爱不释手。"

"你最欢喜他哪首诗？"唐云问。

"他的诗，我都喜欢，我感受最深的还是那些写平民生活、啼饥号寒的句子。还有他那落落寡合的态度，他那一生潦倒短命的死……"郁达夫说得有些激动，也有些痛苦，站起身来在屋里走动着。

唐云再一次看着郁达夫，身上已经发旧的一袭缊袍，袖口已经磨破了，更加理解郁达夫和小说中的主人翁黄仲则的难解难分、合二而一了。郁达夫是将自己的感情、思想以至灵魂，全部融化在黄仲则的躯壳里了。

唐云觉得谈黄仲则太使郁达夫痛苦了，就想把话题转开。可是郁达夫则继续说道："黄景仁说'十有九人堪白眼，百无一用是书生'，正是表现他的穷愁不遇、寂寞凄凉、清高风雅的品格，值得我辈的崇敬，那是学不到的啊！"

"我看你这风雨茅庐可以和黄景仁的两当轩媲美了。"一直坐在那里静听的若瓢，这时也说起话来。

"怎敢相比，我这只不过是避避风雨而已。"郁达夫说。

"你这虽叫茅庐，其实一根茅草也没有啊。"若瓢说。

"起始以风雨茅庐命名，本来是打算以茅草代瓦，以涂泥来作墙壁，砌五间不大不小的平房，可是在几位热心的朋友帮助下，结果搞成涂了漆，嵌上了水泥……"郁达夫说。

"古人还把真正的茅庐叫成什么斋、什么堂呢，郁先生是反其道而行之。"唐云说。

"是的，名实不符，这是中国人的老把戏了，称作山人的人有几个入山的？"郁达夫说着，指指矗立在湖畔的琉璃碧瓦，又说："那些洋房不也是叫做草舍吗？"

"你把若瓢写活了。"这时唐云突然又想起郁达夫的小说《瓢儿和尚》了。

"……"郁达夫没有说话，只是注意若瓢的那张嘴巴。

"他哪里写的是我，只不过把我的名偷用一下就是了。"若瓢说。

"那你写的是巨赞？"唐云又问。

"暮鼓晨钟，只不过是写写出家人的生活罢了。"郁达夫说。

"他是捏泥人儿的，把若瓢、巨赞还有他自己，都捏在了一起。"王映霞说。

"天机不可泄漏。"郁达夫说。

郁达夫的小说做得很好，不过这时他热衷于写诗，就和唐云谈了许多作诗的事情。

唐云对诗虽然也有兴趣，但他的精力都花在画画上了，偶尔也写几首诗，功力不深，都是即兴式的游戏，并不真的就是那么一回事。他就把话锋一转，和郁达夫谈起别的事来。

郁达夫曾留学日本，对茶道也是很精通的，若瓢是出家人，自然就把茶道与禅机联系在一起。唐云的品茶虽然也有几年的历史，也听说过"曼生壶"，自己还没有亲眼看见过，更不用说是对"曼生壶"的收藏了。

"你那茶道是掺了假的东洋货。"唐云听了郁达夫的茶道，有许多都是日本人吃茶的习惯，在这方面深感郁达夫此道尚浅。

郁达夫谈话时旁征博引，知识渊博。和郁达夫相比，唐云虽然是嫩了一些，但能和郁达夫清谈半日，也是有些修炼的，否则的话，必然捉襟见肘，哪里能谈得下去。

醉卧净慈寺

和郁达夫相识，使唐云的生活圈又有扩大，不只是和画家交往，许多文人也成了他的朋友。其中有写诗的，有写小说的，也有写四六对句骈文的。

唐云、郁达夫、王实味等常常结伴相游，幽栖于山林，出入于禅寺。一天他们又来到净慈寺，若瓢又照样是素菜荤吃，东坡肉、西湖醋鱼自然是少不了的。

文人吃酒，开始都还是书生气十足的。一道西湖醋鱼上来，唐云又以老杭州自居，问道："这道菜还有别的名字，你们能说出来，我就先饮三杯。"

"这是侠尘想吃酒的调虎离山计，我知道也不说。"王实味也是很锋利而幽默的。

唐云看看郁达夫，郁达夫在皱着眉头，像杜甫苦吟的样子。

西湖醋鱼的典故，其实大家都很清楚的，但是谁又都不愿意说，这大概是因席中两员主将王实味和郁达夫在座的关系。他们不说，谁还愿意自作聪明呢？直到很多年以后，唐云和笔者交谈时，还回忆到那时的情景，他说："那时我是少年气盛，他们都比我年长，都把我当作小孩子，还是郁达夫深沉，他做了一首诗算是回答了我的问题。"

唐云顺口念出了当时郁达夫写的那首诗：

宋嫂鱼名震十洲，却教寺僧暗发愁。

旧词新鲜从何起，恨煞萧山半上流。

后来，笔者查了郁达夫的原诗，发现不是"寺僧暗发愁"，而是"闺妇"。我告诉唐云，他把这首诗记错了。唐云说："没有记错，是寺僧，我当时还真的先饮三杯呢！"

三杯酒下肚，唐云并不以为然，这下子却引起了王映霞的兴趣，她要郁达夫和唐云对饮。

这时的郁达夫对吃菜比饮酒更有兴趣，不但有荷叶包西湖醋鱼，还有鱼头烧豆腐，栗子烧子鸡，豌豆炒虾仁，都是西湖的名菜。何况不久前他在上海喝伤了几次，这时他不知道唐云的底细，不大敢和唐云碰杯。

王映霞看郁达夫酒兴不浓，她也就不客气地和唐云对饮起来。唐云在想，王映霞是女流之辈，肯定是没有饮酒的豪兴的。在座的文人中，只有唐云有酒仙之称，在杭州城里还是有些小名气的。他从小喝到二十三岁，还没有喝醉过。而恰恰在他二十三岁时遇上王映霞，他怎肯服输。

开始，他们还有些谦让，只是慢慢地喝着。王映霞是绵里藏针，并不表现自己有多大的能量，只是用水汪汪的眼睛瞅着唐云。

又是酒过三巡，王映霞的酒兴勃发，真的要和唐云喝出个输赢来。

"没有酒令，怎见输赢？"唐云说。

"有玻璃杯，一对一杯地干！"王映霞把手中的玻璃杯高高地举起。

"谁当酒司令？"唐云说。

"我！"郁达夫自告奋勇，拿起酒壶就斟酒。

"你只好当枕头上的司令，酒司令不能当。"唐云说着把酒壶递给王实味。

"既然侠尘相信我，要是映霞也同意，我就当！"王实味把酒壶抱在怀里。

若瓢不沾酒桌，在里里外外地忙着。

"今天，我要和你这位'杭州唐伯虎'比个高低。"王映霞把酒杯一端，一饮而尽。

"奉陪到底！"唐云也不示弱，举手把一杯酒喝光，并把杯底朝天给王映霞看看。

他们两人，一对一杯地喝着。王映霞连菜也不吃。

喝到中途，唐云泡上一杯浓浓的龙井茶，他知道龙井茶是能解酒的。

王映霞对着那杯浓浓的龙井茶，只是抿抿嘴，会心地一笑。

屋外传来打更小和尚的三声梆声，时间已经到了半夜，那三斤白酒已被他俩喝光了。若瓢是位欢喜凑热闹的和尚，又叫小和尚拿来三斤白酒放在桌上。王实味拧开了瓶塞又给他们满满地倒上酒，自己又与郁达夫对饮一杯。

这时，唐云感到有些晕了。他站起身子晃了几晃，就向外走去。

"你想逃酒！"王映霞一把拉着他。

"只有逃禅的，哪有逃酒的。"王实味抱着酒壶站在旁边。

"出去净净手。"唐云拍拍肚子。

"好端端的净慈寺，这佛门圣地给你弄脏了。"王映霞说。但是唐云要净手，酒场上可没有不准的规矩。

刚出禅房，唐云就醉倒在花坛旁，躺在青石板铺的小径上。一股凉意侵入身体，他顿时觉得舒服起来，在迷迷糊糊地想着：怎么败给一个女流之辈。他又想到那些酒量大的人，汉代于定国，饮酒至数石不乱，郑康成能饮酒一斛，卢植能饮一石，黄甫真也能饮石余不乱，晋代稽康、阮籍、王戎都能饮一石，刘伶能饮一石五斗，后魏刘藻亦能饮酒一石而不乱，南齐刘季能饮酒五斗，他的妻能饮三斗，夫妻俩可以竟日对饮，而能照常办事情，陈后主也是个酒鬼啊……历史上那些酒量大的人，一个个向他走来，使这位西湖酒仙感到有些惭愧，今天要败在一个女流手下，将来有何面目再浪迹于酒场？

青石板的清凉使唐云的醉意稍解，他又强打精神站了起来，摇摇晃晃地向禅堂走去。

"怎么去了这样长的时间？"王映霞正好出来找他。

"量入为出，我比你喝得多啊！"唐云说。

"不能和我干几杯吗？"王映霞仍然带着挑战的意味。

"干！"唐云又举起杯子干了一杯。

直喝到东方既白，桌上的三壶酒又喝得差不多了。

这次，唐云真的醉了。

若瓢把唐云扶到禅床上，让他睡下，又和郁达夫、王实味、王映霞等喝了一阵。

王映霞仍无醉意。

后来，唐云移居富春江畔，郁达夫和若瓢还来看过唐云，以后就离开风雨茅庐，只身南下，唐云就再也没有见过他。郁达夫婚姻生活的波折及旅途的磨难，生活及心境都是极凄然的，他曾经寄诗若瓢云：

　　　离愁黦黦走天涯，闻道南台又驻车。

　　　乱后相逢应失笑，一盘清帐乱如麻。

谈到郁达夫的这首诗，唐云对笔者说："郁达夫和黄仲则一样，落落寡欢，他怎能不短命呢？人要豁达，要放开，要什么都能放得开，自自在在地活着，这样的人生才有乐趣。"唐云在八十高龄时谈的这番话，是对八十年的生活体验，我想在他二十多岁的时候，能说出这番话吗？笔者在和八十五岁高龄的王映霞谈起这段往事时，她对生活的认识也很透彻，如果当年有今日的透彻，还会和郁达夫闹得个落花流水春去也吗？

酒里同参画与禅

　　富阳的乡居，唐云的山水虽然突飞猛进，但是与朋友相聚的机会却很少。郁达夫的南行，若瓢云游到上海，菭社的艺友也都星流云散。对此，唐云是不无伤感的。

　　抗日战争爆发，唐云对富阳的乡居生活更感乏味，他也想和朋友一起去重庆或桂林。但他父亲不让他去，要他继续留在富阳，或者再迁回杭州。正当唐云犹豫难决的时候，若瓢给他来信，请他去上海，说上海的书画市场不错。像唐云这样以卖画为生的画家，怎好离开书画市场呢？虽说富阳山明水秀，那只给他绘画以营养，如果眼界不高，营养便会过剩，不但不能帮助肌体的发育，反而会僵化起来。

　　唐云接受了若瓢的劝告，和俞亚声带着俞览、涤览、如览三个孩子及其他家人由富阳动身，乘船沿着富春江、钱塘江扬帆而下。他此行想经宁波，然后再转往上海。

　　动身去上海之前，唐云先回了趟杭州，和几位老朋友告别，把家事也作些安排。在他的老朋友中，浙江大学校长邵裴子也在准备离开杭州入川。邵氏是杭州有名的书家，唐云以前辈学者事之。还有和唐云有忘年之交的钱均夫，他是科学家钱学森的父亲，这时正做浙江省教育局长，也在收拾行装，准备到内地去。唐云和这些老朋友依依惜别，又回到富阳。开始，他怕路上买不到吃的东西，买了许多大米装在船上，后来又感到带的米太多，也太重，不如带钱方便，便又把米换了钱。那些来买米的也都是朋友，有钱的就给钱，没有钱的也就算了，他说："你们将来有钱再还我。"

唐云也知道，那些钱是没有机会再得到了。

船到余姚，唐云上岸去看望朋友施叔范。上岸时脚下一滑，跌到了河里，手指头也划破了。唐云不会游水，要不是当地的船民打救，那一次就可能被淹死。这时，他已有了一个五口之家，全家都为之心惊肉跳。他身上的唯一一件长衫也湿了，虽不是"江州司马青衫湿"，但没有衣服穿，怎能去看朋友呢？湿淋淋的一领青衫，连朋友也没有看到，使唐云感到不能像在杭州或富阳时那样行动自如了。

到了宁波，海口封锁，没有去上海的船，需要在宁波住下等待时日。在宁波举目无亲，带着妻子儿女弟弟妹妹十四口人，到哪里去安身？

唐云与佛有缘，这时他又想起一位和尚来。那是在杭州净慈寺，通过若瓢认识的这位和尚，那和尚曾经买过他的六尺四条屏。唐云到延庆寺去找那和尚。到了山门口，唐云却突然记不起那个和尚叫什么名字了。这次不是装糊涂，而是真的把那和尚的名字给忘了。

进得山门，有一位和尚出来接待他。唐云一看，不是买他的画的那位和尚。这个和尚自报家门，他叫亦幻，名字也似乎不对，搜寻记忆之库，也找不到亦幻这个名字。

"师傅，我找的不是你。"唐云很坦率地说。

唐云又如此这般地把那和尚描述了一番，并说买过自己的画。

"那是我师傅，他正在做功课，要等会儿出来。"亦幻说着，给唐云倒了茶，要他在禅房内等着。

那和尚功课完毕，走了出来，一看是唐云，高兴地说："唐居士，怎么仙驾降临小寺？"

一看到那和尚，唐云似乎是禅机一动，马上想起了那和尚的名字。

"静安长老，久违了。"唐云说。

唐云向静安说明了自己的处境。

"海口封锁，上海去不成，就在寺里住下吧。"静安说。

"我带着十四个人呢。"唐云怕人口太多，住在寺里给静安和尚增加麻烦。

"没关系，再多几个人也没关系。"静安和尚说。

就这样，唐云一家在延庆寺住了下来。

延庆寺和一般的禅寺一样，建筑空旷而高大。殿堂里那几十根巨大的木柱，顶部错综复杂的托架，支撑着覆盖琉璃瓦的屋顶，给人以庄严超脱之感。寺内有一座小小的花园，石子铺的曲曲小径，落满了干枯的松针。每天晚饭之后，唐云和静安和尚就在这里散步。在那幽明的青藤之中，干枯的松针在脚下发出微妙的声音，擦过那些青苔累累的佛灯，唐云又似乎感到身在富春江畔，抛却了旅途的尘嚣，忘净了将在海上漂泊的渺茫，这种安静常常净化得他禅机参透。

"如何是出家人家风？"唐云要和静安谈禅了。

"一罐兼一钵，到处是生涯。"静安说。

"君从富春来，如何是富春灵境？"静安问。

"万叠青山如钉出，一江绿水若图成。"唐云答。

"如何是境中人？"静安问。

"古今自去自来。"唐云说。

"来去无路呢？"静安问。

"明明密密，密密明明，路自在心中。"唐云说。

"何谓画中景？"静安问。

"落霞与孤鹜齐飞，秋水共长天一色。"唐云回答。

"何谓景中画？"静安又问。

正在这时，只听寺外一声巨响，唐云不知是怎么一回事，就问静安："外面在扔炸弹？"

"居士的禅机已尽。"静安和尚微微一笑，抖抖落在袈裟上的松针。

那一声巨响，是日本的飞机把灵桥给炸了。

夜晚，寺院内更静。在禅房里，在佛灯下，静安和尚入静打坐，唐云就在佛案上作画。这时的山水，常常在追求画中有禅，禅中有画的境界，两人的路子虽然不同，却达到了同一境界，禅和画在相互渗透中交融。

深夜里，静安有时还想和唐云谈禅，但唐云自知禅机不深，就不再谈禅，画了一开册页，上面题写着：

君谈佛法，我画云山。

溪声山色，酒里同参。

静安和尚看到画上的题诗，自然心领神会，画、禅、酒，对唐云来说是缺一不可的。延庆寺每天为唐云一家开的两桌饭菜虽是素餐，但酒总是少不了的。对此，唐云感到于心不安。

"不要紧的，寺里有钱用，要打仗了，这个寺还不知道能保到哪一天呢！"静安和尚说。

亦幻和尚总是那样忙，寺内寺外的事情都要张罗，每天要会许多客人。但他的功课做得很好，静安和尚也不大多问他的事，一切都由着他去做。

在延庆寺滞留两个多月期间，唐云画了一百多张画。临行之前，唐云请静安挑，只要欢喜的，都可以留下。

静安一张也没有留。他说："我不要画，你将来到上海，都是可以变钱的。我是出家人，这些都是身外物，没有什么可留恋的。"

唐云买了船票，准备动身去上海。静安把一百多张画细心地卷好，还拿出二百元银元，送唐云上船。

"一东一北，不知何时碰头？"静安和尚恋恋不舍，无法再抑制住内心的情感。

"只好制天命而用之了。"唐云引用了荀子的话，有点听天由命的样子。

"送君者皆自崖而返，君自此远矣！"庄子著作中最富于深情的话，静安把它借用过来，流露出他对唐云的一往情深。

海天一色，唐云蓦然回首，静安仍在灵桥畔，注目着远去的船。灵桥已经倒塌了。

第四章

初到上海滩

上海滩的漂泊

　　从宁波上船，经过一夜的航程，次日黎明，唐云到了上海的大达码头。此时，若瓢早已在岸等候。

　　1938年，日本军国主义大肆侵华，上海已处在沦为孤岛的前夕。不少中国人还带着梦想，以为日本人不会打到上海来，四面八方逃难的人都汇集到上海。唐云一家刚踏上上海滩，就遇到了住的问题。

　　旅馆住满了，唐云全家无处安身。

　　还是若瓢给想了办法，把唐云全家安排到佛教医院去住。

　　医院毕竟是个治疗疾病的地方，住在这里，全家都没有一种安定感，就连善于超脱大度的唐云，这时心里也感到失去平衡，无法作画。以卖画的收入来维持家计的唐云，不能画画，全家的吃饭便成了大问题。延庆寺大法师静安和尚虽然送给唐云二百块大洋，但那是死钱，要是坐吃山空的话，用不了几天，也就会把它花光。

　　唐云在家虽不靠父母，但他到了上海不能不依靠朋友。经过若瓢的几天奔波，终于在傅中施家给唐云找到了落脚的地方。

傅中施是一家银行的董事，本人也在银行做事，他喜欢唐云的画。傅中施的母亲信佛，热情、善良、好客，对儿子的客人，她当然也是很欢迎的。傅中施还有几个姐妹，一听说"杭州的唐伯虎"要住在自己家中作画，她们对看唐云比听唐云的传奇故事更有兴趣。唐云搬到傅家的那天，姐妹们虽然不便到正厅迎接，一个个都躲在楼梯的后面，偷偷地瞧着唐云。唐云刚进中厅，傅中施的那位最小的妹妹情不自禁地喊了一声："唐伯虎！"

还是傅家老太太开明，她说："唐先生住在这里，就成了自己人，女孩子也用不着回避，都出来见见这位唐大哥吧。"

"唐大哥！"四五个女孩子从楼梯后面走了出来，向唐云深深鞠了一躬。

唐云的妹妹唐瑛自然也就成了傅家姐妹的好友，和她们住在楼上。唐云住在中厅，每天都在作画。

按照旧的习俗，唐云这时正是虚岁三十，由若瓢发起，在傅家为唐云过三十岁的生日，办了三桌酒席，请了一些朋友。若瓢虽为出家之人，但他那一领袈裟只不过是一个护身符，走到哪里都会交上一批朋友。在生日宴上，若瓢把金石家邓散木、书法家白蕉介绍给唐云。邓散木号粪翁，取古义"粪除"之意，又名钝铁，时人都以老铁称之。白蕉本姓何，名法治，字旭如，号复生，后改署白蕉，又号复翁，是上海金山张堰镇人。张堰原属松江，松江古为云间，所以白蕉常自称"云间白蕉"。这时，唐云在杭州的一些朋友，如丁辅之、高野侯、姜丹书也都先唐云到了上海。唐云去宁波途中，因落水未能前去看望的朋友施叔范亦来到上海。旧雨新知，欢聚一堂，唐云自是很高兴。

唐云虽然是名士派，但他是很知道自尊和自爱的。傅家的人虽然对他全家很热情，但他觉得那里总不是自己的家，何况是这样多的人都挤在傅家，有着诸多不便。若瓢是深知唐云的，唐云的心底之事即使不说，若瓢也能知道十之八九。在傅家住了一段时间，唐云也画了一些画，那些画又都卖了出去，吃饭的钱总算有了。在若瓢的周旋下，唐云又搬到若瓢出家之地吉祥寺。

坐落在七浦路上的吉祥寺，虽然规模不大，却是佛教圣地，香火很旺。寺的方丈是雪悟和尚，主持寺内的佛事。这位雪悟和尚也是从宁波来上海的，同时也是个三教九流无所不交的人物。

雪悟虽为出家之人，却熟谙生财之道，寺内的收入不完全靠佛事或施主的施舍。在吉祥寺内，他们开设了一个素餐馆，三开间的门面，常是顾客盈门。雪悟还是烹调能手，素菜烧得特别好。雪悟和若瓢极为投契，雪悟管内务，若瓢办外交，把四面八方的朋友都招引到吉祥寺来。这样，唐云住在吉祥寺，在上海的交游一下子也广泛起来。不只是书画界的朋友，像新闻记者郑逸梅、唐大郎、龚之方也是吉祥寺的常客。若瓢把他们拉来吃素餐。吃完之后就写文章在小报上宣传。这样，吉祥寺的素餐就扬名遐迩，生意兴隆。

唐云住进吉祥寺不久，宁波延庆寺的小和尚亦幻也来到了上海，在吉祥寺落脚。唐云看到亦幻，白天去云游，晚上也不常在寺内。有时在寺内，便到唐云这里坐坐，谈谈社会新闻，既不谈佛，也不谈禅。其实，亦幻和尚是中共地下党员，原先就在上海做地下工作，后来到宁波延庆寺出家，镀了一层佛光，披着一身袈裟，掩护着地下党的身份。当时，上海地下党的领导人夏衍、于伶经常到吉祥寺吃素餐，有时也参加吉祥寺的一些佛事活动。唐云虽然和他们相识，在一起谈禅谈画，其中的内情并不知道。在唐云的印象里，经常来吉祥寺的还有一位大学教授。他每次来都要吃一顿素餐，每吃素餐又都是亦幻当跑堂，送茶送水。这时，赵朴初已经是居士，虽是佛门信徒，但可以结婚偕夫人，他们夫妇也常来吉祥寺参加佛事活动。

吉祥寺是佛门禁地，世俗之人是不好在这里久住的。不久，唐云就在江苏路洛阳村找到一所房子，全家就由吉祥寺搬了出来。这所房子不大，除了几张床，什么家具都没有添置，连窗帘布也没有。唐云就把自己的画挂在窗口，既可以把水墨晾干，又可以当窗帘用。

房子虽然小，十四口人住在一起，拥挤不堪，但唐云感到总算结束了漂泊生活，有了自己的家，心中安定了许多。

杯水画展打响了第一炮

　　敢闯上海滩的大有人在，闯得成功与失败，就看各人的闯法了，成功之路就在每个人的脚下，只是走法不同而已。画家何尝又不是这个样子呢？有的官员，冒充斯文，宦事之余也画几笔画。富翁的画画，那是因为玩钱玩腻了，以画来调剂口味；有的治学，他的画是为了和其他学问触类旁通，多一番体味；有的就是以卖画为生，画画就是为了生存。尽管各人的走法不同，每一条路上都走着一些成功者，每一条路上也走着许多弄潮儿。

　　唐云画画是为了生存，他艺术上的成败，在这初闯上海滩之际，还难以预卜。

　　此时，唐云在想着一个极为简单的道理：要活下去，就要把画卖出去，这当然首先就要有人来买你的画。如果人们连一位画家的名字都不知道，哪里还有人去买他的画呢？这是按照顺时针思索。如果把事情倒过来想，画家只有成了名，画才能卖出去，才能有钱，有了钱才能活下去。

不管是顺着想还是逆着想，唐云都非常清楚地知道，要在上海滩立住脚，第一位的事情就是创牌子。对创牌子，一个功成名就和一个还未完全取得成功的人的想法不同：功成名就者总是认为创牌子靠的是艺术，别的都是假话；而还未完全取得成功的人会认为：创牌子，一半靠的是艺术，一半靠的是朋友的捧场。江山还要文人捧，何况是艺术。这时的唐云所有的只能是一位即将成功者的心境，绝没有他成功之后不再着眼于功名的大家风度。

抗战初起，人民的生活动荡不安，上海汇集了许多难民，无以聊生，能不能给难民做些好事？

唐云和若瓢、邓散木、白蕉商量，决定举办一个画展，把卖画的钱捐献一部分给难民，这种捐献的数字虽不可能太多，对因饥渴在死亡线上挣扎的人，也可以聊补无米之炊。

办画展总得有个题目啊。

"就叫杯水画展吧，我们所捐献的，也只能起到一杯水的作用。"邓散木的艺术虽然冷峻，但他的心肠是很热的。

唐云、若瓢、邓散木、白蕉四人商定，当即作了分工。

若瓢交游广泛，善于组织，加上他那身袈裟也很有号召力，整个画展的组织工作由他主持。

邓散木的书法，家里已经积存了不少，不费什么力气就可以拿出几十张。

白蕉也是写字。和唐云相识之后，经唐云的指点，也能画几笔兰草，无论是写字或画兰草，都是比较方便的。

唯独唐云画的是山水，这可是个细致的工作，不能急，即使着急也无法快起来。唐云来到上海，东迁西挪，画桌还没正式铺开，不可能在几天之内拿出那样多的画。

"你的山水怎么办？"若瓢有些为唐云着急。

"在延庆寺我画了一百多张，都带来了。"唐云表现得极为笃定。

"原来你早就有所准备了。"若瓢甚为惊喜。

经过几天的准备，几百张字画都齐了。邓散木的书法，白蕉的书法和兰草，若瓢也画了兰竹之类的作品。画山水的朱其石也参加了进来。又经过若瓢的奔波，把那些书画都裱好。一切准备就绪。

"要找些人捧捧场啊。"唐云说。

"请小报的记者来，都是朋友。"若瓢说。

由若瓢出面，把新闻记者郑逸梅、陈灵犀、唐大郎、卢溢芳、龚之方都请了来，这些都是经常出入吉祥寺的朋友，这时也都是唐云的朋友了。除了新闻记者，他们还请了一批喜欢书画的文人出来捧场。当时的饭菜很便宜，只要两元钱就可以美美地吃上一桌。饭后，唐云又送给每人一张画。

"我是初到上海，请各位帮忙。"唐云双手抱拳，频频致意。

文人和画家都是结下不解之缘的，任何时候都是这样。以画会友，以文传情，这是中国历来的传统，只要进入这个圈子，就无法逃脱烟尘因缘。

"杯水画展"在大新公司四楼举行，是一个别开生面的画展。

邓散木的字就不用说了，就是那"龚翁"的署名，也引起人们的浓厚的兴趣，要探讨这名字的含义，为什么别的名字不叫，偏偏要叫粪翁呢？

在上海，许多人都知道若瓢是位和尚，却很少有人知道这和尚也会画画，自然也引起人们的兴趣。

白蕉在上海已经混了几年，他的字已小有名气，可是他的兰草却很少有人看到过。

而初到上海的唐云，虽有"唐伯虎"这个别有风韵的雅号，人们对他的画则是陌生的。上海画坛画黄大痴的不乏其人，有的临摹黄大痴的《富春山居图》，却无法摆脱那绡素的气息，很少能有人得富春江真山真水的神韵。唐云的山水虽然还没有完全摆脱黄大痴的笔意，但他在富春江畔的大石斋毕竟居住了一年，沐浴着富春山雨江风之灵气，并把它糅合进自己的艺术中，一派富春江生机勃勃的景色呈现在画上，再加上诗人王太原在画上题的清丽诗句，给人带来了耀眼的清新。

报纸上更是热闹了，每天都有消息，介绍画展作品销售情况，还有对画家介绍的专题文章，放在首位的当然是唐云了。

好文章都是靠题目点出来的。这次画展最为成功的还是那"杯水画展"的题名，它像一曲嘹亮的号角激动着人们的心。在日本军国主义铁蹄践踏下的中国，人民的爱国热情如干柴烈火，就凭这个画展的题名，就能把爱国热情的火焰点燃得更旺。画展的收入又是为了救济难民，在反对日本法西斯的斗争中作出贡献，大家都带着正义感来参观，或者购买字画。上海美术界的知名之士郑午昌、吴待秋、汪亚尘、贺天健、冯超然等都前来参观，为了支持画展的成功，他们都订购了展览会上的作品。

果然不出所料，画展连续展览了九天，展出的作品全部卖光，有的作品还一再复制，真是达到了洛阳纸贵的盛况，一时买不到宣纸，就用白道林纸画。唐云的一张《丝瓜纺织娘》就复制了三十多张。

这次展览，不论是字或是画，亦不论是山水还是花卉，统统是五元钱一张。画家自己留二元，捐献二元，还有一元留作活动经费。唐云的收入不只是解决了全家生活费用，度过家庭经济危机，还把静安和尚借给他的二百元钱还清了。

唐云来到上海滩一炮打响，赢得新华艺专校长汪亚尘的称赞，说唐云是"杭州的唐伯虎异军突起"，并向他下了聘书，请他到新华艺专任教。

唐云接受了汪亚尘之聘，就到新华艺专教书去了。他教的是山水，教课的任务很重，白天上课，晚上备课，要画许多课徒画稿。除此之外，唐云还要画一些混饭吃的画，否则只靠新华艺专的薪水收入，无法维持全家的生活。唐云晚上工作得很晚，清晨往往起得很迟，有时来不及吃早饭，就直接到学校去上课。

一天清晨，上课的时间快要到了，唐云才刚刚起床。他把裤子往腿上一套，披上长衫就向学校赶去。走进教室，学生们都在等着他。这次讲的是山水的皴法，什么牛毛皴、斧劈皴、披麻皴……在课堂上，唐云讲得头头是道，又把课徒画稿拿出来示范，但是学生对上课似乎没有兴趣，只是看着他笑。是讲错了，还是画错了，唐云不知所以然，还是硬着头皮把一堂课讲完。

下课之后，唐云挟着课徒画稿走出教室，回头看看，学生们还是站在教室门口，看着他的背影哈哈大笑。

"是背上有什么东西?"唐云以为是恶作剧的学生，把一张纸片或什么东西粘在他的背后。他脱下长衫一看，背上什么也没有，学生们笑得更厉害了。

"你们笑什么?"唐云不得不问了。

"你的裤子——"其他的学生都溜回教室，只有一位女学生还站在门口看着他。

唐云低头一看，原来他把那条中式的夹裤反穿了。裤子的衬里是俞亚声用破布拼起来的，一条腿是绿布，一条腿是红布，成了一条鸳鸯裤。

在新华艺专教了一段时间，唐云又应上海美术专科学校之聘，到美专去任教。到上海美专不久，日军就实行"强化治安"的伪教育制度，要教师和学生联保。唐云表示抗议，遂辞去上海美专教授的职务。

唐云又开始了单纯的绘画生活。

书画庄的朋友

　　单纯以卖画为生的画家，举办展览会，固然可以推销自己的画作，用取得的收入来维持生活，但更重要的还要和以经营书画为业的书画庄建立关系。这时，各派的画家都云集上海，鉴赏家也自然居上海的为多，这样书画庄便应运而生。这些书画庄多集中在河南路、广东路、汉口路一带。所谓书画庄，经营的内容当然不只是单纯的书画，还经营各种宣纸、信笺、扇面，为做寿的人家做寿文，写祝寿的对联等。

　　画家要依靠书画庄，书画庄也需要依靠画家。每一个书画庄的背后，都需要有一批著名的、有影响的画家支撑着，否则这个书画庄就上不了档次，生意就兴隆不起来。书画庄为一些有名望的画家建立"标签"。所谓"标签"就是一个账本式的东西，上面写着画家的名字，标上山水、人物、花卉、翎毛的尺寸和价格，来订画的人就根据这个标签上的价格向画家订购。每个书画庄都有几位跑街小伙计，根据购画者的要求，专门到画家的家里去取画，这是对有名的画家而言。一般的画家，只好自己把画送到书画庄，放在那里寄售。

靠近天津路的山西路上，有一家五云堂笺扇庄。荣德生创办的申新纱厂的经理部就坐落在天津路上。荣德生每天要来这里上班自不用说，还有一批高级职员也都在经理部上班。在荣氏家族及高级职员中，有不少都是书画爱好者，收藏各家的作品，像荣毅仁就专门收藏各家的梅花。申新纱厂经理部的人，在工余饭后，都欢喜到五云堂转转，口袋里装着钱，碰到喜欢的就买上一件两件。有的人虽然不是太喜欢收藏，但由于书画不会贬值，积蓄些钱买几张书画放着，要比把钱存在银行里更好。

有一天，荣毅仁来到五云堂，对老板说："别人的画我都有了，就是唐云的画没有，你这里有没有他的画？"

同荣毅仁一起来的还有荣德其，也在一旁说："这个杭州的唐伯虎像苏州的唐伯虎一样走红，越是走红的画家，画越是难以搞到。"

老板一翻标签本，还没有为唐云立下"户口"，就随口说："我们是小店，他的东西还没有送来过。"

"我去试试看。"站在柜台旁的小伙计说。这个小伙计此时才十九岁，名叫沈智毅，苏州东山镇人。

"如果能搞到，我要四张方的，四张圆的。"荣德其说。

"不见得就能搞到啊。"荣毅仁似乎不大有信心。

"成不成，我跑一趟试试看。"沈智毅说。

过了几天，沈智毅来到洛阳村唐云的住处。

"你来做啥？"沈智毅一进门，唐云就这样问道。

"来看看你的画，有人想买你的画。"沈智毅年纪虽小，已经知道如何才能调动画家的胃口。

唐云见沈智毅还是一个毛头孩子，有些不大相信，还以为是个小调皮来耍弄他呢。

"多少润笔?"沈智毅一开口就说的是行话。书画是一种文化，买卖也多在文人圈子里，如果一张口就是"这张画多少钱"，当然有些不雅，只有用"润笔"来代替价钱才最为恰当，正如教书的先生收取学费时，把学费说成"束修"一样。在中国，文人和画家的地位一向是不高的，但又非常爱面子，不愿把钱的事说得赤裸裸，为了活命，又不能不谈钱，所以只好用"润笔"、"束修"之类的文雅字来代替。

看到沈智毅真的要买画，唐云递给他一张"润例"，然后把他带进屋内。

沈智毅走进室内，便感到大上海太委屈"杭州唐伯虎"了，怎么住这样小的房子? 室内有一张床，床上挂起帐子，帐子上挂着四张条幅，其中有一张画了十二个不倒翁。沈智毅看了顿然有股清新之感。他们两人谈的结果，四张画一百三十元大洋。沈智毅立刻把钱付上，把画拿走了。

路过马公愚处，沈智毅又去看看马公愚。马公愚把画打开一看，十分欢喜，暗暗地想把它买下来，就问沈智毅:"四张画多少润笔?"

"一百三十元。"沈智毅实打实地说。

"这四张画给我，我给你润笔为五百元的字。"马公愚说。

"不行，这是别人订好的。"沈智毅不肯相让。

"给你写八百元的字！"马公愚仍然坚持要把四张画留下来。

对马公愚的固执，沈智毅是没有办法的。马公愚是海上书法名家，做寿、写招牌都要找他，五云堂笺扇庄，经常是有求于马公愚的。尽管马公愚写的条幅不太容易售出，沈智毅还是拿了他价值八百元的字，把四张画留了下来。

荣毅仁和荣德其那里怎么交代呢？他们五云堂是做生意的，生意人不能不讲信用啊。

三天之后，沈智毅又到唐云家里去了。

"你怎么又来了？"这一次，唐云是明知故问。

"来拿画。"沈智毅说。

这次，唐云又给他画了四张。

画好之后，沈智毅并没有卷起画就走，而是很殷勤的样子，给唐云收拾一下杂乱的房间，又给唐云理纸磨墨。这次，他给唐云留下了很好的印象。从此之后，只要沈智毅到唐云家去取画，唐云总不会让他空手而回。唐云救活了五云堂。有唐云在前面开路，五云堂笺扇庄就正式做起名人字画的生意，来这里订购字画的买主也多了起来。这个笺扇庄的生意兴隆，以后就改为专门经营书画的"五云堂"，和"朵云轩"、"荣宝斋"、"九华堂"分庭抗礼了。

唐云经常进出的还是坐落在河南路上的九华堂笺扇庄。

九华堂笺扇庄最早从苏州创业，称苏记九华堂。老板是迁居苏州的绍兴人。后来苏记九华堂有一部分迁到上海，开始名为原九华堂。迁往上海不久，弟兄分家，一分为二，河南路西首的叫"九华堂原记"，后又改为"裕记九华堂"，请汪乐山主持，在河南路东首的一家叫"九华堂宝记"。老老板死了，老板娘叫自己的侄子主持九华堂的事务。不久因对侄子的工作不称心，老板娘就把侄子辞退了。宝记九华堂由老板娘的学生吴耀祺当经理。

唐云经常进出的就是宝记九华堂。

九华堂经营的字画都是出自上海名家的手笔。当时名噪海上画坛的"三吴一冯"的作品都在这里出售。三吴之中有吴徵，以清四家之一的王原祁为宗，其山水自成一家，为当时的巨擘；再一吴就是吴湖帆。吴湖帆于山水花卉无不精，其山水步娄东二王，低回于吴门画派的文徵明和唐寅，涉猎宋元，其画风明丽稠密，才调清新。还有一吴即是吴子深，能画山水，一冯即是冯超然。冯超然为当代山水名家陆俨少的老师，兼擅山水、仕女，笔意温婉，山水兼得文徵明之情趣，仕女近仇十洲而后的画派。这"三吴一冯"，实以吴湖帆为魁首。以价格而论，这些名家的每尺画要四十元，按当时的行情可买五六担大米。在这样名家林立的九华堂，唐云的画能在这里占一席之地是很不容易的。

唐云的画在九华堂出售，开始都是由若瓢送去。另外还有王小摩也经常为唐云跑九华堂。后来，唐云就亲登九华堂之门。当时在九华堂坐堂主持经营的郁文华眼里，唐云修长的身材，和善的面孔，更使他显得风度翩翩，看上去就是一位非常正派的文人。

使九华堂的老板和伙计震动的还不是唐云的画，而是他的鉴赏眼光。当时，有一位从江北来的卖主，带来一张题款为八大山人的绢本山水。许多人看了之后，都认为是一张假画。但画的主人脱手心切，九华堂的伙计朱星三便以八角钱的代价把它买了下来。

一天，唐云又来到九华堂。朱星三将此画拿给唐云看，八大山人的这张山水的特异光彩在吸引着他。

"你们哪里买来的这张画？"唐云问。

"一位外地人拿来卖的。"朱星三说。

"是你们留着创牌子的，还是要卖的？"唐云问。

"当然要卖的，不过——"

"这张画卖给我。"没等朱星三说完，唐云就决定买下。

"不过，这是一张假画！"朱星三有点惊异地说。

"我看你还是别吃这碗饭了，这样好的画，你们怎能以假画来对待。"唐云说。

朱星三以八角钱把它买进，唐云要买，又是假画，价钱就不好说了。

"我是当真画买的。"唐云说。

最后，唐云以三十元将这张画买进。原来这是一张南宋无款绢本山水，八大山人是后加款。到了1950年，唐云的一位朋友生活有困难，他就把这张画送给了那位朋友。后来上海博物馆以五百元的价钱将这张画购进，现在这张画为上海博物馆的珍品。

又一次，九华堂买进一张无款的山水，很像唐寅一路的画风。九华堂却以为是清代画家临摹唐寅的假画，随意地挂在厅堂里，很少有人理会。

后来，唐云来到九华堂，他虽然无法推断是谁的作品，但从画的气息上判断，肯定这是一张南宋人的画笔。当时，这张画就被唐云买进。后来，一位朋友的生活有了困难，唐云无力相助，就把这张画重新装裱，送给了朋友，要他拿去卖掉换钱花。这张无款南宋山水，后来也被上海博物馆购进，现在被列为一等收藏品。

对唐云的鉴赏眼力，九华堂的老板吴耀祺极为赞赏，他说："唐云的眼力这样好，他的画将来必然要超群出众，在上海滩立于不败之地。"

开拓花鸟画的新领域

　　随着唐云声望的提高，他的压力也越来越大。买他画的人多了，使他感到画山水太慢。画一幅山水，要一次次地渲染，他的艺术态度又严肃认真，不肯马虎草率从事。再说，荒疏的作品，在上海也无法打开市场，这样就常常使唐云有一种"供不应求"之感。

　　于是，唐云想从山水转向花鸟。他虽然偶尔也画些花鸟，但毕竟不是他的所长，他要衡量一下自己的实力，不敢轻易地作这样的转变。

　　当时上海画坛，旗鼓称雄的健将，不只是"三吴一冯"，而是大有人在。不要说号称"四任"的任渭长、任阜长、任伯年、任立凡的流风在执画坛的牛耳，还有以奇崛质朴而独步画坛的虚谷，丰腴而秾丽的赵之谦，刚劲拙厚的蒲华的流风还在起着巨大的影响。老一辈画家中的有风靡大江南北的吴昌硕，温润而平淡的陆廉夫，擅写青绿山水的吴毂祥，以写佛教画著称的王震，参用西法、遂出新意的程璋，隽峭多姿、时推高手的郑昶，都还称雄于画坛。同辈的画家中，更是千帆竞发，争雄于画坛。像吴湖帆、吴待秋、吴徵自不用说了，其他还有威震南北的张善孖、张大千兄弟，以写山水梅石而扬名的钱瘦铁，山水名家贺天健，清丽温静的花鸟画派江寒汀，笔力纵横、时出新意的谢之光，吴昌硕的继起者王个簃，浑拙壮伟的朱屺瞻，画云水尤称独绝的陆俨少，美术教育家刘海粟，深得恽南田没骨法三昧的张大壮，笔墨凝重的来楚生……在这样一批高手云集的层层包围之中，如何才能跨出新的一步，唐云不能不慎重地考虑。

唐云有他自己的主见。海上画家云集，流派纷呈，学任何一家一派，都没有出路，特别是对风行一时的画派，他认为更不可以学，学了则永远跟在别人的后面跑。唐云是不甘心随波逐流、跟着别人跑的画家，他认为各派有各派的看法，每派有每派的特点。当时的画坛风气也好，彼此之间不搞文人相轻，各种流派都能坐在一起，谈诗，谈画，看法虽不同，但仍不妨为朋友切磋琢磨。邓散木与唐云可谓挚友，在交往之中，兴之所至，先后为唐云刻了不少印章，但唐云一直很少钤用。对此，邓散木虽然有着"谁怜风流高格调"的伤感，但仍不失为朋友，他有一次对唐云自我解嘲说："你的画件，不用我的印，但也不等于我的印就刻得不好。"画坛的气度，可见一斑。

唐云认为，画家之间相互影响渗透，海上画派才能更具特色。唐云的主张是：世界上的绘画不能搞一种颜色，要有多种颜色，没有多种颜色，画坛就不能五彩缤纷。各人的经历不同，心境不同，经验也不同，画出来的画就不可能是一种风格，一种流派。一

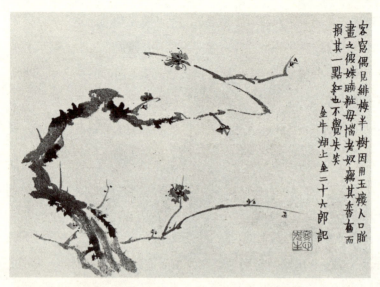

图7　金农《梅花图》

个画家不只是在古代绘画中汲取营养，还要对同时代的艺术兼容
并蓄。

唐云从山水转向花卉，是从华嵒（号新罗山人）开始，然后又
吸收了金冬心。华新罗的清秀，金冬心的拙朴，唐云追求自己的花
卉以清新俊逸为主格，再参以拙朴浑厚的风韵。这样，唐云的花卉
就朝着自我设计的方向中走去。

在绘事的讨论交流中，唐云与朱屺瞻、钱铸九的艺术见解比较
接近，三人合作的画也逐渐地多了起来。他们还请来楚生、汪大铁
刻了印："朱屺瞻、唐云、钱鼎合作记。"三人还联合举办了"三友
画展"。这次画展虽然没有引起怎样的轰动，唐云的花鸟总算在展
览会上亮相了。

当时正是国难当头，唐云在他的花鸟画中都寄寓着爱国之情。唐云和朱屺瞻合作的《割烹图》、《蛇逐蛙图》，都是揭露日本军国主义侵华的丑恶行为，画上题的都是姜丹书集的前人的句子，以古讽今。在这期间，唐云还作了一幅四尺中堂《青绿山水》，画上是一个儿童骑在牛背上放鹞子，有杨柳飘拂，画上题句为："杨柳千条尽向西。"唐云还画了一张菩萨像，菩萨的脚下有两小儿在拜，画上题句为"无法可说"，都是对当时政治的讽刺。

在唐云的花鸟画中，像这样政治寓意明显的作品，毕竟不多，他的大量作品还是满足于欣赏者的口味。有人要买一张金鱼，唐云就画一张金鱼；有人要杨柳鲫鱼，他就画杨柳鲫鱼；有人要画

图8　唐云《夜雨黄梅新鼓吹》(约 1944)

荷花鲹条鱼，他就画荷花鲹条鱼。有时为了使一张画能满足多方面欣赏者的欢喜，他就把几种鱼画在一起，再画些浮萍和水草，画面上显得很热闹。

一个以卖画为生的画家，既要讨欣赏者的欢喜，又要保持画的清新飘逸的高格调，而不使自己的画风走向世俗化，这是很不容易的。有的画家虽然天赋和基础都很好，为生活计，只是讨好欣赏者，使自己的绘画个性消失了，格调变得低下了，最后使自己的绘画艺术走上穷途末路。这时的唐云不是没有这种危险。但是，他能清醒地认识到这一点，并能把握着自己，正确处理好这两者的关系。

笔者曾和唐云讨论过：朱屺瞻是酱园店的老板，他画画是性情所致，不为生活所迫，可以不考虑欣赏者的意见，可以按照自己的性情去画。吴湖帆出身于书画之家，家境颇富，家中收藏又多，也可以不考虑有没有人买他的画，也可以按照自己的性情去画。还有像张大千，他在自己的画还没有得到社会承认之前，以造假石涛来维持生活，既在模仿中打下了坚实的基础，又不会因生活而为流俗所侵。还有一些画家，性格倔强，不愿为世俗所扰，坚持表现自己的风格个性，画虽然不错，但不为一般欣赏者所理解，生活穷困潦倒，像来楚生就是这样。因为生活中常常有这种情形，买得起画的人，不懂画，懂得画的人，往往又无钱买画。唯有唐云无法像以上几种画家那样，他需要生活，生活需要钱；他又需要艺术，要在艺术中表现自己的个性。一般画家难以做到两者兼顾，而唐云为什么能做到呢？

唐云认为，自己的经验在于：一是临摹古画，时刻不忘基本功。他卖画所得，也不完全是花在生活上，将很大一部分用来买古画，作为借鉴之用。二是吸收时代的气息，从生活中汲取营养。旅游写生便是最好的办法。他曾和施叔范、唐大郎、卢溢芳、邓散木、白蕉等人去嘉兴南湖烟雨楼，做诗联，描绘自然风景。三是提高文学修养。唐云的诗本来就有基础，因为精力都花在作画上，对诗不可能花太多的精力，但是他的这一批朋友中，诗都写得很好，这于他对诗的素养的提高有着潜移默化的作用。

　　唐云的诗做得如何，有这样一个故事可为佐证。唐云的朋友邓散木好作长夜之饮。一天，邓散木的姐姐、白蕉、金雄白在邓家饮酒。刚端酒杯，沈子丞走了进来，展示唐云新作《鼠烛图》相与欣赏。此图应属于唐云的花鸟画作品之列。邓散木审视再三，喟然叹曰："你看那只大烛，竟然一笔就了，真正是狮子捕兔，气力万千；再看那烛焰，外内中三色面面俱到，简直梵宫琳宇，莲花宝炬，写活了，写活了，好你个唐云，你要'反出长安'的了！"

　　"老铁，何不题上它一首诗呢？"白蕉逗着邓散木。

　　邓散木听了仰天大笑。稍停，他正色地说："诗？我的诗，用典，少不了稼轩之掉书袋；凑韵，免不了向《佩文韵府》讨生活。唐云是什么人？他把东坡乐府快都细嚼缓咽尽了，'诗不求工字不奇，天真烂漫是吾师'，这是他的看家本领，我在他的画上题诗，你们看我醉了不成？"

　　邓散木的老姐姐指着壁上"三长两短之斋"那块小匾，诘问散木："蠢话！你不是向来总说你的诗写得最好吗？"

邓散木喷酒大笑："那只是'于无佛处称尊'罢了，如今座上便有白蕉兄的'五字长城'，岂敢岂敢!"

唐云不仅以画为世所称，兴之所至，间亦治印，奏刀凿石，每成新意，而甚妙处，往往无迹可寻，即使治印高手，也难以找出破绽。在他六十岁之后，还挥刀为笔者治一"大泽乡人"白文印，篆刻大师来楚生看了，连连称赞："药翁身手不凡，力能扛鼎。"

明代篆刻大家梁千秋，在甲申城破之日治"读书不求甚解"一印，为钱鼎收藏，邓散木每每称赞，唐云却不以为然，就其中的"甚"字，两人辩论甚烈。邓散木性格倔强，终未降心相从。有一次辩论之烈，使唐云遽起，拿起大笔，以自己的意思篆了一个"甚"字相示，这时邓散木才心悦诚服，并在印章刻以边识"瑶池仙姜，愈老愈辣"，把这方印章收藏了。

邓散木尝刻"後来新妇"一印，苦于"後"字难以安排，旋即磨去，几乎是七易其稿，犹在沉吟。这时，唐云恰巧到来，邓散木说了自己刻此印的苦恼，并说："怕是又得劳阁下出点鬼主意了。"

唐云取印一看，没有马上回答，就到楼下吃酒去了。这一天，邓散木的夫人张建权亲自掌勺，特制葱烤鲫鱼佐酒。当唐云夹葱时，箸间若古藤纠缠，难解难分，邓散木见状呼道："不要直拉，横扯就行了。"唐云照着邓散木的说法，轻轻横扯，果然轻而易举地把葱拉开。此时，唐云突然惊呼："有了! 有了!"边说边抽出筷子，在杯中蘸酒，往桌上一口气书写三个"後"字右半。邓散木凑近一看，狂喜叫绝："这下我也有了，这叫'移樽就教大石翁，忽得三'彳'我二知'（"二知"在此系指"後"字左半之"双人旁"而言）。"在旁边观看的张建权，转嗔为喜续曰："谁怜风流高格调，冷却鲫鱼背上丝！"相与大笑，满座皆喜。

画展的"三昧"与十三根金条

经过几番的筹措，唐云来到上海后的第一次个人画展，在宁波同乡会会馆正式展出了。

此时正是1941年。

这次展出的近百幅作品，有山水、花卉、翎毛、人物、走兽，表现出唐云的全能才艺。

这次画展，不只是表现出唐云的多才多艺，也表现出唐云的朋友也多了。书画界的朋友自不用说，其他还有医生、教师、艺人，也有善于附庸风雅的富有者。办画展，要把画卖出去，少了这些附庸风雅的人还真不行。

在举行"杯水画展"的时候，唐云的心情是远不如这次自信，所以对请人"捧场"的事情，也就不像"杯水画展"时那样急切了。他知道自然会有人来为他捧场。

当时的书画界有一条不成文的规矩：某一同行举办画展，画家都要到展览会上订购一张两张的，以此来显示这位画家的行情不错，抬高身价。可以说没有一个画家是例外的。别的画家办画展，唐云也都去订购过画件，今天他举办个人画展，过去被他捧过场的人，这次当然要来捧他场了。捧场的事也很简单，在画轴上贴上一张红纸条子，表示"名画有主"。这些贴了红纸条的画，有的是真卖，有的只是装装样子，后者要是遇上真正的买主，那红纸条就得赶紧取下，让给别人的。

对此，唐云是十分清楚的。

另一类为唐云画展捧场的朋友，就是那几位舞文弄墨的小报记者：补白大王郑逸梅，有上海滩上一支笔之誉的唐大郎，能全面出击的卢溢芳，报界酒仙龚之方，出版界的平襟亚，诗人施叔范。特别是对小报记者，在举办"杯水画展"时，他们和唐云还只是一面之交，这时都服膺在唐云的麾下，成为唐云的契友了。

唐云为什么偏偏和这些小报记者交上了朋友？

所谓小报，就是小型的报纸，往往是四开张，隔日刊、三日刊不等。根据报史，上海的小报已有近百年的历史，第一张小报名为《游戏报》，创办人是大名鼎鼎别署南亭亭长的李伯元，以后又有刘束轩所办的《新游戏报》，顾名思义，那是属于娱乐性的一种刊物，内容除游艺外，大都是谈戏剧的文字，绝无政治意味和社会新闻，纯系酒后茶余的消闲读物。

小报的风格大变始于《晶报》，以"晶"命名，原为三日刊的意思。它本是《神州日报》的附属品，由安徽人余大雄主持。余为日本早稻田大学毕业生，头脑甚新，在报纸版面的编辑方面有着革命性，内容方面，更注意延请名家执笔，于是一炮而红，打入上层社会，销路大增，在新闻界产生了影响。执笔撰稿的多为当时的名士：包天笑、钱芥尘、袁寒云、张丹斧、毕倚虹，南北剧评家有冯小隐、冯叔鸾（即马二先生）、徐彬彬、张肖伧、苏少卿、舒舍予。可谓"天下英才，一网打尽"。

继《晶报》后起的有《金刚钻》报、《福尔摩斯》报、《罗宾汉》报、《东方日报》、《社会日报》。这些小报自三日刊进而为小型日报之后，奠定了它于社会新闻的地位，销路盛极一时，人才之丰富，也有胜于大报。小报记者笔下有充分自由，已经成为小报的习惯，作家的作品不为大报所采纳，都流向小报。有的在大报工作的能文之士，有时为了技痒，有时则为了发泄，一有题材，写了文章，也投向小报。无论是人才，还是内容，小型报纸都远胜于大报。唐云的朋友都是这些小报的名流。

唐云所以和小报有着那样的密切关系，实在是为他的好交友的性格所致。首先这些小报没有鲜明的政治倾向，多为中间色彩；二是小报多才子，唐云的爱才之心和他们结下不解之缘；三是小报的文章生动活泼，多社会新闻，和中下层人士的生活比较接近。这些小报，也把唐云的展览、新作、逸事见诸报端，起到一种"捧场"的作用。名声渐起的唐云，已经不把为他"捧场"的文字看得怎么重要，这不只是有唐云当时的心境可以证明，而此后唐云的一生已证明了他是一个不逐名利的人，他是一位极纯真的画师。

这次画展期间，唐云的朋友写了许多文章在报上发表，唐云都不以为然。画展期间的一次聚会，白蕉说："唐大石确是一位纯真的画家，处处都能看到他的英雄本色；老子说'含德之厚，比于赤子'。孟子说：'大人者，不失其赤子之心者也。'庄子也说：'赤子之累多矣！'以上三句都能见诸他的一身。"

"老唐的君子之风，也表现在他的画上。"卢溢芳说。

"哪有那么好，我只不过会画几笔罢了，骂杀与捧杀，我都不够资格。"唐云的话虽是谦辞，但的确很真诚。

"我们的文章是白写了。"唐大郎跳了起来。

"文章没有白写，你的一份情我已经领了。画家为生计所迫开画展，并不像你文章说的有那种愉快，此中的诚惶诚恐的心情，别人是不得体味的。"唐云说得有些凄婉。

上海滩的几年生活，唐云也参加过不少朋友的画展，自己也与别人合作办了画展，此时是深得此中三昧的。来参观画展的人，三三两两，成群结队，在画幅前指指点点，喊喊喳喳，有的真笑，有的苦笑，有的撇嘴，有的摇头，有的愁眉苦脸，有的挤眉弄眼，说这一幅像石涛，说那一幅像八大，这一笔像新罗山人，那一笔又像金冬心。可是画家自己呢？评论者多少看不出。至于那些米订购画件的，有的不是从艺术欣赏的角度，而是仁人君子前来解囊救命。对此，唐云看得多，体味也深。

画坛能有几位画家不被市场行情牵着鼻子走呢？唐云看到画界朋友辈的人物，每当画展结束之后，检视行箧，卖出去的是哪些，剩下的又是哪些，以此来总结经验。结果就发现：着色者易卖，山水中有人物者易卖，花卉中有翎毛者易卖，工细而繁杂者易卖，霸悍粗犷吓人惊俗者易卖，章法奇特而狂态可掬者易卖，总而言之，有卖相者易于脱手，无卖相者只好留下来自我欣赏了。绘画艺术水准就在这买者之间无形中被规定了。下次开画展的时候，多点石绿，多泼胭脂，多涂花青，山水里不要忘记了画小人，空山不见人是不行的；花卉里别忘了画只小鸟，至少也要添上个知了、螳螂之类的小虫儿；山水要细皴慢点，回环曲折，要有层峦叠嶂，要有亭台楼阁……这样，前来观赏的人，写文章的人，自然又会热闹一番，说什么"别有新意"、"新的发展"、"成功之作"。可是画家自己呢？

对此，唐云的心中不免感到隐隐的悲哀：照此下去，绘画还会有什么新的发展？

是不是要摆脱这个世俗，由着自己的兴致去画呢？此时的唐云还感到自己的无能为力。

唐云总是处于这种自由与不自由，有我与无我的矛盾之中。

即使有着如此的心境，也并没有影响唐云这次画展的成功，其标准就是：展品全部卖光，有的作品还被复订数次，收入是十三根金条。

唐云的生活虽然比刚来上海时有所改善，但还没有完全摆脱"等米下锅"的困境。虽然在洛阳村有了落脚的地方，但房子很小，十四口人挤在一起，除了几张床，什么家具都没有添置。因此，在举办这次画展之前，沈智毅就帮他定做了一套家具，准备用这次画展卖画的钱作为买家具的付款。

但是，画展刚刚结束，这十三根金条还没有进家，就被唐云散尽。这个钱既没有花在赌场上，也没有花在情场上，而是用来周济穷朋友渡难关去了。在这种战乱时期，唐云不但有许多老朋友流落到上海，他来到上海又结交了许多新朋友，其中有不少是穷朋友。这些穷朋友可能有些雕虫小技，有的可能有几分才气，有的可能与唐云性情投合，但都经济拮据，无法养家糊口，于是他就把卖画的钱接济他们。对一些富朋友，唐云则要他们买自己的画，用这笔钱周济别人，他说："这是用富朋友养活穷朋友。"他付出的是自己的"艺术劳动"，扪心无愧。唐云就是有这种侠肝义胆，自己口袋里有两个铜板，他要分给别人一个；自己口袋里有一个铜板，他也掰一半给别人；自己的口袋里没有铜板，他会去借铜板帮助朋友，和朋友同舟共济，共渡难关。

那套订制的家具早已做好，就等着这笔钱到手付款去取，但是到手的钱已被唐云分光，再也无钱去买整套家具了。但是家具店不愿意退货，因为这对做生意的人来说是很不吉利的事情。最后经协商，只买来一只画柜，其他几件都退了货。时间虽已过去了五十多年，但这只画柜还在唐云的床边伴随着他，储藏着他沥尽心血收藏的茶壶和砚石。

诗画难驱深愁

唐云虽是以名士派的风度闻于社会，但他的心底却积郁着羁愁。他住的江苏路上，经常有饿死的童尸弃掷于路边。他的第四个孩子，刚过周岁，正在牙牙学语的时候，因患病未能及时医治而夭折。虽然逸览、成览两儿出世，也无法解除四儿夭折的痛苦。现在回忆起孩子的早逝，他的心中还是有一阵隐痛的，说："那孩子好玩，让他坐在画案上，他不去乱摸画案上的东西。"唐云至今有个习惯，不欢喜别人摆弄他画案上的东西。

经济所累，家事的繁重，使夫人俞亚声无暇再摆弄笔墨，当起了家庭主妇，渐渐与丹青绝缘，心情自然是不愉快的。家中等米下锅，那卖画所得十三根金条没有进家门，俞亚声曾与唐云发生一场风波。唐云不理家务，一切以画事为第一，他无法理解俞亚声的苦衷。当然，他和俞亚声之间的风波无伤大雅。

海上画家和唐云往来颇佳的还有吴待秋。在唐云的眼里，吴待秋属于老师辈的人物，他对吴氏非常尊敬。吴待秋对唐云也有着特

图9　唐云全家合影（1947）

殊的偏爱，他不和社会交往，深居简出，经常约唐云去他家四明村
喝酒，让唐云欣赏他收藏的古代书画。在吴待秋家里，唐云看了不
少古代书画，从中汲取了许多营养。

　　吴待秋是一位性格很倔强的老人，办事也极顶真。请他画画，
严格按照润笔价格收费，一是一，二是二，多一寸就多收一寸的价
钱，也不克扣别人，一寸也不欠人家的。有一次九华堂要他画四尺
中堂，一量是四尺一寸，他问买画的人："这一寸怎么讲？"要这一
寸就要多付一寸的钱，不要这一寸他就裁去。他的学生沈觉初站在
旁边，说："老师，这有什么意思呢？"

　　"怎么没有意思？他拿去是卖钞票的，一寸也不会少收人家的
钱。"吴待秋说。

有的来求画者，如果事先讲明，付不起润笔费，想弄一张玩玩，吴待秋会很慷慨地画一张送给朋友，他说："不能把友情卖光。"

　　唐云去吴待秋家，有时和王福庵相遇，他们在一起讨论画艺。吴待秋总是认为：画已经变成商品，没有什么清高的事情，如果一个强盗用抢来的钱买我们的画，我们能说不卖给他？

　　吴待秋常对沈觉初说："画是商品，人家花了钱，我马上就画给人家，我死了也不欠人家的债。"

　　吴昌硕和吴待秋很相知。吴昌硕不善山水，有人求他画山水，他就画一张花卉送给吴待秋，请吴待秋为他代笔画一幅山水。

　　吴待秋家绘画三代相传，他的父亲吴伯滔是知名画家，儿子吴养木也学画山水。吴养木学画时，很像吴待秋的风貌，但当时还不卖钱，社会上请他画了，就换上吴待秋的款，冒充吴待秋的作品。有一次，一位朋友拿了一张无款的山水，要吴待秋补题款识，吴待秋看了，认为是自己的早期作品，正要题款时，吴养木看了说："这是我画的。"

　　当时上海有一家张记老酒店。酒店的小老板给自己的父亲画了一张人头像，需要补衣服和背景，找到吴待秋的门上。

　　吴待秋告诉来人："从价钱来讲，山水是花卉的一倍，青绿山水是一般山水的四倍，补景又是青绿山水的四倍，这个价钱你问他要不要画？"来人去问了小老板之后回话："要画的。"

　　补好背景之后，吴待秋通知来人取画，来人说："先把画拿去再来付款。"

　　"别的画可以，就是这张画不行。"吴待秋坚持。

酒店小老板已经投靠日本侵略者，当时在上海颇有些势力，对吴待秋连这点面子也不给，心里很恼火，说："我不要了，看他能怎样？"

"你再去问问，他是真的不要了，还是假的不要了，如果他真的不要了，我就裱好挂在九华堂的橱窗里，卖他的老子，看他要不要。"吴待秋极为固执，丝毫不退让。

最后，这位小老板还是如数付款，把这张画像取走了。

对吴待秋的这样的人格，唐云是很尊敬的。

吴待秋的学生沈觉初，小唐云五岁，此时正就职于上海西泠印社，跟吴待秋学山水，为人诚恳老实。这时社会传闻沈觉初造吴待秋的假画。此话传到吴待秋的耳边，吴待秋说："要说别人造我的假画，或许可信；说觉初造我的假画，我不相信，一是他的功夫还不到，即使功夫到了，他也不会那样干。"

沈觉初治印很精，但感到学画发展前途不大，心中有些苦恼。唐云得知以后，就为他出谋划策。沈觉初的刀功很好，唐云就建议他刻竹。刻竹，是我国传统艺术，清代之前，都以浮刻为主，唐云为沈觉初设计，要他单刀深刻，这样刻出的效果特好。沈觉初刻臂搁，刻扇，都是唐云无代价地为他设计，为他作画，刻好之后，唐云又去为他推销。所谓推销，当然不是到市场去推销，而是向富有的朋友推销。唐云有一位朋友邵达成，是纱厂老板，还有一位朋友陆南山，是著名的中医，两人都爱好收藏。沈觉初刻好的作品，唐云就送到他们家中，要他们买下。这样，沈觉初的生活才安定下来，从此走上了治印、刻砚、刻竹的艺术道路。

唐云的这种义胆侠心，吴待秋也极为赏识。有一次，吴待秋为唐云画了一幅钟馗扇面，在扇子的另一面上题写着："十万一担米，五千一尺布，新鬼日日增无数，老鬼不愁无大脯。"

这是讽刺日伪时期的物价飞涨。

"连鬼都穷得要命，老鬼吃新鬼也呒啥吃头，应该让老鬼新鬼都去吃那些发国难财的人。"唐云借题发挥了一通，以泄胸中的义愤。

除了画画，唐云有时也陪着朋友到百乐门舞厅去跳舞。百乐门舞厅没有伴舞的舞女，要跳舞的人就自己带舞伴去。

百乐门是当时上海高级舞厅，墙壁及地板的装饰都非常讲究，华丽而有弹性，很适宜跳舞。来这里跳舞的各色人等都有，也是文化界进步人士交流情况的进出之地。在这里，唐云又结识了文化界许多知名的进步人士。但是，唐云不会跳舞。朋友们带着舞伴在跳舞，他就坐在旁边喝酒以消除无聊的情绪。因为是舞厅，是不备下酒菜的，有时他也以茶代酒，消解忧郁。唐云很风趣地说："他们过了舞瘾，我过了酒瘾。"

朋友们跳舞喝酒之后，就在一起做诗。有一次，他和几位朋友从百乐门舞厅出来，大家都闷闷不乐，就找一个地方去作诗。好多诗都是随做随扔的，既不留诗稿，也不在报上发表，有些诗在当时的时局下，也不宜发表。当时的著名诗人黄太玄的诗兴最好，他把在百乐门作的许多诗都保存了下来，为唐云书写在一张扇面上。几十年的岁月过去了，这张扇面仍为唐云珍藏着。

万感苍茫井史沉，夕阳斜堕酒杯深；
等闲唯有诗书画，聊慰当前破碎心。

何来侠少五陵俦，向晚飚车约俊游；
正是华灯先月上，珠光宝气照迷楼。

纸醉金迷不夜天，罗浮蛱蝶总翩翩；
乐声曼妙歌声腻，舞态居然掌上仙。

宫中真见肉屏风，屐舄交传絮语喁；
未必无遮能胜此，菩提明镜本来空。

雪藕佳人烔坐时，调水手软让冰知；
老人微作拈花笑，镜里蛾眉讵尽痴。

儿女情怀关至性，风流放荡未全纵；
但思国破家亡后，垂死春蚕命亦微。

两年血灌自由花，孤岛声歌隔海槎；
等是娲王真种子，几多白骨委尘沙。

域净琉璃最上层，丝怀淡后冷红冰；
玉阶凉露清于水，欲散羁愁愧未能。

羁愁难散，这就是唐云那时的一种心情。

第五章

是真名士自风流

唐云的磁性人格

中国的传统道德，很讲究"为人"二字。"为人"，有着广泛的、丰富的含义，并不是现代语的"为他人"的意思。这里包括道德、学问、交友……人生的一切似乎都包括在"为人"之中。

"为人"，是从修养中得来。这也是中国的传统的修身养性之道。但修养并不能概括人生。修养功夫深的，可以成为道德家、哲学家，或宗教家，他们可以成为引起社会尊重的圣贤，但那只是一种学问，并不能代表人生，更不能说明他们在生活中就是那个样子，不一定能讨人欢喜。反之亦然，像《红楼梦》中的贾宝玉，应该说是天下第一风流，讨尽人间欢喜，却不一定能引起社会的尊重。最差的是那些自我标榜为"艺术大师"的人，对他们的艺术社会是喜爱的，而对他们的"为人"，既不讨社会欢喜，也不受社会尊重，别人所不及的就是他们的自我感觉特别良好。

能使社会普遍敬而爱之者，那就是唐云这样的具备磁性人格的人。这种人格非日常的平易近人、和蔼可亲的形容词所能概括得了的。他有某种禀赋，在人群中发生作用，犹如物理学中带有磁性物体所产生的磁场。这种磁性人格，大英雄、大豪杰，乃至诸子百家和宗教领袖及草莽英雄的性格中都普遍存在。这种人与人之间的吸引力，不是建立在权力与勇猛之上，而是生来就具有的一种禀赋，是一种上帝赐予的礼物，它不是一个道德家用修养的功夫所能得来的。在上海滩，唐云无拳无勇，而又能做到既不招忌，又不惹恨，成为一个受人敬而爱之的清流，我以为除了他禀赋中的那个"善"字之外，就是他手中的酒杯了。按理说，唐云的善饮，也是他禀赋中与生俱有的。

唐云的生命是用酒浇出来的。他的朋友邓散木、白蕉、施叔范、若瓢，又没有一个不是善饮的。不善饮的人，是无法和唐云为友的。笔者不善饮，但有时也被拉着对饮。他是用嘴饮酒，笔者是用眼饮酒，坐在旁边看着他喝。这样总是提不起他的酒兴的。

"对酒当歌，人生几何？""何以解忧，唯有杜康。"

大概是曹操把酒与人生联系在一起，中国的文人和酒才结下不解之缘。作为诗人的曹操，酒醉之后，体会到人生的真谛和妙境，所以才写出"何以解忧，唯有杜康"这样千古流芳的诗句来。可能是他体会到人进入醉乡，善吐真言，把内心的话都说了出来；他又看到周围的人都是借醉酒之机，站出来反对他的政治主张，所以作为政治家的曹操，又制订了"禁酒令"，说喝酒可以亡国，不准喝酒。不知天高地厚的孔融却反对他，说也有以女人亡国的，何以不禁止婚姻。他的那篇《与曹操论禁酒书》："而将酒独急者，疑但惜谷耳，非以亡王为戒也。"那一段话，抉隐发微，驳得曹操恼羞成怒，便借着假醉之态，一气之下把孔融给杀了。

笔者与唐云谈到这段故事时说："你当心喝醉了杀人，或被佯醉者所杀。"

唐云则举着酒杯，慢悠悠地说："一醉方休，与世无争，谁要我灌满了黄酒的脑袋做甚？"

不善饮者难以成风流名士。

魏末晋初的"竹林名士"，更是以借酒浇愁，对旧礼教进行反抗。他们饮酒时，衣服不穿，帽子不戴，这就引起当时的人对他们的非议。"竹林名士"中最善饮的为刘伶，酒醉之后写了一篇《酒德颂》，歌颂那位大人先生行无辙迹，居无室庐，幕天席地，纵意所如。有一个人指责他为什么不穿衣服？他回答说：天地是我的房屋，房屋是我的衣服，你们为什么钻进我的裤裆里来？另一个酒徒阮籍也写了一篇《大人先生传》，他认为，什么天上的玉皇，地上的神仙，都是无意义的，一切都不要，既然神仙不足信，道理也不必争，人生只要沉湎于酒就足够了。

唐云饮酒，赤膊上阵，祖胸露肚之态，也是常有的。他常说："我自饮我的酒，管他人什么事情。"唐云的朋友中，也多是这样的性格。夏日，唐云的朋友唐大郎酒后，洗了澡，就在自家临街的阳台上，背靠着藤椅，散发裸裎，悠然纳凉，见者莫不以为狂诞。即使是一些朋友，亦不免奔走相告，啧有烦言。但唐云却说："他自乘他的凉，又没有跑到你家去，更没有叫你去看他，你管他光不光着身子作啥？柳子厚说：'有裸裎祖裼，以为达者'；《孟子·公孙丑上》也说：'尔为尔，我为我，虽祖褐裸裎，尔焉能浼我哉。'我看你们倒是正经得有点过分了。"

事后，唐大郎听到唐云的这一番话，高兴地说：《左传》云'且旌善人'，鄙人唐云旌，唐云'旌'之，勒石垂帛无其荣，人生得一知己足矣！"

唐云的善解人意，可想而知，这正是他那磁性人格的具体表现。

历史的演变常常又是会走样的。大概是"竹林名士"的酒后放荡不羁，所以后人就把酒看成消极的东西了；事实上也存在着用酒浇愁，这又几乎成了文人无病呻吟的病态心理。

唐代的文人中也有不少称得上酒圣酒仙的人物，但比起魏晋时代的文人，给人留下的是完美的形象，那是因为他们把酒融入自己的艺术生命中，激发出自己的才气和创作的灵感。杜甫歌咏的"酒中八仙"，其中有几位都是以酒来激发才情的。李白的斗酒诗百篇，是诗与酒结合的楷模，千秋为人称颂。草圣张旭，每当醉后，呼号狂走，索笔挥洒，变化无穷，若有神助。画圣吴道子，在酒醉之后，于洛阳的大同殿，一日写《嘉陵三百里图》，更是气势磅礴。宋代的王晋卿带着醉意写《烟江叠嶂图》，苏东坡又以醉笔题和，把酒与诗、与画、与人生融为一体。自宋以后，能以醉墨挥洒，出手不凡的画，更是屡见不鲜。

在当代的画家中，能以醉墨作画，当数唐云。唐云的旧友龚之方，曾得唐云画二十余幅，画中都有题诗：

每向尊边乱笔头，酒后狼藉墨痕收；

今宵话旧情胜昔，廿幅追成一笑休。

龚之方说："唐云酒后作画，画人物神采奕奕，画花鸟生机盎然，他的一双醉眼有神功焉！"

这就难怪唐云在赠龚氏的画幅中，即使不题诗一首，也要写上"与龚兄快饮大石斋"的字样了。

醉眼蒙眬画黄山

唐云第一次上黄山，背上驮着一篓黄酒。

那还是在他二十多岁的时候。他背的那篓黄酒不是十斤，也不是二十斤，而是五十斤。

他背着酒篓向黄山顶上爬去，随着山路越爬越陡，那酒篓就变得越发沉重。他背累了，就叫朋友帮助背。朋友几次要把酒篓向山下扔去，唐云却紧紧地把它抱在怀里。他爬上一个山头，就打开酒篓，对着山松长饮一阵，再向第二座山头爬去。

当唐云爬上天都峰时，他不走了。他坐在那块危石之上，看着黄山的云海，听着黄山的松涛，品味着那潺潺泉声，捉摸着那山石的纹路。他打开酒篓静静地喝着，一把紫檀木雕成的板烟斗衔在嘴边，酒杯和烟斗在轮番地作战。

他要等待黄昏，在黄昏时可以看到佛光。天都峰是看佛光的最佳处所。还没有等到黄昏，他喝得已经有些醉意，呼呼地打起瞌睡。

"佛光！"有人兴奋地喊着。

"哪里？"唐云从瞌睡中醒来，用那蒙眬的醉眼寻觅佛光。

只见天边有一个圆形的光环，一边呈紫色，一边呈黄色，一时放大，一时缩小，又放大，又缩小，那紫色渐渐消失，变得黄澄澄的，闪着金光。在唐云的醉眼中，那佛光特别明亮，有一尊佛坐在那黄澄澄的佛光光环之中。

"你们看，那光环中坐着一尊佛！"唐云高喊着，他的醉意已经消失几分。

"哪里？哪里？"在那狭窄的山径上，人群拥挤着。

"那不是吗！"唐云用手指给大家。

"我们怎么看不到！"游山的人抱怨着。

大家都以为唐云站的位置好，所以才看得见佛光中的佛，有几位游客上前把他挤开，站在他原来站的位置上，但仍然看不到佛光光环中的那尊佛。

"看见佛光里的佛要成佛的。"一位和尚奇异地看着唐云。

据说，有许多善男信女在天都峰看到佛光，都以为自己真的要成佛了，为了彻底实现这个理想，就从悬崖上跳了下去，以此为皈依成佛的正果。

但是，此时的唐云没有从天都峰上往下跳。在别人看得正热闹的时刻，他背上酒篓子，带着还没有完全消失的醉意，摇摇晃晃地向鲫鱼背上走去。

只有一米来宽的鲫鱼背，当时还没有铁链栏杆。危崖当空，下临无际，就是一个非常清醒的人，从那上面走过，也会两腿发软、心脏收缩的，何况醉眼还在蒙眬中的唐云。大家看着他那轻一脚、重一脚的踉跄样子，都在为他捏一把汗。正当游人不知所措时，唐云已大摇大摆地从鲫鱼背上走了过去。大家还没有来得及弄清楚是怎样一回事的时候，唐云已站在山涧的对面，回过头来喊着："你们怎么还不过来啊？"

"他真的成佛了？"游人中有人这样疑问着。

醉中过鲫鱼背的豪举，总是隐隐地留在唐云的胸中，他笔下的黄山，又总是带着醉意的，而且常常是非醉不画黄山。醉过鲫鱼背之后的几十年，唐云又一次上了黄山。这时他已经是当代画坛的一大名士，自然有人帮助他背酒篓子了。不管是自己背，还是别人背，那酒篓子是不能少的。

这时正是中秋，皓月当空，唐云又带着酒登上黄山虎头岩。在万籁俱寂中，唐云默默地喝着酒，看着被暮霭笼罩着的奇峰异松，不知自己此时身在何处，与黄山同化，与自然同化，与暮色同化。唐云心中在酝酿着一首诗。但是，他又觉得诗又不足以表达此时的感情，画兴突然勃发，在半醉半醒之中，以笔惊风雨之势，作大幅长松，把自己的胸次和黄山之魂，尽兴倾注于纸上。画成，他又挥毫将胸中刚刚酝酿成熟的诗题于画上：

山灵畏我黄山住，墨渍长松十万株；
只恐风雷鳞甲动，尽成龙去闹天都。

正在此时，一阵山风吹来，吹得那幅巨松腾空而起，真的要飞

图10 唐云《黄山》

向太空了。

唐云再一次上黄山时，与诗人芦芒同行。芦芒亦有酒仙之称。两个人在黄山海门精舍观看昆曲《牡丹亭》之后，趁着月光又跑上了山头。两位酒仙在一起怎好无酒而清坐呢？于是，两人对饮，不觉东方既白。酒兴方酣，唐云在晨光熹微中画了一枝梅花，要芦芒题诗。芦芒是新派诗人，自觉题新诗于画上有些不雅，还是请唐云自作。唐云几经思索，随后题一首七言绝句：

月落参横欲晓天，香魂应悔化婵娟；

如何别却人间梦，还向空山枕石眠。

唐云多次上黄山，每次必醉；唐云在黄山峰峦之巅多次作画，每张画又都是在醉中画出。一次，唐云醉卧黄山香炉峰，画了一帧他最为得意的山水，在画上又题写了他的即兴诗：

平生最爱鹰阿画，老笔枯墨万壑凉；

却是香炉峰顶坐，天风吹酒醒诗肠。

酒魂惹动画魂，催动诗魂。唐云的黄山画，可以说是酒魂、画魂、诗魂凝结而成的黄山之魂。

在这首诗里，唐云所欢喜的那位鹰阿，就是明末遗民画家戴本孝，是黄山画派的奠基者之一。在戴本孝的一生中，用过许多别号，最为人熟知的，是以他在故乡安徽休宁一山谷中结庵的山名所取的鹰阿山樵，其他有以此引申的：鹰阿山老樵、鹰阿子、鹰阿，或天根道人、迢迢谷老樵等。以飘然而超越世俗的戴本孝，和唐云一样有着各式各样的朋友，明末清初的画坛代表人物弘仁、龚贤、石涛，还有为清初粉饰太平的诗人王士祯，明末遗民傅山，风流人物冒辟疆，大富豪曹寅，如果把戴本孝这些朋友的活动汇集起来，就是这个时代的文化史。自明末普门和尚开拓了通往黄山诸峰的道路，建立寺院以来，游人纷至沓来。黄山的云海、古松、怪石吸引了许多画家，弘仁就是在此期间最早进入黄山作画的画家之一。戴本孝以枯笔为主体，最擅长白描的画风，的确受着弘仁的影响。龚贤是南京金陵八家之首，为《桃花扇》的作者孔尚任的契友。孔曾委托龚描绘其故乡的石门山，未果其约而龚去世。为完成亡友未了之约，戴本孝代成此册，那真是"鹰阿老樵泪沾巾，亡友画债吾当抵"了。戴本孝与石涛的关系，也是建立在绘画艺术上的。戴本孝作有《华山图册》，石涛虽然没有到过华山，但他看了《华山图册》，随作了《华山梦游图》。唐云到了上海之后，他的山水由黄大痴转向石涛。连石涛都要作《仿戴本孝华山梦游图》，而倾倒于石涛的唐云又怎能不"平生最爱鹰阿画"呢？

斗酒老裕泰

东街有酒西街醉，吃了南家到北家。

唐云体内的嗜酒细胞特别发达，上海滩酒肆都留下了他的酒魂。陪他喝酒的无非是若瓢、邓散木、白蕉、施叔范、唐大郎等。

一天，唐云和这一群酒仙们又来到天津路的老裕泰酒家。老裕泰有个习惯，客人来喝酒，用的都是锡制酒壶。这样可以把酒壶放在温水中，温烫出来的酒不冷不热，正宜饮用。酒桌旁还放着一张茶几儿，客人吃完一壶，就把空壶放在茶几上，再提一壶新酒放在酒桌上。直到客人饮酒结束，老板才以茶几上的空壶多少结算酒钱。

他们刚要入座，唐云又照例把施叔范拉在自己身边的位子上坐下。因为施叔范的牙齿不好，喜欢吃软的食物。唐云知道后，每有酒会，必然要把施叔范拉在旁边的位子上坐下，上菜时，唐云就不厌其烦地一次次起立，拣些最适宜于他吃的夹入盘内，真像古时诸侯列鼎而食。不久，唐大郎终于发现这一秘密，每当入席，必然要抢唐云左右。这一次,唐大郎同样也不例外,和施叔范一左一右地坐在唐云的旁边。

唐大郎自视很高,很少称赞别人,对施叔范的诗则是每首必读,他称施叔范为"施诗师"。

"施诗师,可有女郎销魂之作?"唐大郎问。

"——"施叔范只是捋捋自己的长髯,笑而不答。

在朋友中,对施叔范都以施髯称之,不呼其名。施氏为人严肃,谈锋很健,且风趣横生,妙语连珠,全由胸中发出,诗文酒会更是没有施叔范到场,则满座为之不欢。

看到施叔范笑而不答,唐大郎知道他必有佳句,只是时辰还不到,到时候一定会拿出来供大家欣赏的,所以也就不再催这位"施诗师"了。

唐云一伙饮了几巡,才发现他们对面的桌上也有六人在喝酒。在酒场上,若瓢不相识的很少,可是这六人谁也不相识。各人喝各人的酒,谁喝酒谁付钱,两桌酒仙谁也没有理会谁。

他们喝了一阵,才发现对方好像是在和这边比赛似的。谁喝了多少,彼此都不知道,只看到双方的茶几上空酒壶在不断地增多。他们也发现对方在偷偷地注意着这边。

唐云这方的茶几上空酒壶已经摆满,又在另一张茶几上放了空酒壶。对方也不示弱,一张茶几已经摆满,也换上另一张茶几。

白蕉是个急性子,用脚在桌下踢踢唐云,向另一桌上努努嘴,唐云只是笑笑,又深深地饮了一杯。

邓散木脾气耿直,常有"灌夫骂座"的举动,为人所惮,亦为人所忌。他那过人的愤世嫉俗，是不愿意受别人的气的。这时，他看到对方无视他们这边，要暗中竞赛，早已坐不住了，站立起来要去问问对方：你们是什么意思？

"井水不犯河水，看谁喝到最后是走着出去的。"唐云的声音很大，是有意让对方听到。

唐云说罢轻轻地把邓散木按在座位上。

"老板的酒太好了，看来今天是无法走着回去了。"唐大郎和酒老板打着调侃。

"诸位慢慢地喝，好酒还在后头呢。"酒老板说得很圆滑，谁也不得罪。

"老板，再搬一缸来。"对方也看出唐云这边的意思，就有意地高喊着。

他们双方，这边看那边，那边看这边，谁也不肯罢盏休战。

到了晚上十二时，唐云这边已喝了两缸。每缸是五十斤，每把小锡壶装一斤，一百把空的锡酒壶把两张茶几摆得满满的。

唐云用眼瞄瞄对方，他们喝的还不到一缸半。

"老板，请把第三缸好酒搬来。"邓散木气呼呼地叫着。

老板搬来第三缸酒，往桌上一放，还没有打开封泥，对方桌上一个人走了过来。

"请问诸位尊姓大名？"来人双手握拳在胸前一抱，很谦逊地问着。

"这位是药翁唐云。"

"这位是粪翁邓铁。"

"这位是复翁白蕉。"

"这位是髯翁施诗师。"

"这位是大阿哥唐大郎。"

若瓢介绍一位，那人就鞠躬说："久仰大名。"

"在下是出家人若瓢。"把大家介绍之后，若瓢作了自我介绍。

"啊呀，都是名士啊，几乎失之交臂。"来人又深深地鞠了一躬。

"请问先生——"若瓢问。

"在下是牙科医生严大生——"来人也自我介绍。

"久仰！"若瓢说。

"老板，这几位名士都是好酒量，酒钱由我这里总算了。"严大生慷慨地说着。

"光垫酒钱还不行，以后我们的牙齿坏了，可要找你啊。"唐云说。

"如蒙唐高士不弃，请常来走走。"严大生说。

唐云把两桌人合在一起，又喝完一缸，严大生付了酒钱才算结束。

从此，唐云与严大生终身为友。

欢喜喝酒的，吃酒的机会总要被他们碰上。

有一天，唐云和他的酒友邓散木、白蕉、若瓢来到一家酒店，正好碰上女子书画会的一批女画家在那里欢聚。女画家们邀请他们四位入座对饮。

女子书画会成立于1934年，是一个女性美术家团体，成员有顾默飞、陈小翠、陆小曼、李秋君、吴青霞、周鍊霞、谢月眉、冯文凤、顾青瑶、杨雪久、唐冠玉、虞澹涵、包琼枝、丁君碧、徐慧、余静芝、鲍亚晖、谢应新、杨雪瑶、庞左玉等，她们多出身于书画世家，是社会名媛。她们组织书画会，参加社会活动，报纸上也经常报道她们的新闻。

想当年，在杭州净慈寺曾一度被王映霞灌醉，前事难忘，从此唐云就不打算和女士们在一起混饮。更何况他曾在一本书上看到过：女人虽然没有酒兴，但能量很大，常饮数升而不醉云云。他虽然不知道这批女画家的酒量深浅，仍深具戒备之心。像他这样一位侠性汉子，如果在酒场上败倒在石榴裙下，总感到有些不体面。

刚一入座，唐云就在邓散木耳边悄悄地说："和女人在一起喝酒，当心醉倒。"

邓散木虽然酒量很好，酒兴也甚浓，经唐云这样一提醒，他也只是看看酒杯，不敢豪饮，每次只是浅浅地抿上一口。

若瓢的酒量不大，只是在酒场上凑凑热闹，当然不是女画家们进攻的目标。

唯独对唐云，他的海量已经出名，更能引起女画家兴趣的还是他那名士风流，今天真要在酒桌上领教一番。

"让我们先敬大阿哥一杯！"李秋君率先举杯，向唐云敬酒。

唐云在家中居长，弟弟妹妹都以"大阿哥"称之。在男性画家中，都称唐云为药翁、大石、侠尘，很少称他为"大阿哥"的，而在女性画家中，又偏偏都称他为"大阿哥"。这一方面表示对他的尊敬，以兄长视之，另一方面也表现几分的亲热和娇娇之态。

图11 李秋君《岱岳齐年》

如果是别的女画家向唐云敬酒，唐云也许会王顾左右而言他，但是对待李秋君，唐云是不愿意怠慢的，同时也不敢怠慢。

李秋君是浙江宁波"小港李家"的后代。小港是镇海县的一个小镇。小港李家庞大财富及事业的创造者李也亭，是李秋君的曾祖父。李也亭二十五岁，由小港到上海学生意，投入南码头曹德大槽坊做学徒；后转业沙船帮，才发起迹来。到李家第三代成长后，终于摆脱了沙船之业，专向钱庄及地产方面发展。李家第三代七人，均为李也亭的独养儿子李梅堂所出。梅堂的第四子名薇庄，亦有子七人，用"祖"字排行，老大祖韩、老二祖夔、老三是个女儿，就是李秋君，名祖云，别署欧湘馆主。

对李秋君为什么将自己的画阁以"欧湘馆"名之，唐云是百思不得其解。恽南田的书斋名"瓯香馆"，唐云是很熟悉的，但李秋君也绝无不知之理，易香为湘，是她自觉艺事已高于恽冰，直追南田呢，还是为了纪念张大千也曾有过像恽南田那样在灵隐寺当过和尚的一段经历？唐云感到这是个无可究诘之谜。

"感谢三小姐的盛情，这杯酒我是不能不饮了。"唐云举起酒杯，一饮而尽。

李秋君又敬来第二杯，唐云却不敢再饮了，带着一点求饶的神态说："我最近心病发作，不敢多饮。"

"这一杯，我替药翁代饮。"白蕉想喝酒，已经沉不住气，趁机喝了一杯。

"你既然敢于代饮，那就要代饮到底。"李秋君又斟满酒杯，举到白蕉的面前。

唐云用脚踢踢白蕉，低声说："你的胆子真不小，怎敢和她对饮。"

白蕉佯作不知，举起酒杯和李秋君碰了一下，说："奉陪到底。"

李、白不断碰杯，李秋君却不动声色。

喝到中途，白蕉要出去净手。唐云凭自己的经验知道，喝到中途要去净手的人，情况往往不妙，所以接踵跟了出来。白蕉果然倒在厕所里，正在大口大口地往外吐。唐云给他擦擦干净，又把他扶进屋内，他还要再吃几杯。

"三小姐是海量，永远喝不醉的。"唐云表面上是劝白蕉不要再喝了，实际上是把这好话说给李秋君听的。

"杭州才子，果然是名不虚传，可惜今天未能领略唐才子的风骚。"李秋君却有些秋波含情了。

"后会有期。"唐云含蓄地说着。

从酒店走了出来，他们扶着白蕉，这支酒场上的常胜军，这时有些狼狈不堪了。若瓢有些沮丧地说："想不到今天大败而归！"

禅榻画梦

唐云饮酒，虽然常出入于酒肆之间，但半月一次的吉祥寺酒会，那是一次也不脱的。每次酒会，自然免不了谈诗论文作画。

这次酒会还没有结束，唐云突然感到有些倦意，遂由若瓢扶至禅榻暂歇。若瓢走后，唐云即于枕畔看到邓散木、白蕉合作的墨竹扇面，连呼："热闹，热闹！"

邓散木的学生余穗祥闻得呼声，急忙走了进来，恭敬地问："唐老师，你需要什么？"

"随喜功德，老夫亦何能跳出此一热闹界也。"唐云喟然叹曰。

余穗祥知道唐云要作画，连忙收拾笔砚，在一旁侍候。余穗祥拜邓散木为师，攻读《汉书》，受邓散木人格的影响较深，有着刚正不阿的脾性。读书则非常用功，广闻博取，强记于心。

唐云推枕而起，用若瓢的小狼毫，另写清光数竿，竹叶纷披，极有个性，特别是中间的数片竹叶，如菱脱摘，如发解髻。

"千载以上尚无第二人具此大手笔也！"余穗祥站立在旁边，屏息静气，内心中却洋溢着极为赞美之词。

唐云作画极为严谨，反复增益是常有的事，此非外人所知。唐云画好初遭，重又和衣而睡，待初遭干了之后再行渲染。余穗祥对着竹子又看了一眼，随即悄悄退出。

这时，若瓢刚巧送香茗来供唐云消渴，瞥见桌上墨香四溢、元气淋漓的画作，所获逾望，欣喜欲狂，哪里还顾得着唐云睡不睡着，疾步向前，便去摇他的身子。唐云才转过身来，若瓢即讷讷地颤音说："唐大施主在上，看来贫僧真该给你泥首了。"

"嗨，我画得辛苦，哪有你磕头这么便当！好了好了，算你佛光普照，寒山拾得。"唐云的佯嗔回答，一语双关，充满着禅的锋机。寒山、拾得，俱是唐时高僧，唐云用在这里，却也是十分的俏皮。

宾主狂噱，声音传到外面，座上的人都来到净室，一看唐云的新作，自是皆大欢喜。

"怎么样，四美具，两难并，题它几句，来个四韵俱成？"白蕉转身对唐大郎说。

"少给我摆魁劲，今天我也不行。"唐大郎故作认真。

众人不约而同，忙问其故。

唐大郎徐徐答曰："'一竹生众凉'，老头子已经题诗在前头了，大郎如何再得下手。"

"唉，一蟹不如一蟹，乾隆御诗不下万首，可这位老先生的诗，上穷碧落下黄泉，三丁六甲，费尽九牛二虎之力，捉来捉去，就只这么一句，真也够草头寸脚的了。"施叔范感叹了一番。

"那是联句，我听姚鹓雏说过，下句究竟怎么说，子丑寅卯，可就无人暗记背诵的了——估计万万不会超出座上诸君。走，我们还是吃我们的酒去。"白蕉又发挥了一番。

于是，重整残杯，洗盏更酌，觥筹交错，尽欢而散。

春华堂笺扇庄老板任华东，宴请上海书画名流，特请白蕉作总招待。唐云迟迟不到，任华东专派小车去接。

唐云刚下车，白蕉就埋怨老友："一人向隅，举座不欢！"

"你没有听说胖子怕热吗？你有人接济西瓜，自然暑气全消，我可只吃酱瓜，酱瓜者，瓜之皮也，踩在脚下，不免滑脚。"

白蕉大笑，说："哪里哪里，老药你这是'一壶天地小于瓜'，曼生壶的真知己，自然不买'白虎汤'（中药誉西瓜为"白虎汤"）的账了！"

唐云对白蕉的戏谑自有出典：一天，白蕉接到一位不相识者的信，催索画件，白蕉估计当系"打秋风"者，即复一信曰："……舍间西瓜已尽，若有意接济，可来数担。"在这里唐云重提此事，可见其风趣如此。

这一天，席上有邓散木、施叔范、来楚生、江寒汀、张炎夫、钱九鼎、徐菊承（九华堂宝记笺扇庄经理）、陈灵犀、唐大郎、平襟亚、王雪尘（《罗宾汉》报社长）、若瓢等人。余穗祥也到场，以邓散木作比，这些人都是他的老师辈的人物，只能屈尊于学生的地位。

有这样多的画家到场，壁上自然是翰墨淋漓的了。内堂壁间挂着白蕉的墨兰，由四幅大屏条联成整体，无疑是白蕉的得意之笔。

当着这样多朋友的面，白蕉不无自负地先要唐云评价。

"那还用说，当然又是'王阿瓜笔法'，我看还是吃瓜得瓜哩！"唐云笑吟吟地说。

白蕉大笑，接着认真地说："石头不好画，还有那荆棘……"

"石头并不怎样，荆棘画得好，意境也不错。"来楚生不善言辞，但他说出来的都是真话。

"怎么题诗？'冰根乱吐小红芽'，钝根人哪里得知。"邓散木说话总是带些锋芒的。

"还是请施髯来补吧。"白蕉说。

施叔范沉吟半响，微微叹曰："坡仙一肚子不合时宜，悠悠众口，难哪！"

最后，唐云说："留下点空也好，要花要刺，让他们去闹吧。"

白蕉看到有平襟亚在场，就说："人患不知足，我也是得陇望蜀，能与唐大石合作出一画册，微躯此外复何求也。"

平襟亚的中央书店曾经出版过《散木、白蕉钢笔字范》，听白蕉这样一说，当然想出唐云的画册，就满口答应："一定出，一定出。"

唐云说："他要出画册让他去出，我是不想出什么画册的。"

脚踏祥云自去自来

魏晋时代的名士，都有着乘兴而来，兴尽而返的怪脾气。唐云亦然，凡他到友人家去，从来都是不速之客，事先不打招呼。陈灵犀每谈及此，总是说他这是"脚踏祥云，自天而降，御风泠然，何其善也。"

一天，唐云在某地喝酒，偶有触动，就像"雪夜访戴"那样，立即中途退席，驱车径往邓散木的住地。

这一天，邓散木的夫人张建权适外出，邓散木在家独酌，仅以几匙冰糖熏青豆及一盘发芽豆下酒，甚有点百无聊赖之感。邓散木的下酒菜向来不讲究，几瓣橘子，或一串豆腐干，或数片饼干无所不可，而以发芽豆为常，百吃不厌。

唐云的突然到来，使邓散木咄嗟难办，莫知所出，他素知唐云的酒菜是很讲究的。他急问唐云："酒吃了没有？"

"等一等。"唐云含糊其辞，未置可否，说罢就往沙发上一靠，纵目鉴赏四壁书画。

过了一会儿，邓散木又问："酒到底吃了没有？"

"等一等，等一等。"唐云又是不置可否。

如是再三，邓散木伴嗔曰："好了，好了，我等够了，现在该你等一下了！"

唐云只是笑而不答。

邓散木说罢即出门往菜馆叫菜，误以为"盘餐无兼味，客无下箸处"呢。

因家中无人陪客，邓散木又匆匆赶回。此时唐云不知到哪里去了。楼上楼下，两处茫茫皆不见。遍问几家近邻："刚才可曾看到我家一位戴眼镜的胖客人去了？"邻里都说未见，邓散木连声大叫："怪事！"

不一会，菜馆把邓散木点的菜送到，热气腾腾，香味四溢，就是没有客人享用。邓散木在想：只好"等一等"了，反正这笔账以后再算不迟。于是，他闷闷不乐地继续吃他的绍兴黄酒，一边继续看苏青写的《结婚十年》。独酌无相亲，自然酒兴败减。

等了半小时，还不见唐云的踪影。这时邓散木尿意突发，登楼到厕所里去。拉开挡门，这一惊非同小可，唐云坐在马桶上正在看书呢！邓散木急着要用马桶，可是唐云却迟迟不起来。

原来，唐云先在一朋友处饮酒，肠胃微感不适，所以才来到邓散木这里。既不敢再饮，更不肯据实相告，所以只是敷衍着"等一等，等一等"，实际上是等待如厕的机会。当邓散木出门叫菜时，唐云遂即登楼如厕，恰巧看见小几上有一卷黄秋岳的《花随人圣庵摭忆》，随手就拿起来看了。光顾看书，忘了大解，时间一长，脚发麻，就像电击的一样，此刻已经站不起来了。

"今日方知诗魔之害人不浅也！"唐云讪讪地说。

"幸好俺，都厕守，及时赶到，也是你唐华庵，命不该绝……"邓散木仿刘宝全大鼓调哼着调侃唐云。

"自拜南东小子侯"，这是龚自珍《己亥杂诗》中的句子，邓散木戏效之，自封天下"都厕守"。"小子侯"、"都厕守"都为邓散木的书画所钤闲章，唐华庵为唐云的闲章，而在厕所里所读的又是"花随人圣庵"，妙语双关，可见两人会心不远。

邓散木既然自封"都厕守"，又自榜其斋为"厕简楼"，这样就与他的"粪翁"的别号相适应了。唐云每到"厕简楼"，与邓散木及其两个女儿家齐、国治都亲密无间相处，唯邓散木的夫人张建权则常被调侃。厕简楼厅堂内有架落地大钢琴，是张建权所用之物。唐云每见张建权在座，必故意叹曰："这样好的钢琴，我就从未见张建权弹过一次，浪费，浪费！"

邓散木会意，怂恿夫人："钟期既遇，奏流水以何惭，王子安的这话还是很有道理的。"

张建权的文化根基深厚，疾徐有序地回答："《高山》、《流水》，早成绝响。再说，《流水》不好，岂不闻'清泉石上流'（唐云别号大石翁），纵有妙声，'毕竟留不住'的，所以'此调久不弹'也。"

"想不到张建权一下搬出了三个古人来保驾，王摩诘犹可，辛幼安吃了老铁的王子安，则煞是厉害，我真是坐立不安啊！"唐云说。

后来，张建权果然弹了一段小品。

唐云听了，甚为高兴："大石虽无师旷之聪，闻弦歌而知雅意，此《卖报歌》也，感时忧民，我今亦坐十指春风中矣！"

邓散木也高兴地说："但恨'响唐'（唐大郎）不在，否则又是一个大好题目。"

唐云徐徐吟曰："后来新妇今为婆，不觉老唐让小唐……"

唐云心血都花在绘事上了，诗只是偶然写几首，邓散木曾恨唐云不与之唱和，称他为"哑唐"，唐大郎为"响唐"。施叔范为之不平，曾写打油诗："'哑唐'亦有雷霆声，云掩风卷君未闻。"

樽边度针善解人意

樽边之乐，虽然不知使唐云醉了多少回，但他那醉都是情绪上的事，那是一种陶醉，一种精神上的享受。别人是清醒中醉得不知山南海北，唐云却在醉中表现出一种清醒，而且能善解人意。

一天，唐云他们又共饮于九华堂宝记笺扇庄的"艺海楼"，肴馔甚为丰富，施叔范有些不安。吃到中途，他正襟危坐，突然对唐云说："酒债当然要还，却不知道今生今世什么时候才能发得了财，又总是发不了财，亦属无可奈何……"

施叔范在上海友声旅行团当一名秘书兼编辑，在学问上推崇归有光（号震川），讽诵不厌，数十年如一日，诗文都朴实丰赡，风神秀整，他的诗尤为同辈人所推崇，但他的收入微薄，家室之累又重，而他们的聚餐又都是"摊份子"的，有时就以知识分子特有的清高而避席，而唐云又总是强邀其参加，不允许因此而败众人之兴。他摊的那一份，则常常由唐云代付，所以，此时他在席上才说出这样凄楚的话来。

"对不起，早替阁下扶过乩了，'他生未卜此生休'，你决然发不了财；再说发了财，归太仆（震川）怎么办？"邓散木从中插话。

唐云大笑，他说："你还是不发财为好，我们也不希望你发财。想发财的人太多了，轮不到你，何况你不应该发财，即使万一你发了财，你又想干什么呢？"

"说实在话，只想办两件事，即印一部《震川文粹》，修一座震川新墓。"施叔范黯然。

"施髯迷'归'，可怜可爱！"邓散木叹息着。

"千秋万岁名，寂寞身后事。事实也正是这样。再过几年，震川先生的墓愈来愈没入地下，怕是找也找不到了。"白蕉接着说。

施叔范不再说话，只是连声叹气。

"别难受了，到时我给你画一帧！"唐云安慰地说。

施叔范这才转悲为喜，重举杯盏。

像施叔范这样酸楚的日子，邓散木也是经常遇到的。

邓散木虽然有润笔收入，但他们夫妇不善理家，而且有着仗义疏财的性格，遇到穷朋友，总是要"仗义"一番，这样就不免越帮越穷，有时竟靠典当过日子，因此常为夫人所讥笑。

可是，唐云对邓散木把"当票"堂而皇之地贴在墙上作为点缀，始终不以为然。这时，趁着施叔范的话，他又向邓散木说："老铁，我看你墙上的那些东西不但不能驱穷，也不免令座上的酒友望而生畏，虽龙肝凤髓，也难以下咽啊。"

"药翁——"邓散木言犹未了，一阵机枪凌空而过，日本人又胡作非为了。

座上，大家饮啖自若，谁也没有惊慌离座。

"若是真有个三长两短，同归于尽，也是一件痛快的事。"邓散木转换了话题。

"不，留下施大胡子！"唐云接过话头。

"百无一用，留作甚？"施叔范总是带着一些忧郁。

"我们几个人的墓志铭，还得仰仗你这位'震川先生'呢，别人的，白送我们也不要。"唐云说着又笑了起来。

席终，邓散木照例说"不用算了，不用算了"，抢着要会钞。唐云慢慢地站了起来，极力阻止，说："且先去理会你家那些张天师画符（当票），再来摆阔不迟。当票嘛，毕竟饥不能果腹，冻不能御寒……"

大家大笑而罢。从此以后，邓散木再也不把当票贴在墙上了。为此，邓散木还写了打油诗：

> 哑唐响唐将毋同，五百年前是一家。
> 席间抽出度人针，刺来木樨半段香。

人生哲学：多享清福，少享艳福

在唐云的生命中，他自认为与画有缘，与酒有缘，与僧有缘，唯独与红颜无缘。他把自己的人生哲学概括为十二个字："多享清福，少享艳福，知足常乐。"在他看来，饮酒，品茶，玩古董，收藏旧画，这都是属于清福。清福能给人益寿延年。

在红颜面前，唐云的内心也不见得就清静如水，但没有听到他对哪一个女士一往情深，柔肠寸断。

从社会的传闻之中，唐云也不是没有桃花运的。

若瓢和尚的一领袈裟，云游四方，经常会带一位女学生来拜唐云为师。唐云伏案作画，女学生就站在画案对面，染红的十指尖尖，按着宣纸的两角，唐云也是看在眼里的。

每当此时，俞亚声也总是坐在唐云的画案的一端，或看书，或看画，而其实是在看着唐云。

唐云平心静气，自顾自地作画。他不是不动心，他心里所动的只是若瓢在逢场作戏，而那些女学生也只不过是来客串一番，以睹这位杭州唐伯虎的真容罢了。

不要忘了，此时的唐云已是丹桂有根，那根深深地扎在西子湖畔，仍然能闻到湖心亭桂花的阵阵清香。他旁边坐着的正是俞亚声，这时大家都称她为唐师母了。

1990年7月的一天上午，笔者在大石斋，与这位前辈谈起这段往事时，笔者问他："难道你真的没动心？"

"那都是胡搞巴依，没有一个是当真学画的。"这位前辈的心思仍然在画上。

"那你和李秋君是怎么一回事？"笔者又斗胆问他。

"李秋君这个人很爱才，她是给我送过几坛老酒的。"老前辈说得漫不经心。

这时我拿出陈定山写的《春申旧闻》，从《欧湘余韵》一节中摘出一段给老前辈看："秋君才高目广，择婿苛，年数已逾标梅，犹虚待字。初赏杭州唐云，以为才子。唐云长大白皙，自视甚高，谓为唐寅复生，画法新罗，山水远宗清湘。""云画亦兼窃大千之余绪。一日为秋君获其原稿，始知天壤之间，唐云外尚有张大千……"

"这个陈定山，有些老糊涂了……"唐云自言自语。

"你还有啥话可说呢？"

唐云徐徐地说出下面一段话来："我在来上海之前，在杭州就听说李秋君和张大千的事情。张大千不只是李府上的常客，那时就住在李家，我是到了上海之后的一段时间，在一位朋友家里看《曹娥碑》的拓本，始与张大千、李秋君相识。这时，我手中有一部《曹娥碑》的宋拓本，我看那一本不如我这一本，认定它不是宋拓本，而张大千和李秋君却认为是宋拓本。所以，陈定山说李秋君初赏唐云，后识张大千，那是断然没有的事。再者，陈定山说我窃张大千之余绪，也不是这样一回事。张大千当时就名噪海上画坛，影响很大，仍然是以造假石涛闻名，我那时正由黄大痴转向石涛，对石涛处于狂热的时刻，张大千造石涛的方法也引起我的注意。但他是他的石涛，我是我的石涛，内行人都看得出，我们的内在精神是不一样的。"

"张大千的确自谦地说过，他的兰草竹子是画不过唐云的，对你是极为称赞的。"

"那是后来的事情。当时他的名气很大，我不和他往来，他出他的名，我还得混饭吃。再说李秋君，谁不知她是小港李家的三小姐，李家是钱庄老板，我当时还是穷光蛋，虽然和朋友诗酒流连，也是穷朋友的穷开心，我和李家李祖韩、李祖夔也没有往来。"

"落难公子后花园，与小姐私订终身的事也是有的啊。"我是向这位老前辈开一个小小的玩笑。

"那怎么可能呢？李秋君比我大得多，我二十九岁到上海，她大概已经四十岁了，而我又是有家室之累的人，这时她又专美于大千，朋友之'友'不可友，无论从哪一方面说，我都是不会有那种非分之想的。"

"那你客观地评价一下李秋君吧。"我说。

"李秋君很洒脱，很爱才，能诗会画，但她的画不如陈小翠，小翠是陈定山的妹妹。诗不如周錬霞。李秋君、陈小翠、周錬霞是上海画坛的三大名媛，解放之后又都同为上海中国画院的画师，我们又成了同事。"

为了进一步证实唐云的话，我又查阅了有关资料，张大千与李家之交确是在唐云之前，应在张大千还未成名之时。

高阳写张大千的《梅丘生死摩耶梦》中就说，李薇庄、李祖韩父子都是爱才心切，天生有种结纳四海英豪的开放作风。李祖韩为人颇风雅，当时与陈小蝶（定山）是由江小鹣的"天马会"所改组的"中国画会"的中坚分子。此外，老一辈爱好艺文的名流，如吴昌硕，王一亭以及张大千的老师曾农髯，结有一个"秋英会"，乐于提掖后进，张大千与郑曼青的作品，都为秋英会友评过，最后推断他们的艺术前途是："郑曼青不得了，张大千一塌糊涂。"现在看来，近乎谬论了。从这里可以看出，张大千在未成名之前，就与李家过往。

李秋君与张大千情感的结缘，不仅是欣赏他的画，更重要的是性情上的契合，而且也不能否认家庭的关系。谢家孝在《张大千的世界》中，有一段张大千自己说的话："记得在我们廿二岁那一年，李家二伯父薇庄先生，有一天把李祖韩大哥、秋君小姐及我叫到身边私谈。二伯父郑重地对我说：'我家秋君，就许配给你了……'一听此言，我是既感激，又惶恐，更难过，我连忙跪拜下去，对二伯父叩头说：'我对不起你们府上，有负雅爱，我在原籍不但结了婚，而且已经有了两个孩子，我不能委屈秋君小姐！'他们的失望，我当时的难过，自不必说了，但秋君从未表示丝毫怨尤，更令我想不到的，秋君就此一生未嫁！"

张大千还有另一段话："我现在这位太太，真是秋君视同学生一样教导出来的。她们之间的感情很好，我太太敬重她，她常对我太太说，这样要注意我，那样要留心我。秋君说：'大千是国宝呀，只有你是名正言顺地可以保护他、照顾他，将来在外面，我就是想得到也做不到啊！你才是一辈子在他身边的，还得你多小心，别让他出毛病。"很显然，在李秋君的心目中，徐文波是她的替身。

从这里，我们可以看出，李秋君为张大千在心中筑起的那道围墙，自我圈进里面，别人是闯不进去的。她自己亦未破"墙"而出。"围墙"之中天地虽窄，却有充分自由，而且神圣不可侵犯。李秋君这个赖以安身立命的爱情的"乌托邦"，唐云即使想打破也无法打破。更何况，李秋君与张大千同年，的确年长唐云十一岁，二十九岁的唐云绝不会去找四十岁的李秋君当"老大姐"的。陈定山在《春申旧闻》中写的那一段唐云之与李秋君，的确是有些"老糊涂"了。

唐云的这种君子之德，在朋友之中是被屡屡称道的。

唐云的报界朋友唐大郎，常为七八家小报写诗写文章，嬉笑怒骂，其锋森然。一时，上海滩的著名舞女"洋团团"李珍，"小花狗"张雪尘，名妓"小老鼠"郑爱珍等，都纷纷拜倒在"东坡砚"下，认作"大阿哥"，酒会、舞会、茶会、咖啡会，不绝于请，几无虚席。正当此君玩世不恭之际，唐云曾厉颜相劝："要享清福，少享艳福。以君之生花妙笔，写此等捧场文字，锦心绣肠，岂不浪掷虚抛？"唐大郎听了，非常感动，自此对自己的羽毛就稍加爱惜了。

一天，陈灵犀、潘勤孟相偕往访唐大郎，潘见面就说："你的那些小阿妹都在穷找你呢，谁叫你答应捧场，开出那么多空头支票，一别音容两渺茫，不曾题满杏黄裙的呢？"

唐大郎笑容顿敛，作色正颜地说："这类文章我就此收笔了。"

"为什么？"陈灵犀不解。

"请二位转告，我已给我的'大阿哥'狠训了，实在对不起，从此不写了。"唐大郎解释说。

此话传出，众芳国中的女士们，相互打听这位"大阿哥"的"大阿哥"，猜来猜去，始终不知道作此忠厚长者仁人之言的，就是杭州唐伯虎唐云大画师。

"唯大英雄真本色，是真名士自风流。"人的行为有原始性行为和表演性行为两种，大英雄的"本色"和真名士的"风流"，岂是搔首弄姿所能表演出来的。唐云虽然不能称得"大英雄"，但他的"本色"和"风流"都是本乎自然，发自内心，是一种天性的流露。

每向"谜"中觅雅趣

唐云兴趣之广泛，可以说是无所不欢喜，欢喜的又是无所不通。猜诗谜就是他的娱乐之一。

考查诗谜，又称"诗龙"，应该说是起源于宋代。据《宋人笔记》中所称：苏东坡、苏小妹、秦少游、佛印四人，同游佛寺，见壁上有人写着杜工部的诗，其间一句为"林花着雨胭脂□"，下句为"水荇荷风翠带长"。上一句墙泥剥落，末一字已经消失，看不清楚。四人提议，由各人凭自己的意思，填一个字进去，以观何人填的字与原作适合。于是四人分拈了"老"、"落"、"润"、"碎"四字，回到家里，一查原作，四人都没有猜对。老杜原作竟老老实实是"湿"字，四人都钻了牛角尖，为之大笑。从此，民间就流传着这种文艺化的游戏。办法是拿一句旧诗，挖去中间一个字，配上四字连原句共为五字，以谁能猜中原句中一字者为胜，名曰"五韵游戏"。这种游戏，一直流传不绝，也就是后来的打诗谜。科举时代，考场外设五韵摊的人很多，以现金下注，供人征射，已经带有赌博性质了。参加者都称那个小档为"诗谜摊"。

清代末期，上海就有诗谜摊的出现，开始都是流动性的。其以固定姿态出现的，应该是起始于上海南市的半淞园。后因半淞园地址偏僻，生意并不理想，就改向大世界的游乐场发展。果然一经开设，生意兴隆，每天挤得人山人海。上海诗谜摊全盛时期，真可谓是五步一楼，十步一阁，只要是游人云集的所在，无不有诗谜摊的出现，整个上海有一百多家诗谜摊。上海诗谜潮，自半淞园开始，转入游乐场，又由游乐场进入俱乐部，由衰而盛，复由盛而衰，以至于全部消歇，先后亦达三十年之久。直至抗日战争兴起，上海沦陷之后，许多文艺界的人士，都感到无所作为，彷徨苦闷，有人发起以诗谜消遣。开始时每日一次，不能持久，便改为每星期六举办一次，而且有固定组织，称为"鸣社"。起先只是带聚餐性的，徒事消遣，后来就演变成赌博性的聚餐会。

唐云和他的一批朋友的诗谜活动，完全是自娱性的，不参加社会的诗谜活动，圈子之外的人也不邀请来参加。

在唐云的朋友中，邓散木博学，是一位杂家，善制诗谜。他手中还有记载诗谜的《梅花本》。还有一位善射诗谜的卢溢芳，更是精于此道，少时就有"条子小卢"之称。他少年时曾在大世界游乐场，以射中诗谜之底所得而维持生活。唐云胸中背诵着许多古诗，更加上他是一个富有灵气的人，对邓散木制作的诗谜，常常是逐条击破的。

撰制诗谜的关键，其开出之字，贵在避生熟，切忌多开怪字。也有人开极熟的成句的，比如"处处闻啼鸟"句，除了鸟字，其他任何字用上去都不通。但是别人以为那"鸟"字是故布疑阵，绝不敢开，下注都在别的字面上，但偏偏开出"鸟"字。这类诗谜，当然要冒许多风险。

但是邓散木制撰的诗谜，常常多用怪字或冷字，使人难以猜中。

"老铁，你还是把诗谜搞得通俗些，别人猜不到多扫兴。"每遇到这种情况，唐云总是这样对邓散木说。

唐云认为：制作诗谜是一种专门学问，谜底不能太深，太深了，使人猜不到，就会感到索然无味，太浅了，一看就懂，一猜就中，也会使人感到索然无味，要做到含而不露，看上去是浅显，又不易猜到，要猜到就要花一番心思。

为了把诗谜制作得更好，他们还规定所用配字，避免用亭台楼阁、江河湖海、东西南北、春夏秋冬的字样。因为上述配字，均无法推敲，使射者索然无味。最好的诗谜，都是全从诗眼着想的。

唐云制作一则诗谜为"酒滴铜槽夜有声"句，挖去"酒、槽"二字。这样的谜句，在唐云是煞费功夫，猜的人也都要动足脑筋。有的配以"水、壶"，有的配以"汩、人"，有的配以"露、盎"，有的配以"雨、龙"，把这些字配上去，都是很通顺、很有意思的句子。因为注意了从诗眼去着想，使猜者思路很宽，射中的人也很多，皆大欢喜。

在诗谜活动中，唐云的朋友也都是表现不一。

像严大生和陆南山，他们不是文字场合中的人物，对这一行不大懂，每猜必输。

白蕉的诗谜也是难猜的，以冷僻字居多。

图12 唐云（右）和画家张炎夫（左）

王嗣成打的诗谜，只要他制作的诗谜推出，立刻就被人猜中。

唐云的另一位朋友张炎夫，也是从杭州来的，他猜诗谜时，总是要察颜观色，看人家的面部表情，有时猜中，有时猜不中，没有自己的主见。

"你猜诗谜就像画画一样，专门跟着别人跑，这样会有什么出息呢?"作为知己朋友，唐云很诚恳地提醒着。

唐大郎、卢溢芳、陈灵犀、龚之方等文人，则认为和这几位书家、画家玩诗谜不过瘾，就去参加社会诗谜活动。

社会上的诗谜活动就不同了，像"鸣社"的中坚分子，都是诗谜专家，都是有二十年以上诗谜历史的资格深老的人物，经验丰富，外来人士，是绝不能和他们争胜的。他们所掌握的关键，不在学问，而在战略，深得其中三昧，都有着身经百战的造诣。上海的几位诗坛耆宿，如况蕙风、冒广生、夏剑丞、姚虞琴（画家）、红豆馆主溥侗，听到鸣社的高手每战必胜，他们有些不相信，均到鸣社列席参与，姚虞琴还自制了一封灯谜尝试，不想放上去，如风卷残云，不堪一击，败下阵来。自此，这几位诗仙，才相信后生之可畏，再也不敢和他们较量了。

对这种打诗谜的闲情逸致，八十岁的唐云虽有留恋，但他觉得游艺当随时代，不必再提倡这样的娱乐了。他说："'诗体岂有常，诗变无数方'时代变了，诗风也变了，那种猜诗谜的游艺在今天已经不适用了。但是那种带有文艺色彩的游艺，使人动脑筋，激发人的灵感的游艺还是要倡导的。这样对提高现代人的素质，只有益处，并无害处。对古体诗，我很欢喜，但不必迷恋古人，也不必拘泥成法，应适应眼前时代为主体，是一种大众化的文学，不应该再是象牙之塔里的文学了。文艺性的游艺也是如此。"

第六章

一壶天地小于瓜

　　茶和酒一样，是唐云生命中不可缺少的。如果说酒能使他的画兴诗潮勃发，对艺术和人生产生一种冲击力的话，那么茶则能把他引入对画境诗意的深思，艺术之浩浩，人生之悠悠，禅机哲理萦绕于胸头。笔者曾于大石斋中，看到他激情相撞，水墨挥洒，似不知人间还有别样的快乐，正当人感到他欲止难止的时候，又看到他戛然收笔，将墨气淋漓的画幅悬挂于壁端，坐在椅子上，拿起紫砂茶壶，慢慢地斟一杯，呷了一口，对着画幅细细地品味起来。一动一静，判若两人。

是对茶的品味？

是对画的品味？

是对人生的品味？

或许是画与人生，尽在茶中吧。

八壶精舍

　　走进唐云的大石斋，就看到他端坐在红木太师椅上，背后弘一法师的那副对联，脱胎于魏碑，非常古朴，所书佛家偈语，则显得深奥莫测。

　　上联：欲为诸法本

　　下联：心如工画师

　　款曰：大方广佛华严经偈，无碍慧光明院如眼。

　　唐云手中拿着刻有"八壶精舍"的印章，在手里抚玩着，不时地又把印章在前额摩擦几下，那印石就更显得光亮剔透了。加上他那便便大腹，使人感到那印章却像如来佛祖手中的念珠了。

　　生长在杭州的唐云，龙井是他常去的地方，龙井茶自然是不会少饮的。虽不能说生长在杭州的人个个都欢喜饮茶，唐云却有着饮茶的习惯，那虎跑之水，龙井之茶，他认为是世界上独一无二的。要论起茶道，唐云在杭州时却是不甚了然的，那是到了上海之后，和"曼生壶"有缘相识，对茶道才渐渐地能说出一个子丑寅卯来。

所以，唐云的茶道，应先是从壶道开始的。那"八壶精舍"就是金石名家叶潞渊为他收藏的八把"曼生壶"专制的纪念印章。

在唐云的童年梦中，父亲也是欢喜收藏茶壶的，特别是他们杭州人，都是以藏有"曼生壶"而显示门第的高贵，标榜风雅。不过，父亲的那些茶壶都不怎么样，不要说"曼生壶"，能入一般名壶之流的，连一把也没有。他的耳边只听说过"曼生壶"。也许是为了弥补父亲爱茶壶而没有收到名壶的遗憾，从童年起唐云就做着收藏"曼生壶"的梦了。

茶具与茶，总是珠联璧合，而古人的斗茗品诗，茶具又占有重要地位。杜甫就说"倾金注玉惊人眼，"高流务以免俗也。苏东坡的"潞公煎茶学西蜀，定州花瓷琢红玉"，范仲淹的"黄金碾畔绿尘飞，碧玉瓯心雪涛起"，梅尧臣的"小石冷泉留翠味，紫泥新品泛春华"，都是赞着茶壶来烘托茶茗的优美。明代周伯高的《阳羡茗壶系》中说："壶于茶具，用处一耳，而瑞草名泉，性情攸寄，实仙子之洞天福地，梵王之香海莲邦。"宜兴古称阳羡，这里当然是赞美宜兴的茶壶了。

中国茶具，自古及今，都以陶瓷为主。陶器是我国新石器时代先民的创造，初是灰陶或红陶，后来又发展为彩陶。以火候而论，从火度较低的土陶，到温度较高的硬陶，再发展为敷釉的釉陶。晋代开始，就有青瓷茶具的生产，常见的为"鸡头流子"茶壶。唐代饮茶之风盛行，茶具的发展，使生产茶具的名窑层出，各类茶具争奇斗艳。陆羽《茶经》评论说："碗，越州……若邢瓷类银，则越瓷类玉；若邢瓷类雪，则越瓷类冰；邢瓷白而茶色丹，越瓷青而茶色

图13　陕西出土明时大彬提梁壶

绿。"邢瓷为河北任丘邢窑所产，越瓷为浙江余姚越窑所产。可见，南方烧瓷技术比北方高超。此外还有湖南长沙窑的彩瓷茶壶和四川大邑窑的白瓷茶碗。杜甫寓居成都时，到朋友家饮茶就用大邑的白碗，所以他的诗云"大邑烧窑轻且坚，如叩哀玉锦城传。君家白碗胜霜雪，急送茅斋也可怜"。到了宋代，就形成了官、哥、汝、定、钧五大名窑。河南禹县钧窑烧制的玫瑰紫釉茶壶，号称"钧红"，极为名贵。浙江龙泉县哥窑生产的青瓷茶具，于十六世纪即远销欧洲市场。

宜兴的紫砂茶壶，北宋时已经著称于世，明代大为流行。紫砂壶是用宜兴特产的紫泥、红泥、团山泥抟制焙烧而成，俗称紫砂。到了明代中叶，先后出现了供春、时大彬等著名的制壶大师，大大发挥了紫砂壶的艺术风格，遂使紫砂壶名噪天下。到了清代乾嘉年间，又有陈鸣远、陈曼生，道光年间的邵大亨，清末的范鼎甫等人，都是制作紫砂壶各个流派的代表。

宜兴陶土的发现，有着一段优美的传说：壶土初出时，有一位奇异的僧人，经行村落，口里叫着："卖富贵，卖富贵！"村里的人都嗤笑他。僧人说："贵不要买，买富何如？"说罢就引导着村中一老人，指山中产矿石之穴。村人挖穴之后，那矿石"果备五色，灿若披锦"。

真正用紫砂来造壶的还是金沙寺的僧人。这位僧人性格清静而专心好学，他常与那些制作陶缸陶瓮的乡民相处，抟其细砂，加以澄炼，捏制成壶的胎范，经过加工，使胎变圆，然后又在中间挖空，接着又制成壶口、壶柄、壶盖，放进窑炉内烧成。

制壶大师供春，少年时当过进士吴颐春的家僮，随颐春读书于金沙寺。闲暇时就跟着老僧抟坯制壶。他天资聪慧，虚心好学，技术渐精。寺里有几棵参天古银杏树，根部长着许多树瘿，盘根错节，古朴可爱。供春朝夕对树观赏，有所领悟，使用老僧洗手后沉在缸底的泥沙，模拟树瘿，捏制一壶，造型如树之残桩，生动异常，老僧见了击掌叫绝，便把平生制壶技艺精心传授与他，于是供春便成了制壶大师。"供春壶"上"指纹隐起可按"，颜色多为栗色，"暗暗如古金铁，敦庞周正，允称神明"，真是达到了出神入化的境界。可惜，供春一生制壶不多，流传更少，收藏家都很少见过。"八壶精舍"的主人唐云也只是听说而已。

继供春后劲的有董翰制菱花式茶壶，赵梁制提梁式茶壶，李养心制小圆式茶壶，拙朴韵致，资供赏玩。供春的后劲之中要数万历年间的时大彬了。

时大彬，号少山，或陶土，或杂碙砂土，最初制壶就是从仿供春得手。最初欢喜作大壶，不务妍媚，而向朴雅，其坚如栗，颜色有红、褐、紫、墨，无不具备，妙不可思。后游娄东，听说文人学士有品茶施茶之乐，都用小壶，遂制作小壶。当时人评论"案有一具，生人闲远之思"。他制作的壶形丰富多彩，有四方、梅花、菱花、八角、僧帽、提梁、就旦、吉直、书扁等。到了清代，更注意壶上的装饰。刻画装饰最有影响的是嘉庆、道光年间的"曼生壶"。

提起"曼生壶"，唐云就兴趣非凡，对其制作历史，如数家珍：曼生壶的制作者陈鸿寿，号曼生。在1812年前后，他曾当过溧阳知县小县官，非常喜爱紫砂茗壶，先后设计了十八种新壶样，请紫砂陶工杨彭年、邵二泉等制作。然后再要其幕僚江听香、高爽泉、郭频伽、查梅史等人镌铭刻画，冶造型、文学、绘画、书法、篆刻于一炉，形成一种独特而成熟的紫砂艺术风格。

曼生壶的造型有石銚、横云、井栏、合欢、却月、方壶、瓜型、覆斗等。谈到"曼生壶"的造型，唐云顺手从桌上拿起一把，向笔者说："你看，曼生壶底有'阿曼陀室'的印记，壶把下有'彭年'二字板脚印，像我这样印记齐全的曼生壶不大多见啊！"接着他又说："曼生壶用'桑连理馆'印记的也有。"

唐云收藏的第一把曼生壶就是他常用的那把瓜型紫砂壶。那是他从杭州到上海不久，第一次实现了收藏者的梦。

唐云捧着那把瓜型曼生壶，壶上微温而不烫手的暖意传到他的手心上。壶的深紫颜色，泛着一种青光，薄的胎坯，规整的造型及茶的色香之蕴，顿然感到这壶给他留下无限的情意，心中泛起了不知是画、是诗、还是音乐的思绪。

自己是怎样得到这把曼生壶的呢？噢，他想起来了：那是一次酒会，无意中听说有一位叫阮性山的人，手中有一把曼生壶，现在要出让。在唐云的印象里，他是看到过阮性山画的梅花，还是清香四溢的。不过，他这时并不认识阮性山。通过朋友的介绍，唐云见到了这把茶壶。那壶的颜色及造型，已经使唐云喜不自胜，他一看壶的壶铭，真是像醇酿一样使他醉了，那壶铭曰：

"试阳羡茶，煮合江水，坡仙之徒，皆大欢喜"。

他再看壶底，有"阿曼陀室"四字。

一见钟情，不忍释手，唐云爱上它了。

买和卖，自然是有讨价还价的。阮性山开口要价是四两黄金。

初到上海的唐云，生活还漂泊不定，哪里有四两黄金买一把曼生壶。殊不知，唐云在买东西上也自有他的豪气，只要欢喜，抛掷千金也在所不惜，从不讨价还价；不欢喜的，价钱再低也不购买。这次他没有还价，筹措了四两黄金，把这把壶买了下来。

从此，唐云的家中总算有了一把曼生壶，为他的"八壶精舍"树立了根基。后来唐云才知道，这把壶原来是他的老朋友陈伏庐（汉第）的，阮性山和陈伏庐也是好友。阮性山也是从陈伏庐手中购进的，价钱是多少，唐云就不想再知道了。

唐云玩味着"坡仙之徒，皆大欢喜"的壶铭，突然又想起苏东坡，想起坡老和杭州南屏山净慈寺法师饮茶的故事，不觉又吟起坡公《送南屏谦师》那首诗来："道人晓出南屏山，来试点茶三昧手。忽惊午盏兔毛斑，打作春瓮鹅儿酒。天台乳花世不见，玉川风腋今安有。先生有意续茶经，会使老谦名不朽。"

唐云心想，坡公的诗写的固然是好，但他享受不到用曼生壶饮茶的风韵，闹市上海虽然比不上南屏山的清静，但也有闹中取静的乐趣，随即作诗以记此时的情怀：

午晴睡起小窗幽，人事闲来对茗瓯。

解识东风无限意，兰言竹笑石点头。

八壶之旅

八壶精舍中的八把"曼生壶"，有三把是在中华人民共和国成立之前就得到的。

唐云一直是古玩市场的常客。他常在吉祥寺吃过中饭，睡过中觉，就从吉祥寺所在的七浦路漫步到五马路的古玩市场。在这里，他买过字，买过画，买过砚，也买过鼻烟壶、玉器扳指之类的小玩意。其实，他真正所要搜存的还是"曼生壶"。

一天，唐云又来到古玩市场，走进一家古董店。老板笑脸相迎，用鸡毛掸子拂去红木椅的微尘，请唐云坐下，然后给他斟上一杯上等的龙井茶。老板和唐云闲聊着，试探着他想买什么东西。

谈起"曼生壶"，店老板说："曼生壶倒是有一把，壶主病了，急需用钱……"

"拿出来看看。"一听说有曼生壶，唐云就高兴了。

"在家里，我去拿。"老板说着就去取壶。

一刻工夫，老板把壶拿来，说："这原是胡佐庆的收藏。"

唐云知道，胡佐庆是有名的茶壶收藏家，不只是有曼生壶，还有时大彬仿制的"供春壶"，可惜他没能看到，这些壶都流落到市场，不知散失到哪里去了。

　　唐云接过茶壶一看，只见壶底有"曼生"印，一看那壶铭，唐云的眼睛就亮了：

　　"八饼头纲，为鸾为凰，得雌者昌。"

　　这壶铭是什么样的含意，唐云还来不及去想，马上就说："好东西，我要了。"

　　"只是价钱可能大了些，人家等钱用。"店老板说。

　　"既然人家等钱用，你说多少就是多少。"唐云也不知道自己袋里到底有多少钱。

　　"二百五十元大洋！"店老板要了价。

　　"就二百五十元吧。"唐云一摸口袋，才知道自己身边并没有带钱，转口就说："只是我身上没带这么多钱。"

　　唐云把"曼生壶"紧紧握在手中，似乎是怕别人买去。

　　"你先拿去，改天再送钱来。"老板对唐云是绝对相信的。

　　唐云当时家里怎么能一下子拿出二百五十元的大洋来呢？经过一番筹措，第二天按时把钱送到。

　　这就是八壶精舍中第二把茶壶的来历。

　　"有扁斯石，砭我之渴。"

　　这是八壶精舍内第三把茶壶的壶铭。

　　这把茶壶原是上海的收藏家宣古愚的藏品。看来，古董收藏家的结局都是不好的，最后都不得不以卖藏过日子。这时，宣古愚家

境衰落，老人又生了毛病，现在还有什么东西可卖呢？这时就不得不卖他视若生命的"曼生壶"了。古董商人知道宣古愚要卖这把曼生壶，已经几次上门，可是宣氏都没有把此壶卖出，他很关心这壶的命运，到了古董商手里，将来就不知它要流落到谁家了。如果不是流落到识者手中，那不是把这把壶白白地糟蹋！宣氏收藏的理论是：玩物如处友，贵在相知相识。

宣氏得知唐云要收藏曼生壶，亲自把壶装在锦盒之内，送到唐云家中。

"鄙人不才，现在吃的是败家子的饭。"宣老不无伤感地说。

"积财千万，不如薄技在身。"唐云说。

"是啊，正因为如此，所以我把它转让给你，到了你的手里，它就不会有第二次被转让的命运了。"老人黯然泪下。

"十年河东，十年河西，事情都很难说。"唐云说。

"不会的，不会的，你会与它终身为伴的。"宣古愚说。

唐云收藏的其余几把紫砂壶都得之较晚，但也是每把壶背后都有故事的。

图15　曼生壶之一扁壶　　　　　　　　　图16　曼生壶之一扁壶

　　扁壶不但能饮茶，还能治病，人在暑天发痧，用扁壶一刮就好。

　　八壶精舍的第四把曼生壶来自北京。

　　有一年，唐云到了北京，要画家周怀民陪他去逛什刹海的古玩市场。北京是几代帝王之都，特别是到了清代，中国文物古董的精粹都汇流到北京，清室处于危倾之际，皇家子弟有几个不把宫中的宝物偷出流散在市场的？什刹海的古玩市场，远非上海五马路的古玩市场可比，宣德炉在上海可价值连城，而在北京就不当一回事了。不过，什刹海的古玩市场假货也多，没有一双识货的火眼金睛，那就不要去逛什刹海的古玩市场。

　　唐云漫步在古玩市场，东张西望，突然看到一把紫红色的"合欢壶"。唐云走到地摊前，弯腰把壶拿起，捧在手里一看，果然是曼生的佳作，唐云特别欢喜。一问价钱，摊主只要二十元钱。这时唐云身上虽然只带了十元钱，但他并不还价，向周怀民借了十元钱，把这把"合欢壶"买下。

　　"你买这东西干啥？"周怀民问。

"各人欢喜，我欢喜它就买了。"唐云说。

提起八壶精舍中的第五把曼生壶，唐云总是说："这要感谢胡若思。"

胡若思是大风堂的门人，山水画家。有一次，胡若思到了苏州，在旧货商店看到这把壶，就自作主张地给唐云买了回来。

唐云一看，原来是一把"匏壶"，是曼生壶中不多见的一种造型。那壶铭简洁古朴明了：

"饮之吉匏瓜无匹。"

后来，唐云得到这把壶的拓本，才知道这把壶原为清代大收藏家吴大澂的藏品。吴大澂是唐云的好友吴湖帆的祖父。这把壶应该是吴家的传世之宝，不知为什么却流落到市井，唐云感到不可理解。

唐云的一位朋友魏仰之，是位书画爱好者，收藏古今书画颇富。他在广东工作时，专程去北京，陪唐云去什刹海古玩市场。他也想借助唐云的眼力，在古玩市场上买几件东西。这次，魏仰之

图18　曼生壶之一石瓢提梁壶

什么也没有买到，唐云却又买到一把"曼生壶"。这是一把"提梁壶"，壶的把柄造型很别致。那壶铭是："煮白石，泛绿云，一瓢细酌邀桐君。"只花了五十元钱，唐云就把此壶买到了手。

"茶壶你买它干啥？"魏仰之说。

"各人有各人的欢喜。字画你买它干啥？不也是为了满足欢喜欲吗？"唐云说罢，两人哈哈大笑起来。

八壶精舍的第七把曼生壶，是新金陵八家的亚明送给唐云的。

1979年，唐云去南京参加中国画的评选工作，和亚明相遇。酒余饭后，他们在一起聊天，说的都是家务琐事。亚明说他家有一把茶壶，是用来装酱油的，壶嘴被堵住了，烧菜急用酱油时，偏偏倒不出来，用铁丝也无法搞通。

"你拿来我看看，能不能给你把它弄通。"唐云说。

"你怎么会捅茶壶嘴呀？"亚明感到唐云对此事有些不自量力。

"你拿来我看看嘛。"唐云说。

唐云到底能不能把壶嘴捅通，亚明不去管它，隔了一天，他果

图19 亚明《饮茶论诗图》

然把那把装酱油的紫砂茶壶拿来了。

　　亚明看到唐云把沾满酱油的茶壶在手中把玩，有点爱不释手的样子，根本不再谈捅茶壶嘴的事情，感到有些不解。

　　"这东西很好，你留着玩吧。"唐云说。

　　茶壶没有通，亚明又把它带回家中扔在一角。

　　过了几年，唐云和亚明去山东，参加全国美协会议。两人的房间对门，不开会就在一起谈天。这时唐云又想到亚明家中放酱油的那把茶壶，就问道："你那把放酱油的茶壶还在吧？"

　　"你欢喜？"自己能有一件东西使唐云念念不忘，亚明自然很高兴。

　　"我欢喜，那是一把曼生壶。"唐云说。

　　"既然是老药欢喜，不管是什么壶，我都送给你。"亚明说。

　　他们人在山东，壶在南京。

图20 曼生壶之一笠荫壶

过了一年，唐云又有南京之行。刚刚到宾馆住下，他就打电话给亚明："你那把茶壶肯定送给我吗？"

"肯定，肯定。"亚明说。

"我现在就去拿。"唐云有些急不可待。

"把它洗洗干净，我给你送去。"亚明说。

过了一天，亚明果然把茶壶送来了。

唐云自是非常欢喜，把玩不尽，说："我无以为报啊。"

"你客气啥。"亚明说。

接着，亚明和唐云一起去了扬州。

亚明看到唐云对这把壶时时抚玩，就问道："你怎么这样欢喜它？"

唐云把壶捧在手中，说："你看，壶底有'阿曼陀室'的印记，壶铭更妙……"

亚明接过壶一看，只见壶铭曰："笠荫暍，茶去渴，是二是一，我佛无说。"

唐云指着壶铭说："你看这壶铭的句子多好，是二是一，很有禅机，因为有禅机，使人产生许多想象力，你问佛，佛不说，只好自己参破，茶叶和茶壶是连串着的。宋朝有个和尚说'吃茶去'含义很深，一边吃茶，一边参禅。禅定吃茶，可以安定思想。笠荫暍，茶去渴，说到底是一样东西，还是两样东西，我佛无说，让你自己去体验。"

最后要谈的就是那把井栏壶了。顾名思义，这把壶的造型像一个井栏。改革开放之后，人的赏玩情趣得到某些自由。所以，这把壶没有费多大气力，唐云就从上海文物商店把它买来。买东西的人，总是希望价钱便宜些，可是这把壶便宜得使唐云心中有些惶惶不安，他带着惋惜的心情在想：像这样好的壶，居然不标高价，中国的文物也太不值钱了，这是因为不懂，还是不尊重传统文化的价值？

这把井栏壶的壶铭为："汲井匪深，挈瓶匪小，式饮庶几，永以为好。"

唐云特别欢喜这把小巧的井栏型的曼生壶。有一次，笔者和他讨论中国茶具发展时，曾议论到茶具的大小问题：

"从茶具的发展史上来看，到了宋代就盛行茶盏，使用托盘也更为普遍。在我们北方，把茶盏称作茶盅，有的比酒杯略大一些，实际上是一种小型的茶碗。我去四川，游走了各地，也多用小型茶盅，饮者都欢喜使用，这有什么道理？"笔者问道。

"茶具以窑器为上，又以小为贵，古今皆然。茶具小，每客一把，任其自斟自饮，方为得趣。壶小则香味不涣散，味不耽搁。茶具过大，不仅香味易散，而且注入开水多，热载量大，容易烫熟茶叶，使茶汤失去鲜爽气味。"

"我不懂壶，但我欢喜壶铭，那里蕴藏着许多哲理，洞察人生，不知先生对壶铭有何高见？"我问。

"是的，自古以来就有'壶随字贵，字以壶传'的说法，没有铭文的壶，则传之无名，在历史上会很快被人忘却的。"唐云说着，又从柜子里拿出几把用锦盒封装的茶壶，把壶铭一一指给我看：

却月壶："月满则亏，置之座右，以我为规。"

子冶壶："翠雨潇潇，人过茶寮。"

百衲壶："云山百衲，非食是乞，惟浆是乞。"

石楳壶："范佳果，试槐火，不能七椀，兴其唯我。"

唐云指着这些壶铭，说："前朝行家对题铭有切壶、切茗兼切壶形之要求，这些壶铭都达到了'三切'的要求，石楳壶的壶铭的含义既状其形，复嘉其名，极为生动；百衲壶铭也好，阐明百衲壶不乞于食，而乞饮于茗，贴切地表达了壶的用途，又富韵味。这些隽永的铭文与壶的别致外形交相辉映，互为衬托，取得浓郁的美感和

图22　僧帽壶

意在言外的艺术趣味，从而把实用的紫砂茶壶升华为艺术珍品。"

"你的'八壶精舍'不止八把曼生壶，还有别的壶吧？"我问。

唐云莞尔而笑，不无自豪："前人有'百壶斋'，我虽无百壶，几十壶还是有的，不能一一给你说出它的来去。你看这两把时大彬制的壶，一曰'时大彬袱印壶'，一曰'僧帽壶'，你看这僧帽壶，多像和尚的帽子。时大彬曾经做过一把活络茶壶，犹如七巧板，可以拼合，也可以拆卸。这把茶壶由上下左右前后六块拼成，注茶入壶'渗屑无漏'，名叫'六合一家'壶。供春制壶更有噱头，他烧制成一把褐色的壶，贮满茶水后，壶身变成碧色，酌一分则复原一分，斟光则通身还原成褐色。"

"药翁啊，药翁，难怪你的肚皮发达如壶，原来里面装的都是壶的故事。"我说。

"收藏不尽的壶，讲不完的故事，人生也是如此。"唐云笑吟吟，又像一尊弥勒佛。

饮遍天下名茶

唐云好酒，每天也只不过是两餐而已，并不像魏晋时代的酒鬼，终日沉湎于酒气之中。而唐云对于茶，除了入梦之不饮，可以说无时无刻不在啜茗。清晨起床，他的第一件事就是饮茶；夜晚入睡之前，一天中的最后一件事还是饮茶。

"茶与酒，到底哪个对你更为重要？"笔者有一次问唐云。

"都重要，酒有酒的妙用，茶有茶的功能。不过，我在梦中常常是饮茶，而不是饮酒。"唐云说。

某日，在大石斋中，唐云与笔者谈茶竟日而不倦，现略记其要于后。

笔者：我以为苏东坡有三绝：酒饮绝，肉吃绝，茶啜绝。你可以与坡翁相比。

唐云：实不敢相比于坡翁，他还有一绝：诗写绝。饮酒、吃肉、喝茶的诗，都被坡翁写绝。我辈虽然有酒、肉、茶三绝，但诗不敢和坡翁相比。不过，坡翁的有些诗欢喜套别人的路数，我则认为不可取。

笔者：钱安道寄了建溪茶给坡翁，坡翁曾有诗相寄，其中起首两句"我官于南今几时，尝尽溪茶与山茗"，你现在也可以说是"尝尽溪茶与山茗"的了。

唐云：我比坡翁喝的茶要多。古代的名茶可以说得出来的无非是"蒙顶茶"、"顾渚茶"、"阳羡茶"之类。蒙顶茶产于四川的蒙山。古人就有诗云："蒙山之巅多秀岭，恶草不生生淑茗。"蒙山在古代就很有名气，相传大禹治水成功，祭祀于此山。《茶谱》曾记载，蒙山有五顶，上有茶园，中顶称上清峰，产茶最佳，如饮中顶茶一两，可治宿疾，二两可保无病，三两能固肌肤，饮四两即可成"地仙"。这话自然是夸张的，我曾饮"蒙顶"数斤，也没有成佛成仙，仍然在地上。《名山县志》亦有记载，大意是：西汉时有甘露普慧禅师，植茶树七株于五峰之间，树高盈尺，常绿不长，吐纳日月精华，少饮可疗宿疾，久饮可以长寿，称为"仙茶"。七株以外的茶树，称为"凡种"。这些传说就如同现在的广告，广而告之，蒙顶茶的大名随即不胫而走，因而有"凡蜀茶皆出雅州蒙山"。所谓蒙茶，其实有不少是冒牌货，像现在的"伪劣商品"一样。阳羡茶即江苏宜兴的山茶，顾渚茶即是我们浙江长兴顾渚所产的茶。这些都是誉满全国的名茶。"江山还要文人捧"，茶也是这样，喜欢饮茶而又欢喜钻牛角尖的文人雅士，著作"茶道"的书，对各地名茶的品尝，又留下许多有关茶品的记述和诗词，这正是"喝了人家的茶，就成了人家的人"，不捧几句怎么能行？陆羽的《茶经》中说："蒙顶第一，顾渚第二。"我看不一定，这里有各人的饮茶习惯和爱好。古代名茶中还有建安的龙团，也就是钱安道寄给坡翁的那种茶，喝了人家的茶，坡翁当然要作诗奉答的了。

笔者：名茶都与名山有关，你们杭州的龙井与山有关，那是不用说的了，其他还有黄山毛峰、君山银针、庐山云雾、洞庭山的碧螺春、武夷山岩茶、蒙顶甘露、峨眉山峨蕊子，而且又大都是在长江以南，像皇甫曾的"千峰待逋客，春茗复丛生"，武元衡的"灵卉碧岩下，蕤英初散芳"，张籍的"紫芽连白蕊，初向岭头生"，杜牧的"山实东吴秀，茶称瑞草魁"，李群玉的"客有衡山隐，遗予石廪茶"，徐夤的"武夷春暖月初圆，采摘新芽献地仙"，林逋的"白云峰下两枪新，腻绿长鲜谷雨春"，梅尧臣的"四叶及三游，共家原坂岭"，等等，这些写茶的诗，起首之句，无不和岭、峰、山、岩有关，真叫名山出好茶啊。

唐云：茶无不和山相关，也无不和僧相关。东汉时，佛教渐浸中国，许多名山都成佛教圣地。像蒙顶山的上清、菱角、灵泉、甘露、毗罗五峰，也都是佛教圣地，其名也都与佛教有关。茶能提神，山僧参禅打坐，需要饮茶却睡，因此成瘾，大都嗜茶，于是在寺庙附近选择佳地，种植茶树，并精心采制。唐代"茶博士"陆羽，幼年就生活在佛寺中，从老和尚那里学会了制茶和烹茶的技术，对茶有着浓厚的兴趣。唐御史大夫李季卿，宣慰江南时，曾命陆羽制茶，陆羽"衣野服，随茶具而入，手自烹茶，口通茶名"。茶罢，李季卿称他为"茶博士"。"南朝四百八十寺，多少楼台烟雨中"，这一方面说明了佛教的盛行，另一方面也说明了佛教圣地的自然环境。这些地方雨多，雾重，湿度大，很适宜茶树的生长。北方的佛寺名山也不少，但很少有产茶的。南方茶的盛行，与自然环境有着重大的关系。寺中的许多高僧，都博学能诗，以诗文会友，常和骚人墨客在一起品茗清谈，吟赋作诗；或以所制新茶，馈赠诗朋文友，请其品题。刘禹锡曾在顾渚山佛寺里品尝寺僧所制新茶，就写了一首《西山兰若试茶歌》："山僧后檐茶数丛，春来映竹抽新茸。宛然为客振衣起，如傍芳丛摘鹰嘴。斯须炒成满室香，便酌砌下金沙水。骤雨松声入鼎来，白云满碗花徘徊。悠扬喷鼻宿醒散，清峭彻骨烦襟开。阳崖阴岭各殊气，未若竹下梅苔地。……欲知花乳清泠味，须是眠云跂石人。"你读读这诗，把饮茶的感受写得多深刻、多生动。

笔者：哦，对了，提起刘禹锡的这首诗，我记得其中还有两句："砖井铜炉损标格，何况蒙山顾渚春。"这是评论使用哪种茶具饮茶最好，刘禹锡认为金属茶具是"损标格"的，可是北京人喝的"大碗茶"都是用大铜壶煮烹之。我小时看到有钱人家用水晶、玛瑙、玉器作茶具，《红楼梦》中妙玉接待宝玉，就是用"绿玉斗"茶碗沏茶，我们家乡农村，则是用铁锅煮水，用粗陶碗饮茶，我很欢喜那种"土气"的古朴之风。那粗陶碗，当然不好和你的"曼生壶"相比了。你是否认为宜兴的紫砂茶具是最理想的茶具呢？

唐云：就我个人来说，认为宜兴的紫砂茶具是最理想的。紫砂茶具的壶体里外都不上釉，但成陶的火度较高，非你家乡的粗陶碗可与之相比。宜兴陶具烧结致密，胎质细腻，有看不见的气孔，有透气之妙。它经久耐用，能吸附茶叶，积茶锈于器壁，蕴蓄香味，传热缓慢，冬天温而不烫，暑天存茶，不易变馊。至于瓷器、玻璃杯等茶具，也都各有妙处，景德镇的白瓷，泡上绿茶，就有一种高雅的意境。玻璃透明，泡上一杯碧螺春，不只是看到嫩绿的颜色，还能看到茶叶的浮动，把人引入另一种境界。玉器和玛瑙茶具，则不入我这村野人家，除了表示主人的华贵，是不会给饮者什么清福的。对金属茶具，不管是金质或银质，向来不为茶道行家所道，多为摒弃不用。

笔者：就我所见，先生喝过的茶叶可谓多矣，什么乌龙茶、铁观音、猴魁、碧螺春、龙井、瓜片、毛峰、旗枪、祁红、屯绿，但是你没有喝过我们家乡的桑叶茶、棠梨叶茶及簸箕柳（可以用来编筐打篓的荆条）叶茶。桑叶茶多为经霜而发黄的桑叶，以白桑树叶为佳，棠梨树叶以盛暑采之为佳，簸箕柳叶多在端午节清晨，太阳未出时带露水采之为佳，不知你认为哪种茶叶最好？

唐云：你说的桑叶、棠梨叶，我也喝过，味涩清苦，清热去火极佳。至于其他各种，各有各的妙处。唯龙井的"三名"与"四绝"是别的茶所没有的。其他各种茶名与产地都不符，唯龙井既是地名，又是泉名，还是茶名，可谓"三绝"。龙井茶最初产于西湖南面的龙井村，古称"龙泓山"，今称"龙井山"，我幼年时，亦听老人称龙井为龙泓。山上有泉，古称龙泓，今称龙井。明代田艺蘅《煮泉小品》中就写道："今武林诸泉，惟龙泓入品，而茶亦惟龙泓山为最。盖此山深厚高大，佳丽秀越，为两山之主，故其泉清寒甘香，雅宜煮茶。……又其为老龙泓，寒碧信之，其地产茶，为南北绝品，鸿渐第钱江天竺灵隐者为下品。"田艺蘅还称龙井茶为"茶泉双美，两浙罕伍"。陆次云也说："龙井茶真煮，甘香如兰，幽而不洌，啜之淡然，似乎无味，饮过之后，觉有一种太和之气，弥沦齿额之间，此无味之味，乃至味也。"古人的评语，已经探幽入微，何须我辈细说，如对龙井茶的独特风味没有深切体会，是得不到如此高论的。龙井茶因所产的山头之不同，又分"狮峰龙井"、"梅坞龙井"和"西湖龙井"。以狮峰龙井为最，西湖龙井则列入三等，现在制茶已不细致，又统称西湖龙井。龙井向以"形美、色翠、香郁、味醇"而称"四绝"，此特点已由陆次云一语道尽矣。乌龙茶有福建乌龙、台湾乌龙和广东乌龙，有"绿叶红镶边"的特点。福建和广东乌龙茶，过去都吃过，最近台湾的朋友，又带来台湾乌龙，都有着清苦的芳香，因不常品尝，说不出更多的体验来。前几年去武夷山，对那里的茶吃过一些。武夷山的茶名颇多，都属乌龙茶的系列，在幔亭峰、天游寺，吃的茶同属武夷，但味道略有不同，别人说有一种"岩韵"，我感到这话有些玄妙莫测。其中有一种叫"大红袍"的茶，因有着传说，印象颇深，据说此茶产于悬崖峭壁，人莫能登，寺僧就饲猴子去采摘。有人说："一般乌龙茶是小家碧玉，而武夷岩茶却是大家闺秀。"袁枚似乎也到过武夷山的，在他的集子中有记载。你有印象吗？

笔者：对，袁枚去游过武夷山，曾写过《随园食谱》之类的小品，记述此事。

唐云：你还记得他是怎样写的吗？

笔者找到《随园食谱》："余游武夷，到幔亭峰、天游等处，僧道争以献茶。杯小如胡桃，壶小如香橼，每斟无一两，上口不忍遽咽。先嗅其香，再试其味，徐徐咀嚼而体贴之，果然清芬扑鼻，舌有余甘。一杯之后再试一二杯，令人解燥平矜，怡情悦性，始觉龙井虽清而味薄矣，阳羡虽佳而韵逊矣；颇有玉与水晶，品格不同之感。"

唐云：这段文字做得是不错的。但不能以此来非彼，味浓的要饮，清淡的也要饮，我看只让随园喝乌龙茶，他也是吃不消的。至于其他绿茶，名目繁多，光是你们安徽就有许多种，这里不能一一尽述矣。

笔者：白居易诗"蜀茶寄到但惊新，渭水煎来始觉珍"，陆放翁诗"村女卖秋茶，怀茶就井煎"，谢宗可说"夜扫寒英煮绿尘"，都是水和茶的关系，白说江水煎茶好，陆说井水煎茶好，谢说雪水煎茶好，还有些茶馆的门上也挂着对联："扬子江中水，乌蒙顶上茶"，"虎跑泉好，龙井茶香"，讲的也都是茶和水的问题，再说，你的曼生壶上有一个壶铭就是"试阳羡茶，煮合江水"，讲的也是茶和水。《红楼梦》中宝玉品茶拢翠庵，妙玉用埋了五年的雪水煮老君眉名茶，茶味醇香，清冽无比，讲的也是水，到底什么样的水煎茶最好？

唐云：我以为泉水煎茶最好。你看我那楼梯上的一个个塑料桶，装的都是无锡惠山的天然矿泉水。你刚刚喝的茶都是用矿泉水煎的，味道怎样？恐怕你还没有注意品尝吧？水和茶的确有很大关系，有江河水、湖泊水、山溪水、泉水、井水、雪水、雨水和自来水，各种水质有所不同，泡出的茶来也不同。取汲虎跑泉水，泡饮龙井之茶，那就是两美兼并。现在饮茶能两美兼并的不多啊！去年我在杭州，听茶叶研究所的人说，他们曾用虎跑泉水、西湖水、雨

图23 唐云在画案前品茗

水、井水和自来水，分别泡同样的龙井茶，评比水的优劣，以虎跑泉水冲泡为最佳，以下的次第为西湖水、雨水、自来水、井水。井水泡的茶，茶的水色欠亮，带有碱味，香气也差。对饮茶用水，我国向来很有讲究的。唐朝的茶博士陆羽，在去湖州的途中，路过长江，恰巧与李季卿相遇，两人泊舟江滨，畅谈品茶情趣。陆羽认为煮茶用南濡水为第一（笔者注：唐时长江流经镇江的金山，分为南濡、中濡和北濡三路），李季卿就命家僮去南濡汲水，以供煮茶。家僮汲水回来，陆羽一看便知家僮汲的是江边之水，不是南濡水。家僮说，我是划船到江中汲水，岂敢有误？陆羽也不说什么，提罐倒去一半，然后说：这剩下的倒是南濡水了。家僮大惊，不敢隐瞒，只得实说：我到南濡汲水回来，将要靠岸时船身摇晃，罐中水溢出一半，只好就近补足。这无非说明水的重要。山泉水为什么好，我只觉得泡茶的色、香、味俱佳，其中的科学道理，留给科学家去说吧。

笔者：（唐云大石斋中有一陶制三足小炉，每到入冬，斋主即亲自煮水沏茶，并与笔者谈及沏茶的学问。）我忆及苏东坡诗云"活水还需活火烹，自临钓石汲深情"，其弟子由亦有诗云"相传煎茶只煎水"。坡翁煎茶诗中，以《试院煎茶》最为著名，对水的煎法写得尤为细腻："蟹眼已过鱼眼生，飕飕欲作松风鸣。蒙茸出磨细珠落，眩转遶瓯飞雪轻。银瓶泻汤夸第二，未识古人煎水意。君不见，昔时李生好客手自煎，贵从活火发新泉……"

唐云：又是你的坡翁，你怎么这样迷他呢？其实他是不会亲自动手煮水的，有朝云在他身边，怎么能会叫他动手呢？什么"鱼眼"、"蟹眼"的，他只不过站在旁边看看罢了。你要想亲身体会，就要跟我学煎茶。苏东坡的"鱼眼"也是从陆羽的《茶经》中套来的，泡茶的开水温度对茶水的好坏有重要影响，开水煮沸的程度至关重要。《茶经》中说："其沸，如鱼目，微有声，为一沸；边缘如涌泉连珠，为二沸；腾波鼓浪，为三沸。"煮水以三沸为好，再沸腾下去，水就老了，不能泡茶。《煮泉小品》中，对沏茶的汤水讲得更多了，如《吕氏春秋》中伊尹说："汤五味，九沸九变，火为之化。"又说："汤嫩则茶味不出，过沸则水老而茶乏，惟有花而无衣，乃得点瀹之喉耳。"又说："有水有茶，不可无火。非无火也，有所宜也。前人云，茶须缓火炙，活火煎。"什么叫活火？你看这炉内之火有焰，火焰在晃动，所以为活火。刚刚烧沸的开水，最好冷一会再泡茶，而且不可泡得太久，不然的话汤色变暗，香气散失，有闷热味。这当然要根据茶的品类而论，如乌龙茶、普洱茶或铁观音茶，由于叶片粗厚，每次用的茶叶量又较多，那就要用沸腾的开水泡，才能泡出浓厚醇和的茶味来。

笔者：人都说茶能减肥，你喝了一辈子的茶不但没有减肥，而且越来越胖。

唐云：小大由之，随他去吧。

摔不破的茶罐子

世界上的东西都是"相引而来"。既然唐云以藏壶名于世，以饮茶名于世，对茶叶罐当然也是欢喜的了。不只是他自己去寻找茶叶罐，别人发现好的茶叶罐，或奔走相告，或代为购买，这样就有许多名人收藏过的茶叶罐汇集到他这里。

有一次，唐云去古玩市场，看到一个沈尧臣制作的茶叶罐子，原是丁辅之的旧物，不知为什么流落到古玩市场。丁辅之是唐云的老朋友，按埋说，唐云欢喜茶叶罐，丁辅之应该是知道的。但是，那时的朋友之间有一个不成文的相约：朋友之间有困难，有力则相助，无力就相慰，不助不慰，也不向朋友购买故物。困难人家即使要变卖旧物，也不要朋友来买。卖和买都是古董商从中经手。唐云知道丁辅之变卖家中的旧物，知道丁家有了困难，立即送款去资助丁家。

办完这一切之后，唐云从古玩市场把这个锡制的茶叶罐买了回家。

沈尧臣是明末的制锡工艺人，他制作的锡器特别精致，在当时就有"张铜沈锡"的盛名。这只茶叶罐上有铭文：

"爱甚真成癖，赏多合得仙。"

罐底刻有："君子永年"的字样。

在唐云收藏的锡器中，还有沈尧臣的长兄沈雕（存周）制作的"瓜形水壶"。壶上刻有诗句：

> 绿荫漫竹架，瓜熟喜新秋；
>
> 堪作学人馔，恬然兴味幽。

那个刻有"眉上白"的茶叶罐，还刻有"泽润诗花"的字样，刻的诗句为：

> 垂叶似碧，结实如金，
>
> 书窗闲对，抱膝长吟。

诗后落款为"竹居主人"。这位"竹居主人"不知为何许人也。如果真的九泉有灵，知道他的旧物现在归大石斋主人唐云收藏，定会感到欣慰，含笑于九泉之下。

"藏而不露"，这是许多收藏家一种共同的怪脾气。这样，无形中就把收藏与实用对立起来。唐云则不然，他说："我不想用古董来装饰，我要用，能使用的东西我就使用，字画我就挂起来，自己看，也给别人看。这样才能体会到收藏的乐趣。"他收藏的八把

图24　唐云所作壶铭及图，沈觉初镌刻

"曼生壶"，就像普通的茶壶那样，轮流地使用。他收藏的茶叶罐，也都是手下常用之物。有一次，日本的一位客人到上海博物馆，看到一把"曼生壶"，喜不自禁，以一饱眼福而自豪。后来，这位日本客人到唐云家中作客，看到唐云用曼生壶煮茗相待，客人顿时感到手足无措，以为唐云把他当作最高贵的客人，因此一再感谢唐云待之甚厚。唐云莞尔笑曰："此系身外之物，当常用之；只有常用，才能变成身内之物，方能达到物我两忘。世人多不知此。"

唐云对藏壶虽自榜为"身外之物"，实则他爱之如生命。那些名壶在他手边虽然常用，但壶身则一尘不染，都擦拭得锃亮。不用时，有的用布套套好，有的用纸包好，然后再放进特制的锦缎盒子里。一般地不肯轻易示人。有一把他用了三十八年的"曼生壶"，因他自己不慎而被打破，他不是心痛，而是感到极为愧疚和不安，他对笔者说："我这是造了孽，流传于世几百年的茶壶，竟然葬送在我的手里。"

唐云不只是藏壶、用壶，他还设计壶。

1980年，上海美术馆要展览有当代画家书画的特制名壶，沈智毅曾向唐云请教。唐云大力支持，把沈智毅介绍给江苏省特级制壶大师顾景舟。顾氏原为宜兴陶瓷厂制壶技师，中华人民共和国成立前他一下子做了五把名壶，都是吴湖帆画的竹子，制成后，他把壶分送给吴湖帆、唐云、江寒汀等画家。这次沈智毅到了宜兴，带回三把茶壶的泥坯，经唐云作画，由沈觉初镌刻。这三把壶在上海美术馆陈列，参观者击掌叫好，赞誉为"当代新古董"。得到大家的称赞，沈智毅又二下宜兴，这次带回五十把茶壶的泥坯，请唐云、谢稚柳、陈佩秋、陆俨少、关良、王个簃、朱屺瞻、程十发、应野平、陈秋草等十位著名画家作画，由沈觉初、徐孝穆镌刻。每把壶都有拓本，请原作者在拓本上题识，以备将来的博古者证其真伪。唐云在一把壶上，自制壶铭：

> 欲乞东陵种，何人忆故侯；
> 凭君范一个，拓我小窗幽。

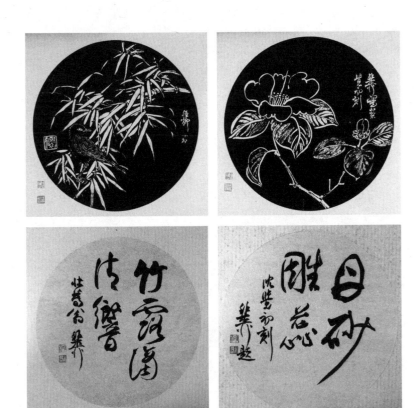

图25　谢稚柳为紫砂壶作的画和壶铭，沈觉初镌刻

　　陈曼生与杨彭年、邵二泉的合作，不只是给后世留下了被当作瑰宝的"曼生壶"，他们合作制壶的故事也成为文坛佳话，久传不衰。其实唐云与江南壶王许四海合制"云海壶"的故事，不减当年陈曼生的风流。

　　行伍出身的许四海，解甲归田后在上海公用事业学校总务科谋生。他平时欢喜摆弄泥巴，捏成各种小动物，极为生动。唐云的外甥女恰巧和他同科共事，就说："我舅舅唐云就欢喜这些泥捏的小东

图26　唐云鉴赏曼生壶

西。"经她的引荐，许四海拜访大石斋，带了几样自己的手工给唐云看看。古道热肠的唐云，对许四海的陶塑免不了要指点一番。可是许四海留心的不是唐云对陶塑说了些什么，而是床上、桌上摆放的那一把把紫砂壶，他被那精美的造型打动了。

过了几天，许四海又去拜访大石斋，一把手捏的扁壶放在唐云面前。唐云仔细看过之后，点头称赞说："不错！"随手拿毛笔在壶上画了起来，不一刻工夫，壶的一边画了一枝风竹，另一边题写了"竹里青风竹外座"的句子，并题"老药为四海作"，一个"为"字表示了他的主动和高兴，许四海则感到如云里雾里说不出的高兴。

图27　唐云在画壶

　　许四海回家之后，用一把刻刀在壶身上刻了起来。第一次没有经验，不是刻而是把壶身上的画和字雕了出来。他对此还不满足，又在壶底刻自己的一首打油诗："吾兄肚大嘴尖尾巴高，无知无识太骄傲，如今怎么办，只有留给后人看看解疲劳。"

　　又过了几天，许四海又带着自己捏的第二把壶去拜访大石斋。唐云一看更为高兴，说："你真是江南一怪，那个总务科长不要当了，到宜兴去学做紫砂壶。"

　　唐云是金口玉言，"江南一怪许四海"从此就被人们叫开了。许四海也果然听了唐云的话，辞去了总务科长的职务到宜兴周墅陶艺厂做壶去了。从仿制"曼生十八式"开始了他的陶艺生涯。

　　从此，唐云也一发不可收拾，成了紫砂壶设计师，先后为许四

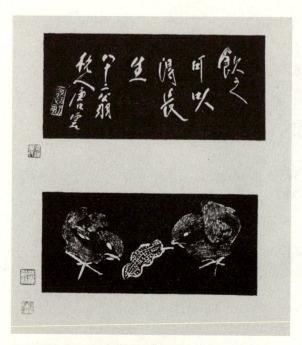

图28　唐云所作壶铭及图，沈觉初镌刻

海设计了二十五个紫砂壶样式，比"曼生十八式"还要多。为了纪念他们的合作，许将之命名为"云海壶"。昔日曼生壶，今日云海壶，今之视昔，犹后之视今，后人对"云海壶"又该是怀着什么样的热情来收藏呢？

为了设计新颖的样式，唐云费尽心机。法门寺文物中有一件唐朝碾茶的铜碾，唐云见到之后便据此就设计了一把"铜碾壶"，并题上壶铭："玉川七碗何须尔，铜碾声中睡已无。"

他设计的"井栏壶"，在壶上画了小鸡在啄长生果，并题铭："饮之可以得长生"。

那"掇球壶"也与传统的样式不同，唐云为此壶题写了蕴藏禅机的壶铭："四大皆空，坐片刻无分你我；两头是路，吃一碗各奔东西。"

亦佛亦仙的唐云与江南一怪许四海合作制了二百多把紫砂壶，由于他们有着同样的心肠，分别送给同好者，真可谓坡仙之徒，皆大欢喜了。

中国茶文化与日本茶道

笔者：日本对中国文化善于吸收，而又能在吸收的基础上发展成自己的文化，如中国书法传入日本，他们便有了"书道"；剑术传入，便有了"剑道"；围棋的传入，便有了"棋道"；拳术与气功的传入，便有了"柔道"；茶的传入，便有了"茶道"。你到日本访问，又多次接待日本客人，在大石斋品茗论茶，不知你有没有和日本人讨论过"茶道"的问题？

唐云：茶道是日本特有的文化艺术。在访问日本期间，他们知道我是以藏壶与饮茶而自娱的，就专门为我举行了一次"茶道"。所谓"茶道"，就是吸收中国的烹茶、品茶方法而创造的一种特殊形式和仪式的茶会。茶道是在面积不大的茶室内举行，茶室的设备一般，台几上放着插花，墙上挂着一般画家的画。茶室中间放着陶制的炭炉和陶釜，用来烧开水的，炉前排列着茶碗和各种用具，也都属于一般的陶瓷制品。入座之后，有茶师主持仪式，用竹制的小匙把"末茶"放在茶碗中，待水沸冲沏后依次递给宾客品尝。冲茶、递茶、接茶乃至加水、品茗，都有一定的礼节和规范。品茶时，饮茶之前双手捧茶碗，表示赏玩碗上花纹及碗的质地，然后才能轻轻地啜上一口。饮茶形式也有两种：一碗茶由全体客人轮饮，即每人饮一口；或是每个客人各饮一碗。茶道所用的末茶也有两种，一浓一淡。有一种略带苦味，所以几上备了些甜点心。

笔者：从一些资料中，我知道日本的茶道形成一种精神，其核心为："和、静、清、寂"四字，从茶室的环境、茶道仪式，或是饮茶人的心境，都要贯彻这种精神，客人来了先静坐，入室后主人行献茶礼，饮茶一巡，客人表示对主人的谢意，并称赞为"好茶"，然后又默默相对，彼此体味互敬精神，领略清静、悠闲、空寂的"美"。不知你对此是否有些体味？

唐云：我很不习惯日本的茶道。饮茶本来就是一种闲适的享受，但茶道仪式，使人要在拘谨、神秘和严格的程序中度过，全身都感到紧张，哪里还能体会到"和、静、清、寂"的意境。

笔者：日本茶道精神"和、静、清、寂"的形成，有着一个历史过程。如果从历史的渊源来说，日本的饮茶风俗是八世纪（奈良时代）从中国传入的。据历史记载，从七世纪到九世纪两百多年间，日本派遣使者到中国有十多次，使团人数少则一两百人，多则五六百人，其中有不少到中国来留学的僧侣。中国茶传到日本，有确切史料的是在唐贞元二十年（804年），日本的最澄禅师到中国浙江天台山留学。你们浙江的天台山既是佛教圣地，又是"华顶云雾茶"产地。

唐云：我很欢喜华顶云雾茶，我的朋友王小摩经常由天台给我带这种茶来，但制作不精。

笔者：日本佛教中的"天台宗"就是最澄禅师传入的。他不仅传播佛教，而且把茶树的种子带回日本，种植于近江的台麓山。其后，日本僧人空海禅师到中国长安青龙寺留学，回国时（806年）也带回茶子，还把茶具石臼带回日本。可以说日本僧人在传播佛教的同时，对中国茶文化的传播起着先驱的作用。到了十二世纪，日本僧人荣西禅师曾两次来中国天台山留学。第二次在中国留学长达五年之久，于1191年回日本，也带回了茶树的种子，并用中文著作《吃茶养生记》一书，在书中开宗明义地写道："茶也，养生之仙药也，延龄之妙术也。山谷生之，其地神灵也；人伦采之，其人长命也。"他还批评那些怀疑饮茶功效的人是"不知茶德所致也"。

唐云：应该说，荣西来华之后，开始注意到中国茶文化的精神内容。荣西来华时，正值我国南宋时期。中国茶文化发展到南宋，已经相当成熟了。龙团、凤饼茶的出现，茶具也很讲究了，特别是宫廷的饮茶，可谓是茶精器奢。但是荣西对此了解得不多，只是把流传在民间的"末茶法"带到日本，把天台山的茶碗也视为珍宝，在日本的各大寺院中推行中国佛教的茶宴。在这一时期，日本的茶宴初露头角。

笔者：是的。由于荣西的提倡，日本饮茶之风盛行，社会上以茶来进行交际和娱乐，僧人利用茶来布道弘法、陶冶性情，这样就出现了各种茶会。上层人物的茶会叫"茶数寄"，设备豪华阔绰，以用中国茶具为荣；民间一般茶会叫"茶寄舍"，设备比较简陋，用的是本国土产陶瓷茶具。室町时代（相当于中国明代），奈良称明寺的和尚村田珠光（1432—1502年）把"茶数寄"品茶论质的内容和"茶寄舍"的简单形式结合起来，创造了茶道，称品茶之所为"数寄屋"。后来，日本的茶道大师千利休（1521—1591年）对茶道进行了改革和简化，使茶道在民间广为流传，并把茶道的根本精神概括为"和、静、清、寂"四个字。

唐云：这和佛教的禅宗有一定的关系。日本到了镰仓时代，残留的名门相继没落，加之日本又处在战乱后的萧条时期，人们产生了悲观厌世心理，许多城里人跑到乡下，大有看破红尘的味道。加上天台宗的本身又是禅宗，在日本产生了影响，禅学的宗旨与当时人的心理相接近，禅学思想成为日本茶道主流。他们在饮茶中追求"恬淡闲寂"，正式提出"茶禅一位"，把禅功也放入饮茶动作。他们还破除茶亭，专以茅庐、草舍、榻榻米作为饮茶场所，拼命追求"粗朴"。

笔者：日本茶道固然是以禅宗思想为核心，但是他们并未把握中国茶文化的精神，学的也多是烹茶、制茶的技艺和形式。而中国茶文化是以儒家思想为核心的，融儒、道、释为一体。比如茶壶的"壶"，就是从道家葫芦引申而来，你的大石斋里不就珍藏着一把"匏壶"吗？壶本来就是匏瓜，也就是葫芦。比道教创始人老子还要早的就有壶丘子，元代道士长春真人丘处机居住的长春宫则有匏瓜亭，明代刘静修还题诗曰："匏瓜陨白天，中涵大虚气；造物全其真，世人苦其味……"

唐云：你的意见是对的，中国茶文化的核心思想还是儒家学说。陆羽的《茶经》中许多地方都反映出儒家思想，"夜半客来茶

图29 文徵明《惠山茶会图》

当酒"就表现出儒家待客的中庸和谐思想。唐代的刘贞亮，他把饮茶的好处概括为"十德"，主要是讲茶对人体的功效，不过其有四条是讲饮茶的社会作用，如"以茶利礼仁"、"以茶表敬意"、"以茶可行道"、"以茶可雅志"，意思是说饮茶要贯彻儒家的礼、义、仁、德等道德观念。

　　我所以对日本的茶道兴趣不大，就是因为它不自然。中国茶文化崇尚自然。你来了，我把小炉子点燃起来，沸水泡好茶，我们自斟自饮，何等自然。崇尚自然，这是我国茶文化的传统，唐人重清雅俭朴，临江溪，对青山，在饮茶中饱赏大自然情趣。宋人沏池引泉，把饮茶艺术与园林艺术结合起来，并举行盛大茶宴，追求享乐的情趣。明人有茶室、茶寮，陆树声写有《茶寮记》，是一篇很好的散文，于小园之中，设立茶室，有茶灶、茶炉，窗明几净，颇有远俗雅意。有客人来，童子生炉，茶香袅绕，净巾洁具，捧茶而至。这当然不是我们今天的饮茶生活。明代许次纾的《茶疏》，还特别强调饮茶的环境和时间，应在心手闲适、风日清和、环境幽静、朋友至交和谐共语之时。对茶友，要有共同的志向，要有云霞、清石磊落般的胸怀，要有墨客翰卿、高流羽士、散人逸隐。唐代最爱茶的，一是僧人，二是诗人，三是隐士，最后才是皇室贵族。唐代以茶入诗的有李白、杜甫、白居易、皮日休、陆龟蒙。同样的流风传至宋代，欧阳修、范仲淹、王安石、苏轼、苏辙、黄庭坚，还有女词人李清照、赵明诚夫妇，品茗斗诗，以茶明志，更是传为美谈。因此，中国茶文化中自然吸收了多种文化艺术内容，文人墨客的高雅情趣和深刻的美学见解，当然也被吸收到茶文化内。

在人们的观念中，茶和酒不同，前面我已经提到过。中国诗人欢喜把茶人格化，以茶喻人，以不同茶的品位比喻人的性格与品质，寄托自己的志向，又常常以茶来烘托对山水风光的热爱。茶性洁不污，可涤虑解烦，故文人多以茶为接风洗尘的手段。茶能提神醒脑，激扬文思，所以茶又可以用来交友、述旧、言志、赋诗。

上海文物管理委员会要出版蔡襄的《茶录》，我还为此写了一段题跋。

笔者：是的，那个刻本连同你的题跋手迹我都看到了。

唐云：是吗？那我就不多说了，留给你自己去发挥吧。

蔡襄《茶录》系茶学的经典著作，全书分茶论和器论两部分，茶论中又列色、香、味、藏茶、炙茶、碾茶、罗茶、候汤、熁盏、点茶诸条；器论分茶焙、茶笼、砧椎、茶铃、茶碾、茶罗、茶盏、茶匙、汤瓶诸条。此书原为蔡襄手书，宋人即刻之于石。真本为方孚若家藏，词人刘克庄观看过。但后来残缺，到清嘉庆十八年癸酉春正月十九日，经著名学者翁方纲补写茶罗、茶盏、茶匙、汤瓶四条共一百三十五字。翁方纲补成后又题跋：

此册与古香斋所刻字形全别，黄山人跋端，明《春草轩杂说》云：余尝见其所书茶录作小楷，间以行草，字形大小不平，乃其杰作云云，则又与此不同，岂所书有数本欤？癸酉正月二十二日之定识。

接着翁方纲又题曰：

细玩此册，笔意开展而严谨，自是忠惠本色。之定又识。

林则徐任浙西廉访使时，曾看到这个版本，观后小题记曰：

古香斋帖，今莆田公祠所藏，甚不足观，拟借此本，属妙手摹泐，嵌莆田公祠，辟以还吾闽旧观也。壬午十有一月，三山后学林则徐获见于浙西廉访使署并识。

此书为上海图书馆所藏，现在要整理出版，经唐云鉴定并题识曰：

唐陆羽《茶经》、宋蔡襄《茶录》并称茶学要籍，为治斯道者所宜必备。唯《茶经》传刻不绝，知之者众，《茶录》虽刊布，而墨本获读者鲜，此为君谟于治平初手写石上，乃天水旧拓，书法

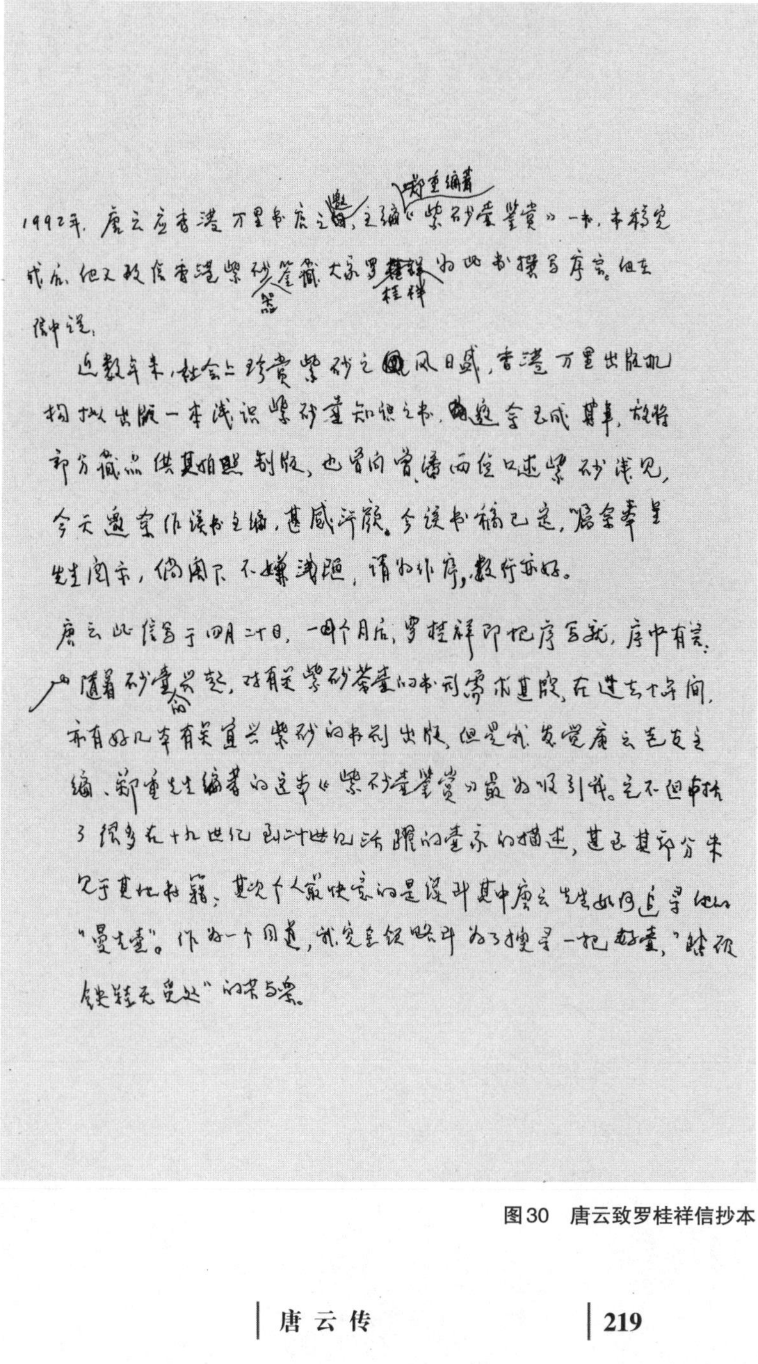

1992年，唐云应香港万里书店之请，主编《紫砂壶鉴赏》（郑重编著）一本，本稿写成后，他又致信香港紫砂壶爱好者大家罗桂祥，为此书撰写序言。但至今中遗。

近数年来，社会上珍赏紫砂之风日盛，香港万里出版机拟出版一本浅识紫砂壶知识之书，嘱我参与成其事，故将部分藏品供其拍照制版，也曾向贵港而谈以述紫砂浅见，今又邀弟作误书之主编，甚感汗颜。今该书稿已成，理当奉呈先生阅示，倘阁下不嫌浅陋，请为小序，数行不妨。

唐云此信写于四月廿日，一两个月后，罗桂祥即忆序寄我，序中有言：随着紫砂壶兴起，有关紫砂茶壶的书刊需求甚殷，在过去十年间，亦有好几本有关宜兴紫砂的书刊出版，但最使我觉得唐云老友主编、郑重先生编著的这本《紫砂壶鉴赏》最为吸引我。它不但重拾了很多在十九世纪到廿世纪活跃的壶手的描述，甚至其部分来自于更早书籍。其次个人最使我的是这书中虽云生造如日卓越的"曼生壶"，作为一个同道，亦尝走银路并为了搜寻一把好壶，"踏破铁鞋无觅处"的寻与案。

图30　唐云致罗桂祥信抄本

唐云传　　　219

高妙清华，且可订正通行本异文，堪称瑰宝，洵非妄也。千年佳作，自应影印以传，因跋数语，用志眼福。唐云一九九〇年五月八日。

第七章

比水浓的不是酒

　　酒、茶、友，这是唐云绘画之外的三大精神支柱。和酒、茶、诗、书、画一样，唐云的生命中不能无"友"。唐云曾对笔者说："人生没有朋友，那该是多么寂寞，不只是创造不出好的艺术，连生命都要枯萎的。"

　　看唐云八十年的生活，他有多少朋友。他有酒友、茶友，也有诗友、书友、画友，可以说在六艺之中，他的朋友无所不在。唐云交友

图31 前排左起：唐云、黄西爽、白蕉、陆南山 后排右一：于伟，右二：高逸鸿

的原则可以归结为：以心相见，得其所长，求同存异，排怨解仇。

把唐云八十年生活分做前后两段，在交友中，四十岁之前与四十岁之后不完全相同。四十岁之前，他是一位以卖画为生的画家，自我的心地、自我的个性、自我的生活、自我的艺术得到了充分发挥，又完全需要自我把握的时刻。人是属于自我的。

如果把唐云四十岁之前的朋友加以分类的话，可以分为：政治追求不同、生活追求不同、艺术追求不同、性格不同四类，还有一类属于特殊的朋友。

白蕉型的朋友

唐云为人善良，富于同情心，倾向正义，这一切都是他的侠肝义胆所使。

在唐云的朋友中，白蕉是倾向于进步，政治上有所追求的书家、画家、诗人。在唐云的心目中，白蕉也是他的一位在政治上很进步的朋友。

唐云初到上海，与白蕉相识之后，他就知道白蕉有一批很"特殊"的朋友，用现在的话来说，白蕉的朋友中有许多是地下党的同志，对那些朋友的身份，唐云并不理会。戏剧家于伶，就是地下党的党员，经白蕉介绍和唐云相识，两人交往日深。唐云画画，于伶总是欢喜站在旁边观看，有时也谈谈对画的见解。于伶还让自己的妹妹拜唐云为师，跟唐云学画，于伶的夫人也在新华艺专学画，唐云也是给她上课的老师。但他们没有进入彼此的圈子。

当时唐云为了生活，每天得为画事奔波，或在家埋头作画。白蕉就劝他："你老是埋头画画，要关心政治，要求进步。"

"我只会画画，别的事情干不来。"唐云说。

对什么是政治，什么是进步，唐云此时是一无所知的。他不是那种以知为不知而有意装糊涂的人，而是的确不知。

有一次，白蕉到洛阳村唐云的住处，给他带来一本《联共（布）党史简明教程》，要唐云学习学习。

对这本书，唐云看了一个通宵，第二天一早就给白蕉送了回去。

"你看得好快啊！能有所得吗？"白蕉问。

"看不懂，看了后面的，忘了前面的，不知道是什么意思，看得头疼。"唐云坦然地回答。

"对苏诗，你怎么过目不忘呢？"白蕉说。

"那是天性。"唐云说。

白蕉要唐云追求进步，没有使唐云少苦恼过，但是两人仍不失为朋友。

白蕉幼年时，他家前庭植白兰百盆，他朝夕观赏，极为喜爱，曾取兰就灯描影，张于壁间以自娱。和唐云相识后，曾谈及此事。

"写字的人，最适宜于写兰竹。"唐云说。

后经唐云指点，白蕉画的兰花大有进步。

有一天，白蕉画了几幅兰花，携至唐云家中请求指点。此时，恰巧邓散木也在，看了之后，自是赞叹不已，说："不要药翁给你指点，还是我来给你指点吧。"

邓散木说罢，随即拿起笔来赋了一首诗，就唐云的画案，题写在白蕉的画上。诗云："世人写兰唯写貌，遗貌取神谁其论，江左白

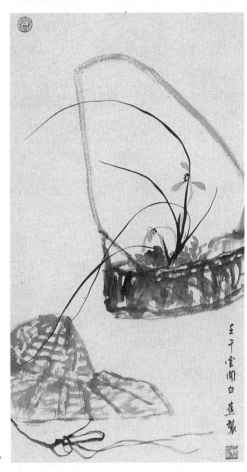

图32

图33　白蕉《幽兰》

蕉非俗士，笔端直挟湘兰灵。"

后来，沈禹钟也题诗赞白蕉的兰花："能事工书与画兰，两间灵气入毫端。"并在诗后的注中说："白蕉工二王书法，画兰为当世第一。"

白蕉的书法，最初从虞世南和欧阳询入手，后来又学钟繇的《宣示表》，书法之秀隽古朴，远在学二王之上。唐云的书法这时已由颜真卿转向宋徽宗赵佶的瘦金体，并参以自己的创造，也自具风貌，另有一功了。唐云和白蕉在一起，除了饮酒，就是谈诗论画，政治问题从来是不谈的。

"学书比学画难，学画学得很像容易，不像很难。"唐云说。

"写字也是一样，开始时总想学像，写到后来又怕很像，这就是始欲无我，终欲有我。"白蕉也谈了他学书的体会。

白蕉也会作诗，但作得很少。这和唐云一样。唐云的功夫花在画上，白蕉的功夫花在字上。白蕉作诗虽然不多，但他敢说："我是诗一，书二，画三。"但是唐云不敢说这样的话，他也不愿意说。唐云认为：凡是自我标榜为第一的，其实却是最差的。唐云不愿说哪是他的第一，是否说他的诗、书、画都能称上等呢？有人是这样来理解唐云的意思的。

唐云曾向笔者说："白蕉的诗的确作得好，也作得快，有时我想不出来的句子，他马上就能想出来。"

有一天，在徐朗西家中，唐云在看一个手卷，那是徐朗西的朋友给他画的枫叶。徐朗西把这个手卷拿给唐云看，就是想叫他在卷尾题上几句。

唐云把卷子从头看到尾，又从尾看到头，如此看了多遍，肚子里虽然有了几句，但他觉得不稳妥，没法拿出来。在酒场上，唐云常常表现出所向无敌的英雄气概，而在诗场上，他斟字酌句，那是极为谨慎的。

正在这时，白蕉来了，唐云顿然感到轻松起来。他让白蕉看了手卷，并把设想的四句写了出来给白蕉看，又说："我这句子不行，还是你来作个句子题上去吧。"

白蕉看了唐云的句子，沉吟了一阵，把唐云的句子加以改造，随即成四句：

秋林黄叶忽飘萧，咽露犹闻叶涤蜩；

我愧老僧能入定，梦中不敢尚望潮。

唐云看了，连说："改得好，改得好。"

唐云在卷上把这首诗题上，并署上自己的名"杭人唐云"。

以生活方式而论，唐云和白蕉是有些相近的。唐云的大石斋和白蕉的求是楼中，都是百物无一定位置。现象同一，而出发点则不同，唐云是为方便，常在乱中不乱，他需要的东西可以顺手拿到，而自称"天下第一懒人"的白蕉，室内的散乱可能像他自称的那样了。

白蕉住在愚园路靠近静安寺的地方，原为徐悲鸿在上海时住过的地方。弄堂口就是"盛和酒店"，要吃酒很方便，所以唐云也经常去白蕉家里。白蕉的"求是楼"横幅，出自黄炎培手笔，诗稿由柳亚子题签，唐云自是很欣赏的了。

有一天，唐云又到白蕉家去，正好碰上四位陌生的青年人，四人一见唐云，室内的空气顿时紧张起来。

"这是唐云，侠义人物，你们不必紧张。"白蕉向四位青年介绍了唐云。

四位青年和唐云寒暄了几句，又躲进内间去了。

白蕉的房子共有三间，第一间吃饭，第二间是书房，也是写字的地方，第三间为卧室。这四位青年就躲进卧室内。

"你来得正好，我有几位朋友要到内地去，你帮帮忙。"白蕉说。

"你说，要我帮什么忙？是要帮钱忙，还是要帮人忙？"唐云说。

"要帮忙躲过便衣警察。"白蕉说。

"那我到楼下去看看。"唐云说。

"光在外面看着不行，我们要用吃酒来掩护他们。"白蕉说。

"我们两个人吃酒，热闹不起来。"唐云说。

这时，丁白丁走了进来。丁白丁是一位教育家，在上海有些威望，又是唐云和白蕉的共同朋友。

"三个人吃酒，还是热闹不起来。"唐云说。

丁白丁了解了事情的原因，就出去又找了一位可靠的朋友，同时又买了叉烧、酱鸭等下酒的菜。四个人一边吃酒，一边商量如何送他们出去。

他们一会儿吃酒，一会儿写字作画，有意把气氛搞得很热闹。

他们一直吃到四点钟。由丁白丁出去看看动静。到了四点钟，戒严的日本宪兵就放松了巡逻。唐云又到弄堂口，故作散步的样子，看着四位青年一个一个地走了出去，唐云还像对待小朋友似的关照他们路上要把饭吃饱，没有钱花就写信来。

四位青年到了内地，果然来了信，说是安全到达目的地。后来，唐云才知道这四人中有一位就是沈之瑜。中华人民共和国成立时，沈之瑜回到上海，一直从事博物馆文物收藏、整理和鉴定工作。

中华人民共和国成立前夕，群众上街游行，反饥饿，反内战，白蕉也是很积极的。他跑到唐云家中，要唐云参加游行。唐云说："我不去游行，我要到古董摊上去买东西。"

没有政治色彩的唐云和政治倾向鲜明的白蕉，却不失为诗朋画友和酒友，而且能以心相见，始终不变。

来楚生型的朋友

　　唐云的诗朋酒友中，真正在艺术上能给唐云影响，又能使唐云敬佩的朋友，要数唐云的诗句中曾经描述过的"画笔对君难出手"的来楚生了。

　　但是，来楚生的艺术风格和唐云是迥然不同的；同时，两人又有着截然不同的生活态度。

　　来楚生是莼社的成员，前面已经有过介绍。论艺术，在杭州莼社活动期间，来楚生的作品价格是由王一亭、诸闻韵、潘天寿、樊羲成等老一辈画家所定，而且公开在报上发。此时，对来楚生作品的评价略高于唐云。

　　来楚生为浙江萧山人，青年时就读于上海美术专科学校，为潘天寿的学生。潘、来同为浙江人，两人过往甚密，亦师亦友相处。上海美专毕业后，来楚生即回到故乡萧山。因家庭经济尚可维持，乡居生活只是写字、画画、刻印。

　　到了杭州，唐云和来楚生相识后，对来楚生的艺术很钦佩。但是，来楚生和唐云有着完全不同的性格。来楚生性格内向，为人耿直、认真而固执，因之，在生活中也就比较拘谨，像他的艺术一样，表现出内在力量，这和唐云的名士派风度，就成了鲜明的对照，可能是相反则相成，唐云敬重来楚生的为人和艺术，而来楚生也被唐云的人格和艺术所吸引。

抗日战争爆发，唐云比来楚生先来到上海。在他自己生活维艰的情况下，得知来楚生全家要来上海，便在麦根路的归仁里为他们全家安排了住处。在这个地方，来楚生一住就是四十多年，直到他病逝。

来楚生到了上海，唐云和他的交往就多了起来，他们在一起作画，在一起举办画展。他们联合举办的第一个画展就是扇面展览，一面是唐云的画，另一面是来楚生的字。后来，唐云作画，来楚生刻印也办过联合展览会。来楚生在"中国画苑"举办个人展览会时，唐云全力以赴，为他奔走，有时忙得把长衫脱下来，揉成一团挟在腋下。就这样，唐云忙了多日，终于使来楚生的画展顺利举行。

来楚生是一位执著于艺术的书画家，既不参加社会活动，也不善于交际。他不仅孤僻而且清高，有时甚至根本不愿意和别人交往。他最引为相知的就是他的老师潘天寿和特殊朋友唐云。

来楚生的画风出自扬州八怪，后来，他感到扬州八怪使中国画已经走上穷途末路，又致力于八大山人。他认为中国画发展到八大山人和石涛，走进一个复兴时期。他吸收了八大的精髓，画风拙朴浑厚，有着一股内在的力量。绘画的行家，无不赞赏来楚生的作品，唐云更是如此。但把来楚生的风格和唐云相比，一般观赏者欢喜唐云的清新俊逸的格调，而对来楚生的艺术感到难以理解。因此，来楚生的画总不如唐云的画那样走俏。

画卖不出去，来楚生的生活过得十分清苦。又加上妻子赵芳微因难产而去世，连孩子的命也未能保住，使来楚生的精神遭受很大的刺激。唐云在精神上的安慰，在经济上的支援，都无法使他解脱出来。

艺术道路越走越难，生活的困境像魔鬼似的和他纠缠不休，而且越缠越紧，这就使来楚生非常悲愤。

"我大概是碰到鬼了！"有一次唐云来看来楚生，他这样对唐云说。

"那你就先把'鬼'捉了。"唐云风趣地说着，给他留下一些钱就走了。

来楚生果然捉起鬼来了。他想到晋朝温峤的故事，给自己起了一个"燃犀"的号，并治了朱文、白文印各一方，都以"燃犀"为内容。据说，温峤到了牛渚矶，水很深，深得有些发黑，给人一种阴森的印象，同舟人都以为水下有鬼，感到可怕。这时，温峤就点燃起犀角灯照在水面。不久，果然有许多奇形怪状的东西浮上水面，同舟的人都以为那是鬼现了原形。后来，人们就欢喜借用这个故事，比喻有洞察奸邪的眼力。在这里，来楚生用这个故事捉起穷鬼来了。

犀虽然是燃了，但穷鬼照旧缠着来楚生。他的心理和性格都变得冷了，连他的画也向着更加冷峻的风格发展，这样就越来越卖不出去。

这时，南方的吴昌硕，北方的齐白石，画的销路都很好。来楚生的画由八大山人发展开来，画风介于齐白石和吴昌硕之间。

唐云也是吴昌硕、齐白石的艺术爱好者。

"老来，你还是多一些白石老人吧。"唐云说。

"齐白石的画路，我走不通。"来楚生说。

"那就多一些缶翁呢？"唐云又提醒着。

"吴昌硕的路，我也走不通啊！"来楚生说。

"楚生，你总得把画风变一变，先要卖画糊口才行啊！"唐云仍然在劝说。

唐云欢喜来楚生的艺术，认为他是一位很有发展前途的画家。他这样劝来楚生，自己的内心也是很痛苦的。但画卖不出去，他不得不忍受痛苦来劝来楚生改变画风，画得让人欢喜一些。换取胭脂画牡丹，这也是画史上常有的事。

"人家不欢喜，我也无法让人家欢喜！"来楚生说得硬邦邦的。

"你稍作改变就可以了。"唐云说。

"这是我自己的艺术啊！"来楚生仍然很固执，固执得有些不近人情，他宁愿让画卖不出去，宁愿挨饿，也不愿投人所好。

虽然如此，来楚生还是很尊重唐云的意见的。他初到杭州时，写的是篆隶，因为篆隶太古，一般人不易看懂。后来，唐云送给他一本金冬心的墨迹，让他不妨试试看，把书风改变一下。来楚生得到金冬心的墨迹之后，嗜爱至深，每天临写，不知临了多少遍。

"楚生，你换一种帖临吧。"唐云感到他对此帖临得太多了，搞不好要僵化的。

"得之皮毛，不如得之精髓，你看现在已经不是金冬心了。"来楚生很自信地说。

从杭州到上海之后的几年，来楚生的书风果然大变，完全摆脱了金冬心的气息，自己的面貌强烈鲜明了。一天，来楚生把那本金冬心的墨迹归还给唐云，并说："这本金冬心还给你，我要彻底与它分手了。"从这以后，来楚生的书法走上临魏碑汉简的阶段。

经唐云的劝告，加之生活所迫，来楚生也试着画些使人欢喜的画。他画的金鱼、花脸鸭，刚一推出，就震动了上海画坛。外行看了喜爱，内行看了也都作为临摹的范本。他画的青蛙，画坛无双，没有人能画到他那样，使青蛙的性灵活现在纸上。他画的癞蛤蟆，更是憨态可掬。

唐云对来楚生的《竹蛙卷》赞赏不已，题诗：

细展看湘江万个，墨华飞动影婆娑；
青蛙蛤蟆鱼儿蟹，腕底生机讶许多。

来楚生能画，能书，善金石，融金石于书画之中，三种艺术在他身上得到了统一。当他作画遇到苦恼时，就专心于写字；写字遇到问题时，又潜心于治印；治印的路子感到走不下去的时候，又回过头来搞画。这样不断研究，使他的画、书法、治印得以日益创新和发展。画、书、印三绝，来楚生是当之无愧的。

笔者曾用冷金笺，请来楚生书行草十二开册页，唐云看到，当即挥毫题曰：

作书以熟而生为上乘。熟不能生为庸俗，生不能熟则粗野；楚生笔下回旋舒展，柔若绵，刚若铁，气象万千，允推近世书苑为别树一帜者也。

唐云对来楚生的友谊，建立在对他的艺术服膺之上。来楚生的艺术一直走着自己的道路，除了书画界，外界能理解来楚生艺术的，可以说甚少。但唐云对来楚生的尊重，可以说是终生不渝。直到来楚生逝世之后，唐云对来楚生艺术的推崇之情，更是深沉而炽烈，他曾题写道：

老友来楚生先生书画篆刻无不精妙，而于书篆隶正草均熟中求生，刚健婀娜，平正煞辣，气势磅礴，不可名状，允推当代书法杰手。余与相交四十余年，每见其寒暑不易，朝暮伸纸，凝神挥毫，几忘寝食，即在病中，未尝废之，感成一艺，谈何容易。其于画，从书法得来，清新横逸。刻则运刀如笔，饶有奇致，皆不涉前规，善开生面者也。楚生今年七十又三，于二月五日积病不起，惜哉。此幅病剧时书赠嵩京医师，为最后遗墨，而笔力不衰，可见其一生于书法之功深矣！嵩京珍重异常，属为题记，以留永念。一九七五年三月二十八日杭州唐云。

这是唐云对来楚生的最珍贵的怀念。

钱瘦铁型的朋友

江南"四铁"之一的钱瘦铁，和唐云一样，也是一位侠义人物，艺术风貌也比较接近，而命运给予他们的则又完全不同。

唐云对钱瘦铁的思念之情，从一幅小画中可以表现出来。

三十年前的一个春节，钱瘦铁提着一篮水果来给唐云拜年。这年的春节，唐云恰巧不在。钱瘦铁坐在唐云的画案上画了一幅画：一位老人，提着一篮水果，水果篮上还有红纸写着"新春之喜"的字样。水果篮放在桌上，老人扶杖而坐，惆怅地望着那篮水果……

三十多年的时间过去了，钱瘦铁早已作古。但是，钱瘦铁的这张画像和唐云收藏的其他名画那样被珍藏着。面对着这张画，唐云的洒脱心境中，就会升起缕缕愁绪和无尽的思念，想着和钱瘦铁的相识，想着钱瘦铁的生活道路，想着钱瘦铁的艺术。

钱瘦铁是江苏无锡人，名厓，字叔厓，瘦铁是他的号。幼时读书甚少，十几岁就到苏州护龙街徐树铭开设的刻碑店里当学徒。徐树铭是现在上海山水画家徐子鹤的父亲。钱瘦铁聪颖好学，深得徐树铭的欢喜，就把他介绍给苏州金石家郑文焯并拜郑为师，学刻印。那时，郑经常到刻碑店里看古玩，裱碑帖及拓片，裱好了，钱瘦铁就给他送到家中。对钱瘦铁的诚朴好学，郑文焯也极为高兴，对他循循指导。为了使钱瘦铁得以深造，郑文焯又把他介绍给吴昌硕和俞语霜。这样，钱瘦铁遂拜吴昌硕、俞语霜、郑文焯三人为师，画画、写字、治印，三管齐下。后来，钱瘦铁离开苏州，到上海卖画为生，又与上海的名家陆廉夫、王一亭、赵叔孺、丁辅之、黄宾虹、任堇叔、吴待秋相识，得切磋之益。后来，钱瘦铁又办了一个中国画会，更是广交四方朋友。有一年，在武昌路春晖里徐小圃诊所的庭院中，钱瘦铁与日本著名画家桥本关雪相识。桥氏对钱瘦铁的画倍加赞赏，称许他为"支那巨手，东亚奇才"，竭力宣传介绍钱瘦铁的艺术，在桥本关雪的帮助下，钱瘦铁的画数次东渡日本展览。

唐云到了上海之后，看到钱瘦铁的艺术，惊叹不已。说钱瘦铁"于郑大崔（文焯）得其雅，于吴昌硕得其古，于俞语霜得其苍，天赋之高，世人莫及"。

唐云很想结识钱瘦铁，但钱瘦铁此时带着全家和学生徐子鹤到日本去了。

钱瘦铁到了日本，即与郭沫若相识，而且有着颇多的交往。这时日本军阀侵华的气焰越发猖狂，郭沫若组织中国留日学生奋起反抗，日本警察正拟对郭沫若进行拘捕。这件事情被钱瘦铁知道了，连夜找到郭沫若，以实相告，并为郭沫若购买船票，备好改装的衣履，送郭沫若上船，秘密回国，脱离险境。日本人发觉郭沫若离开日本，完全是钱瘦铁一手筹措，立即把他拘捕。受审时，法警要钱瘦铁跪下，以示侮辱。钱瘦铁不服而反抗，日本人以野蛮行动相逼，性情暴烈的钱瘦铁哪里能忍受得了，怒不可遏，抓起了案上的铜墨盒，向法警头部掷去。这样，钱瘦铁被判刑五年，身陷图圄。由于桥本关雪和其他朋友的疏通，钱瘦铁坐了四年牢，才提前释放。

日本投降，钱瘦铁从日本回到上海。上海许多画家设宴欢迎他和夫人。钱瘦铁的夫人是徐志摩的夫人陆小曼的干女儿。在欢迎的宴会上，唐云始与钱瘦铁相识，两人畅谈投契，如久别重逢的故人。

回到上海后的钱瘦铁，第一要事是解决吃饭的问题。唐云便与郎静山在东亚饭店宴请钱瘦铁，商量为他举办画展的事情。钱瘦铁和唐云的山水，虽然都取法石涛，但钱瘦铁又在石溪上下过功夫，所以两人的山水虽然接近，在情趣上却互相有着差异。唐云表现得严谨，钱瘦铁则表现得洒脱；唐云侧重于法度之中，钱瘦铁则侧重于法度之外。唐云的花鸟取法于华新罗，钱瘦铁的花鸟则自成特色，有着自家的法度。两人的绘画互相影响，在细微中表现出来。

郎静山是一位非凡的人物，不是哪一个人的朋友，他是整个书画界的朋友。此时他在国际上的摄影地位是众所周知的。早年，他曾是黄山建设委员会的委员，发起组织"黄社"，以绘画摄影为一座名山作大规模的宣传，为前所未有的韵事。他曾和不少画家同游黄山，或者为一些画家提供黄山摄影照片，画家从郎静山那里应该说是获益不少的。醉写黄山的唐云，在对待黄山的感情上和郎静山是融洽沟通的。郎静山摄影艺术的最大成就，就是最能表现中国特色风格，通过暗房作业的"集锦"，将摄影与国画融合为一。因此，郎静山摄影所取得的画面，很符合中国画的要求；而在技巧上，并不强调光与色的对比，注重画面的生动柔和，这样的"集锦"就有着"朝晖夕阴，气象万千"的艺术效果。像郎静山这样的朋友，对唐云的艺术是有着启迪和影响的。

有着郎静山和唐云的倡导，钱瘦铁的画展很快地筹备就绪。唐云不只是在精神上、舆论上支持钱瘦铁，因为时间紧迫，钱瘦铁一下子哪里能拿出那样多的画来？唐云就为钱瘦铁代笔画了几幅，代笔最多的当然还是徐子鹤。唐云和徐子鹤的代笔，都由钱瘦铁题名。鉴定家们为一张画的真与假，常能打上许多笔墨官司，而唐云为钱瘦铁的代笔，当时就无人能识破，徐子鹤出自钱瘦铁的门下，那代笔面貌之像就更不用说了。是真是假，假假真真，真是天晓得。

钱瘦铁画展开幕，唐云又是忙得不可开交，他要拉那些富朋友来买画。每次又都少不了陆南山。

陆南山是祖传眼科名医。他的岐黄之术，不是来自父亲，而是来自母亲。他爱好收藏，本身也会几笔丹青，此时正拜唐云为师学画。经唐云的推荐，陆南山以四两黄金买了钱瘦铁的一张画，这是画展中最高的价钱了。开始，唐云和陆南山是朋友，后来发展到师生，再后来又比陆南山小了一辈。那是因为唐云的弟弟唐由之，在无锡国专时跟王蘧常念书，学古文，毕业后又去学医，再后来拜陆南山为师，为陆南山的入室弟子，又看上了陆南山的女儿，两人恋

图34 钱瘦铁《菩提古佛》

爱结婚。

唐由之结婚之后，唐云和陆南山开玩笑："我弟弟讨了你的女儿，连我都吃了大亏，本来我比你长一辈，现在又小了你一辈。"

陆南山说："我们还是师生关系，你还是老师，我还是学生，那亲戚的称呼对你无效。"

画展结束，钱瘦铁有了经济收入，生活比较稳定了。有一次，他们又去看吴待秋。吴待秋对唐云特别偏爱，给他画了一张人物。钱瘦铁看了连声称赞，想请吴待秋也为他画一张，可是，这位倔老头偏偏装作不知，没有给钱瘦铁画。

唐云善解人意，离开吴待秋家之后，便问钱瘦铁："你是真欢喜，还是凑热闹？"

钱瘦铁说："这张人物画得是好，如果真的再画一张，恐怕就不如这一张了。"

唐云说："你既然欢喜，我就送给你吧。"

钱瘦铁对唐云是理解的，他没有客气，就把这张画留了下来。

钱瘦铁和唐云有着同样的脾气，欢喜交友，他们两人经常去看陈小蝶、孙雪泥、郑午昌、贺天健等知名画家，这些都是书画界的名流。孙雪泥擅于画鱼，常常是陈小蝶作诗题在画上。

冒广生是钱瘦铁的好友，以诗称雄海上，海上名人无不去结识他，这可能因为他是明代冒辟疆的后代。冒辟疆为明代的名士，当时阉党弄权，冒辟疆与阉党进行斗争，结果以失败而告终。明亡后，冒辟疆携秦淮名妓董小宛，浪游大江南北，文采风流，侠义勇为，曾两次变卖祖产，救赈凶荒，为当时人称道。董小宛娟秀聪颖，能作诗制词，擅长刺绣，烹饪尤佳，尝集古今闺帏轶事荟为一书，名曰《奁艳》。冒辟疆归隐故乡如皋，小宛随辟疆闲居水绘园，二十七岁病殁。冒辟疆作《影梅庵忆语》，以寄哀思。

冒广生字鹤亭，号疚斋，少时受业于番禺汪华伯之门，光绪二十年甲午举人。经钱瘦铁介绍，唐云又与冒广生相识。每星期天，唐云和钱瘦铁总是和几位画家相约，到冒广生家谈诗论画。

和冒广生闲聊，唐云感到是极大的乐趣。他不但以诗称雄，还能拍曲，有时兴致所来，也会哼几句小令之类的给大家听听。他看唐云对拍曲也有兴趣，就以曲谱相送。唐云为他作《名妓诗意图》相报。冒广生的三子冒效鲁，也是文人行列里的人，看到家中名士相聚，自是欢喜，有时也想来攀谈几句，但冒氏家规甚严，在父辈朋友的面前，子女是不得参与的。所以，冒效鲁每次见唐云到来，只是站在楼梯口顿首打招呼，然后就躲到楼上去了。唐云会意，有时就把冒效鲁约了出来，避开冒广生，尽情交谈。

有一次，唐云、钱瘦铁和女画家周錬霞去看望冒广生。冒氏看到有女画家到来，就和他们谈赛金花的故事。冒广生是见过赛金花的人，他说赛金花本来是状元夫人，长得很漂亮。

"有没有周錬霞漂亮?"唐云和周錬霞开玩笑。

"两人差不多，好像还是錬霞漂亮些。"冒广生说。

大家一笑了之。

周錬霞既是画家，又是诗人，生得颇有风韵。

和唐云一起常去冒家的，还有诗人陈汉第、大律师张延年。和冒广生一样，陈汉第在清朝也是做过官的，此时已成为遗老。他的儿子陈植和唐云的年龄差不多，是有名的建筑学家。

他们到冒广生家里，有时兴致来了，大家就合作画画。有一次，唐云和钱瘦铁合作画了一只香炉，一方砚台，香炉里还点上一炷香。画好了，要题写句子，钱瘦铁不会作诗，画完了就算完成任务。作诗的任务自然就落到唐云的头上了。

冒广生看着唐云。唐云急得满头大汗，就是作不出句子。

"先吃饭吧。"冒广生知道，诗思不通时，是无法作出句子来的。

"有了。"从动杯，唐云就一直喝着闷酒，这时突然高兴起来。

"有了什么？"钱瘦铁还不理会。

冒广生立刻来到画案边，为唐云拿笔润墨。

唐云走笔疾书，在画的左上方题写了诗句：

> 诗思乱堕蕉叶贝，
> 香光浓衬海棠红。

"这样好的句子，你是如何想得出来的？"钱瘦铁高兴得手舞足蹈。

"作得好！"冒广生对唐云的句子也大为赏识。

"你的诗作得好，以后给我题画。"唐云说。

"我的诗作得再好，也不如你的画好。"冒广生说。

唐云重友情，那是深入骨髓的。和冒广生相识，那是君子之交，虽然只是淡淡的文字交往，但对冒氏还有着难以消解的思念。到他八十岁的时候，还托人找来冒辟疆的《影梅庵忆语》。他读了冒氏著作，又和徐子鹤结伴，到江苏如皋畅游水绘园，到冒氏家族的墓地悼念冒广生和他的先人冒辟疆。唐云知道，董小宛也葬在这里。董小宛和柳如是，虽然都是名妓，但风尘侠女，也是令人尊敬的。

钱瘦铁虽然也是侠义人物，但他那容易激动而暴烈的性子，常常使他的侠义与慷慨付诸东流，他经常要为人打抱不平，差不多每次又都以输作为了结。这时，唐云总是劝他："瘦铁，你是好人，但是你的性格决定了你的命运，常常是十有九输，有时输得连路数都没有。"

对唐云的劝告，钱瘦铁只是唯诺而已。

高逸鸿型的朋友

在童年的朋友中，唐云最牵挂于怀的是高逸鸿。高逸鸿则是以唐云为榜样的。唐云画画，高逸鸿也跟着画画。那时唐云画的是山水，高逸鸿画的是花鸟。唐云欢喜吃酒，高逸鸿虽不饮酒，他欢喜看着唐云和别人在一起喝酒。高逸鸿开始画画还没有入门，唐云就给他讲方笔、圆笔之类的画理，并要他看古画。高逸鸿则认为看古画没有啥道理，这使唐云很不高兴。他对高逸鸿说：

"不但要看古画，还要注意生活中细小的东西，草虫六只脚，蜘蛛八只脚，臭虫也是八只脚，要看生活中真实的东西。现在画家中好的东西、古人的作品、文学著作，都要看，要细看，这样才能提高素养，雅与俗的区别也在这里。"

稍大以后，高逸鸿就到粮运公司去工作了。那时他的收入不多，生活很窘迫，但来见唐云时，仍然是西装革履，这和随遇而安的唐云也不同。唐云对他说："你对画能像对生活那样讲究就好了。"后来，高逸鸿所在的粮运公司转属国民党的军需局，高逸鸿又到军需局去工作。

唐云的姑丈很有钱，宣铁吾要敲他的竹杠，以吸鸦片为罪名，把唐云的父亲和姑丈捉到南京，下了大狱，说是罪很重，要处以死刑。两个姑母吓得不得了，就要唐云到南京去。唐云往返于杭州和南京奔波，但乘车很困难，高逸鸿就把军人的徽记交给唐云。有了这个徽记，乘火车就方便了。唐云家中这时已经没有钱了，是姑丈花了许多钱，这事才算了结。

后来，高逸鸿就到安庆去了，这个徽记没有还他。唐云隐居富阳期间，他的妹妹唐瑛在富春江边画画，她带着这个徽记进入一个军事禁区，官方以为她是画地图，就把她捉了去。唐瑛还是不太懂事的女孩子，把高逸鸿的徽记出示，而这位县长恰恰又是高逸鸿的朋友。县长找到唐云，寻根问底，这事才算了结。县长对唐云说："你把徽记交给高逸鸿吧，带在身边要出事的。"

抗战胜利之后，高逸鸿又回到上海，这时他的画已经画得不错了。唐云开展览会，高逸鸿把南京的朋友李子敬请来捧场，一次就买了唐云三十张画。提到这件事，唐云还别有意味地对笔者说："他们用发国难财的钱来买我的画，我也间接地发了国难财。"他们来到上海就请客，歌星、舞星及唱京剧的李玉茹、童芷苓都来参加酒会。酒会之后，高逸鸿要唐云留下来跳舞，唐云说："我不会跳舞。"他也不让高逸鸿跳舞，把高逸鸿拉到家中去画画。高逸鸿开画展时，唐云也去买一张，以示捧场。

蒋介石从重庆回到南京之后，第一件事就是做"六十寿辰"，张道藩专程由南京到了上海，请美术界献寿画、寿字、寿诗。一百位书画界名人为蒋介石献上《百寿图》，每人写一个寿字，在寿字下签上自己的名字。素来欢喜热闹的唐云，画虽然也献上一幅，在落款时却踌躇起来了。"总裁"、"主席"、"委员长"之类的官称，唐云一向认为"色彩太鲜明"，是他所不欢喜的，随即在画上题写了"中正先生"。那《百寿图》他觉得有些俗气，就有意逃避了。这时，"上海美术会"、"上海美术茶会"也很活跃，唐云的许多朋友都是这些活动的中坚人物，高逸鸿有时也拉唐云去参加。但这时的唐云却显得郁郁寡欢，仍然和他的那批酒友出入于酒肆之间，进行民间的美术活动。高逸鸿欢喜打牌，唐云想：我喝酒他陪着我；他打牌我总是要陪着他的。因此高逸鸿打牌他就坐在旁边看看。

经济的萧条，人民生活的困难，书画市场也冷落起来。这样又给唐云的生活带来危机。唐云能画画，能以画赚钱，但是对柴米油盐的具体事情，他是一样不管，也一窍不通。孩子又多，家庭的经济负担又重，俞亚声当然对解决这样的困难更是无能为力。在这方面，高逸鸿比唐云强，也比他的办法多，他拿着唐云的画到米店里去换米，到煤球店里去换煤球，到小菜场里去换小菜，到酒店里去换老酒……经高逸鸿介绍，有几位太太小姐要拜唐云为师学画，她们到老师家里来了一次，因为唐云家中地方狭小，第二次就不来了。

一批朋友，也渐渐地星流云散。穷的这时更穷了，有的离开上海到别的地方去了，连大和尚若瓢也去了香港。

再后来，就是中国历史上划时代的风云突变，高逸鸿和唐云的另一批朋友都到台湾去了。

高逸鸿去了台湾，他留在上海的妻儿生活的困苦可想而知。在海峡两岸不通信息时，唐云对高逸鸿留在上海的妻儿有着不少照顾。直到后来，他才从台湾来的朋友口中得知，高逸鸿又娶了一位大学教授为夫人。宋美龄拜黄君璧为老师，蒋经国就拜高逸鸿为老师。高逸鸿七十八岁时，因中风而逝世。

在生活上，唐云和高逸鸿有着不同的追求，但是童年的友谊和对艺术的爱好，又把他们的感情联在一起。

寻找朋友的香港之行

1949年，上海解放了。本来就是因书画市场萧条而家计无着的画家，这时的生活更加困难了。因为刚刚解放，全国的战争还没有结束，政府还无暇顾及对以卖画为生的画家的安排。画家都失业了。

这一年，正是唐云四十岁。他的几位朋友为了祝贺他的生日，送给他一方石砚。石砚由陈运彰画了唐云的肖像，白蕉题写了铭文，最后由沈觉初镌刻而成。铭文曰：

> 疏以密，博而精，
>
> 魁梧奇伟以艺鸣，
>
> 此石磨墨亦磨人，
>
> 不能磨者万千春。

就在砚边上，潘君诺又即兴题了一段铭文："丹青引，山泽癯，

图35　若瓢（左一）、钱瘦铁（左二）、唐云（左四）、于伟（右一）等在香港金刚弟寺

安以居之德充符。"

在唐云的生日宴上，白蕉对砚铭解释："此石磨墨亦磨人，希望唐改变不问政治的态度，在政治上要求进步。"

唐云只是笑而不答。

白蕉也摇摇头，感到对他无可奈何的样子。

正在这时，唐云得到一个口信，说是若瓢在香港死了。

这个消息，并没有使唐云悲痛，他觉得若瓢的圆寂，这是一种超脱。唯一感到惋惜的是，若瓢只有四十多岁，超脱得似乎早了一些。

"是否把若瓢圆寂后的骨灰运回，安放在吉祥寺中。"有人说。

"不必了。出家人四海为家，哪里都是落脚的地方。"唐云说。

若瓢欢喜兰花，唐云在灯下画了一幅《兰竹双清图》，上面题写"送若瓢大法师乘鹤西归"。

钤上印章之后，唐云静静地坐在那里，他和若瓢之间多年的僧俗之谊，全都倾注在画幅之上，顿时又清泪泫然了。

过了几个月，唐云突然接到若瓢从香港的来信。信上说他在香港生了胃病，大出血，看病的费用很贵，问唐云能否画些画，到香港开个画展，帮助他把欠的债还清。

上海生活无着，正好有几位画家要到香港去，唐云便赶画了一批画，并且都裱好，和几位画家一起到了香港。

这时，若瓢在香港钻石山金刚第当了长老。唐云来到若瓢的住处，见到若瓢，身体的确虚弱，当年的飘逸风姿完全消尽。问问他的病情，已经有所好转，只是积欠无力偿还。

若瓢见到唐云，自然精神振作起来。就让唐云和自己住在一起，把床让给唐云，自己支撑一张床睡在外面。

唐云也向若瓢讲上海解放的情况，别的他说不出，只知道自己的手表丢了三次都找回来了，而且都是丢在电车上，真是夜不闭户，路不拾遗。

若瓢听了就不声不响了。

"你觉得这里好就过下去，觉得不好就跟我回去。"唐云说。

"等你的画展开完了再说。"若瓢说。

其实，唐云虽然嘴上劝若瓢回上海，但他心中也在打鼓，回到上海又能有什么办法呢？

经过几天的筹备，唐云的画展在香港思豪酒家开幕了。可以说，唐云是第一个在香港开个人展览的内地画家。

结果，画展开得很成功，一百二十多幅画全部卖光，所得钱款也是颇为可观的。

唐云在香港开画展的消息传开，吸引来许多故旧好友。小报界的陈蝶衣、沈苇窗、卢溢芳、唐大郎、陈灵犀，书画界的傅狷夫、佘退春、朱龙庵、丁衍庸、顾坤伯、孔小瑜，还有从杭州去香港的于伟等，也都是唐云的朋友。有的朋友在那里混得不错，发了点小财；有的不会混的朋友，生活得很清苦。开了画展，唐云手中有了钱，凡是困难的朋友，或多或少地都要支援一些。

在香港，唐云和著名画家赵少昂相识。

陈蝶衣是报界的前辈，在上海就很有地位，到了香港之后，仍然不失其优势。他是唐云的老朋友，唐云想去看看他。唐云的表妹也在香港，说陈蝶衣的架子很大，不和上海人交往，还是别去为好。可是第二天，陈蝶衣来看唐云，并要请唐云吃饭。

唐云说："你们写文章的人，赚钱不易，还是我来请你吧。"

"这次来了就不要走了吧？"陈蝶衣说。

"看看再说吧。"唐云不置可否。

这时，江西才子陈方也在香港，诗作得很好，曾经担任过蒋介石的秘书，为蒋介石起草"引退宣言"。现在已经与蒋介石脱离关系，在香港混得不错。陈方为人很爽快，邀请唐云到他家里去吃饭。

从早到晚，唐云每天都处于这样的应酬之中。

应酬的热潮退了之后，唐云也清静起来。钻石山的空气很好，有一条小溪从山上向山下流去，恰好从金刚弟寺前经过。在这里，唐云每天清晨起来打太极拳，和若瓢谈天，也画些应酬画送给朋友，参禅当然也是免不了的。

这时，龚之方从上海来到香港。看了香港的情况，打消了在香港住下去的念头。他说："这样的弹丸之地，住下去没意思，还是回上海吧。"

唐云找来一批朋友商量，有不少人都认为香港不可久留。唐云觉得若瓢的身体也好了，了却了此行的心愿，便决定回上海。

香港中文大学的马健聘请唐云在该校任教，唐云也谢绝了。

对回不回上海，若瓢还处于犹豫不决之中。唐云也不勉强他。就对他说："你在这里能混下去，就留下来；如果混不下去了，就回上海。"

唐云检点行装，卖画所得只剩下十五根金条了。他给若瓢留下十二根金条，自己带着三根金条回到上海。

异地朋友周怀民

唐云的一些老朋友虽然分居异地，不常相见，但书来信往，表达友情，多年不断，其中就有居住在北京的周怀民。

周怀民是江苏无锡人，早年唐云在上海和他相识。后来，周怀民去北京任国立北平艺术专科学校教授，后任北京中国画院画师，擅山水。他们经常互赠作品及书信相往通，有时结伴同游，彼此探讨书画艺术。

唐云和邓拓相识后，知邓氏藏有陈白阳花卉卷，因未能看到真迹，心中常怅恨不乐。周怀民知唐云心中的遗憾，就临了此卷寄给唐云，唐云回信说："来示及白阳卷，知兄于花卉功力不浅，惟临摹终不能挥洒自如略拘束耳。要弟修改，岂敢。"信中又说，"邓公想常唔见，其所藏白阳卷，见兄临本，可以想见其精妙绝伦，异日来京欲一观，藉饱眼福。"见到周怀民临摹白阳卷，唐云未免手痒，故在信中说："兄有丈二纸，可裁至多高一尺（过高形式不佳）寄来，当作长卷，供兄赏玩也。"

周怀民为唐云作山水图，由朋友从北京带来，唐云接到画后，随写信作复说："大作极佳，惜书东坡句'百尺飞涛泻漏天'误写'瀑'字，是美中不足，异日得暇，请照此意境，再图一帧见赐如何？赠一亢红荷图，乃弟为文艺报所作，仓卒间恐难好，即以转赠。因兄介绍，不敢率尔搪塞也。"

周怀民曾为和平画店请唐云作图，几年间没有消息，唐云在信中亦提及：前年由兄交和平（画店）许兄丈二匹杨柳鸳鸯图，如无主顾，请一亢下月初来沪带来，另有别用。

唐云藏有《伏虎图》，他在给周怀民的信中多有提及。1962年6月18日信中说："自料今年经济情况，《伏虎图》恐难保存了。前次王候来，本想带来，半为酷爱此图，不忍舍去，半为其行李太多，携带不便，因此作罢，日后有便人至京，再奉。程熙来信说从老兄学画，很好。将兄南北派本领，逐次传授，她又聪明，定能继兄衣钵，获大成也。"

此后不久，郑云素去北京开会，唐云即请带信给周怀民，说："郑云素携其爱人来北京开会之便，托带《伏虎图》与新罗山水，新罗给黄胄看看，合则留之，不合仍请云素带转。此事即前年黄胄托我物色古画之宿约也。"唐云在信中还嘱咐，如果周怀民没空陪郑云素夫妇，可请程熙陪他们玩。郑云素回上海，带回周怀民在此为他购的小茶杯不合唐云之意，在信中表示了他内心的不高兴。7月11日的信说："前托云素请你陪去买小杯，结果不出我所料，不买乾隆而买道光的，且花样也造得不规矩，多费手脚，实在扫兴。托程熙也是白托，为了买此杯，我有很具体要求的信给她，她可能急得忘记了。"

7月26日，唐云给周怀民信，又谈及《伏虎图》事，信中说："伏虎图来函云'受目前情况，令友不能作决'，则理所必然，但弟已感激老友顾我生活情况也。此画云带走后，上博尚玉黄（业煌）来商让，其已见过此画。弟言友人借去，日后再谈。上博要此画，稚柳在前年已告弟，此事兄亦知之，弟因上博任鉴委，免生日后口舌，故不愿见让。既令友目前无意于此，切弗再示别人，更不必再为介绍。至要，至要。前年魏今非与张葱玉来舍亦商让此画。弟言上博要，辞之。弟目前经济虽窘，债有处可欠，可以过去，请兄弗为弟虑也。画暂留兄处，如有熟悉便人带回更好，此事亦不必与瘦兄（钱瘦铁）谈起，因其亦来谈及此画过。此人肯让，那人不肯让，免得朋友伤感情，且此画弟实甚爱，若一旦别去，定多怅失，想好画者定有同情也。"

后来，《伏虎图》为杨某购去，唐云在给周怀民的信中谈及此事，说："弟上月黄山归，即晤杨华，伏虎以四数见许，已取得一数，嗣后逐渐汇来。此事老兄为力不少，甚感。"

邓拓《燕山夜话》出版，托周怀民给唐云寄了五册。唐云得书后复信给周怀民，此时他已经到合肥住福香楼宾馆，为安徽省博物馆检阅废文物。唐云在周怀民的信中详述所见书画。在他已看过的八千余件书画中，有不少精品，如李珩墨竹绢本大幛，文徵明青绿山水卷，彭年题引首，尾有文徵明自题游东庄七律诗。陈老莲山水轴二张。吴宽行书卷。戴进有款访碑图。祝允明楷书白纸册，又作行书《十宫词》卷。董其昌山水卷，陈继儒题引首。八大山水册、花鸟册，字幅数件。石涛设色山水轴，纸白如新。龚贤山水大幅数件。新罗八鹤图大幛，又新罗人物中堂。冬心白梅轴。其他如扬州八怪、金陵八家，董书、陈继儒书，各明清名家作品甚多，达二三百件，皆系真迹。过去该馆正缺此等作品，不意在废品中得之。

唐云在这封信中还要周怀民去荣宝斋为他卖画，他写道："荣宝斋侯凯要我画册一部，因回沪后事忙搁下，当时谈此事，黄胄在座，请兄托其前去一问，如彼仍要我画，请将尺幅大小横或直见告，以便回沪后画就寄来。如彼因目前经济紧缩，不需再画，亦望见告。因弟几月来费钱亦多，老兄劝我节约，实在本性难改，往往一挥而尽也。"

1962年前后，唐云的工作逐渐忙了起来，他在给周怀民的信中说："近半年来工作甚忙，编辞海，搞创作，协会、画院行政会，政协学习反修，画院"五反"，主要阶级教育，加以招待外宾，绝无时间去古玩铺去玩玩了。想兄空闲，有此雅兴也。最近我将调到上海美专负责图画系，兼画院名谊（义），事情尤多，创作受影响，甚虑。"此段反映了唐云当时生活状况，对从事行政工作多虑的心态。

第八章

跨入新时代

吃救济粮的画家

  唐云从香港回到上海，和朋友相见，感到大家的情绪都安定了许多。在旧的疮痍还未能医治，百废待兴的日子里，人民政府并没有忘记画家，拨了专门的救济款，让画家先维持生活。这时靠救济款维持生活的有：邓散木、林风眠、来楚生、陈大羽、关良、张石园、钱瘦铁、谢之光、张大壮，还有吉祥寺的雪悟和尚。

  唐云先到吉祥寺看了雪悟和尚，把若瓢在香港的情况给他说了。

  "还是叫若瓢回来吧。"雪悟说。

  "我看他要把那点钱花光了才会回来，他住的禅室你还是给他保留着。"唐云说。

  "他的禅室没有动。"雪悟说完，就领着唐云去看若瓢的禅室，室内一切如故。

  "雪悟虽是出家人，还是很有情意的。"唐云心中一动，暗暗地说着。

唐云最关心的还是邓散木和来楚生，这两位性格倔强的朋友，这时会怎样呢？特别是邓散木，他的性格是火爆而外露的。

　　到了邓散木家中，唐云看到他一反常态，情绪特别好，既无牢骚，又无怨言，虽然吃着救济粮，对新政权说了一百个好。唐云觉得，这对邓散木来说是很不容易的，他是一个很有风骨的人，过去肯接受的雪中之炭，除了唐云，其他任何形式、任何人的救济他都拒之门外的。不但如此，邓散木还积极参加里弄的宣传工作，不惜以中华人民共和国成立前卖高价的书法，用来写标语、横幅和黑板报。

　　"老铁的反常，简直不可思议。"和唐云一起去的曹大铁说。

　　唐云听到、看到这些变化，心里着实感到高兴，逢人便说："老铁给我们带了个头。"

　　来到来楚生家里，这位性格倔强而内向的朋友，正在伏案写标语呢。他那自成格局的隶书，满纸翰墨气息，唐云真是不舍得让那些标语贴出去。

　　唐云看了，没有说啥，就离开来楚生的家。这两位朋友的变化，着实地给唐云一些安慰和启发。

　　政府发的救济款，只能维持基本生活。但是，这些画家过去都是好酒的朋友，没有酒怎么能行呢？再说，这些朋友都是优游惯了的，一下子过这种经济紧张的生活也难以忍受。唐云就想法弄点钱，让大家分着花。钱，唐云向来是不积蓄的，要花钱，就卖画。这时，画家自己画的画都卖不出去了，只好卖自己的收藏。唐云收藏最多的是石涛，他最欢喜的也是石涛，本来是准备为石涛编一部年谱的。这时，只有石涛好卖，为了自己的生活，也为了朋友的肚子，只好忍着心痛：卖石涛！

石涛，在这个时候也不值钱，四尺中堂，也只能卖几十元钱。不管多么便宜，也得卖。吃饭、喝酒毕竟比玩画重要。唐云向来是既能出世又能入世的，他认为：人富了，肚子吃饱，才能讲究风雅；人穷了，再讲究风雅，会被人家讥笑为酸腐气，这时吃饱比风雅更为重要了。

虽然卖了石涛，手里有几个钱，可是唐云和他的朋友不敢再到酒楼里去了。别的不怕，主要是自己手里没有那么多的钱。但朋友是不能不要的，酒是不能不喝的，他就经常地把朋友请到家里来，小菜无法再讲究，酒还能喝足，饭还能吃饱，谈诗论画还是无所不言。

不只是这些书画界的朋友，还有几位是笺扇庄的老板或伙计，因为不能再经营书画，生活也困难起来。有的是唐云视之为救命菩萨的，他刚来上海时，是这些人帮助他打天下的，这时又怎能忘记他们呢？

这时，唐云还惦记着一个人，就是沈觉初。在这一年的时间里，没有见过他的面，是否回到老家去了？书画界已有不少人，因在上海生活无着，回到老家去了。

这时，白蕉已经有工作了，他是经柳亚子的介绍，进上海市文化局工作，联系社会文化方面的事情。柳亚子、黄炎培两位德高望重的前辈，唐云也是早就认识的，唐云如果去找他们，也会给他安排工作的。不过唐云认为：困难只是暂时的，社会安定之后，他还是可以过着自食其力的卖画的生活，那样的生活自由自在，符合自己的性格。

有一天，白蕉来到唐云家里，看到唐云正在为几个学生上课。

"你就靠教几个学生来维持生活？"白蕉问。

"也不完全是，学生也没有钱付学费的。"唐云说。

"那你怎么维持生活的呢？"白蕉又问。

"虾有虾路，蟹有蟹路。"唐云说。

"现在不能卖画了，光靠教几个学生也无法维持你的生活。"白蕉说。

"那有什么办法呢？"唐云感到无可奈何。

"那你到政治讲习班去吧。"白蕉说。

上海市文化局当时办了一个政治讲习班，上海文化界的人士都参加这个讲习班，学社会发展史和大众哲学，学习形势。在讲习班上，生活有补贴，讲习班结束，就可以参加工作。

经白蕉的介绍，唐云进了政治讲习班。

学习社会发展史，唐云感到很新鲜。自己虽然也读过《史记》、《资治通鉴》之类的历史书，但都不像社会发展史那样讲了根本的问题。

对哲学问题，唐云就感到有些搞不懂，什么精神变物质、物质变精神，什么唯心论、唯物论、辩证法，他虽然花了很大的功夫，仍然搞不懂。

有一天，唐云和应野平讨论辩证法。应野平能讲得头头是道，唐云仍然搞不懂，他认为："辩证法和禅宗的学说不是差不多吗，讨论的也无非是菩提树、明镜台的问题。"

"老唐，这话可是不好说的。"应野平提醒他。

特别是讲思想改造之类的问题，唐云更感到不可理解，他在问讲习班的领导人："思想是自己的，怎么可以改造呢？"

老画家遇到新问题。唐云的问题太多了。

三个月的学习，唐云总算坚持下来了。讲习班结束的时候，每个学员都要写一份思想小结。唐云苦思冥想了几天，那个规定内容的思想小结写不出，别的小结也写不出。于是，他就不辞而别，离开了讲习班。

这对政治讲习班来说，当然是一件大事。事情闹到白蕉那里。白蕉又到唐云家里，对他说："你补写了思想小结，就可以安排工作了。"

"我只会画画，别的事情是干不来的。"唐云说。

"现在形势不同了，你要要求进步。"白蕉说。

"什么叫进步？我实在不懂别的事情。"唐云说。

"你一定要要求进步，而且一定要写思想小结，这样才能安排工作。"白蕉说。

"那我就不工作。"唐云说。

"你不工作就没饭吃。"白蕉说。

"那我不会干别的事情怎么办呢？"唐云说。

白蕉苦口婆心说了半天，唐云还是无法交出思想小结。

就这样，唐云暂时就无法工作。有的画家已经去上班了，唐云还闲在家中。其实，他也不闲，在家中作画、看朋友、喝酒，已够他忙的了。

美协展览部

一天，唐云在家中作画。两位穿军装的人来找他。开始，唐云吓了一跳，以为是自己没有写思想小结，解放军找上门来了。

唐云常常能后发制人。他不主动去问两位解放军的来意。

"我是赖少其。"

"我是米谷。"

两位解放军自我介绍。

"都是很文气的名字。"唐云对两人的名字极有兴趣。

赖少其和米谷都是新四军的。赖少其是广东人，是版画家。米谷是浙江人，是著名的漫画家。他们都是华东美协负责人。

"我们想请你去美协工作。"两人说明来意。

"我的思想小结还没写呢。"唐云说。

米谷哈哈大笑，提起笔来画了一幅漫画：一个人面前放着纸和笔，旁边有一支正在燃烧的香烟，那人一手托着下巴，在苦思冥想。

那人正是唐云。

唐云一看米谷的漫画运用的笔墨线条很老练，高兴地说："你这画的是我嘛，线条很不错。"

"应野平和胡若思都已经去报到了。"赖少其说。

应野平是山水画家，胡若思是张大千的学生，也是画山水的。他们二人都参加了政治讲习班，从这一点上来说，他们和唐云还是同学呢。讲习班结束，他们就被分配到华东美协去工作。

唐云最担心的还是要不要写思想小结。如果去参加工作之后，领导再要我补写思想小结怎么办呢？他这话没有说出口，只是说："我又不会做事情，让我考虑考虑再说吧。"

过了几天，徐平羽突然来到唐云家中。徐平羽是唐云在吉祥寺就认识的熟人，早年又是曾在收藏家宣古愚家中管理过字画。

"宣先生的那几把曼生壶怎样了？"唐云一见面就问。

"有几把已经流散在外了。"徐平羽说。

"我曾收到宣古老的一把茶品。"唐云说着就把那把曼生壶取了出来，让徐平羽看。

"果然是宣家的旧物。"徐平羽把壶捧在手中端详着。

"他家人还想让出吗？"唐云问。

"这要去问问，我想请你到文管会去。"徐平羽说。

"文管会？"唐云有些惊奇了。

"是的，有些古旧想请你去看看，将来还要聘请你为鉴定委员。"徐平羽说。

"噢——"唐云沉吟了一阵。他只知道徐平羽对古代书画很有鉴赏力，但不知道他在宣古愚家就是地下党的负责人。此时，他才明白了几分。

"我可不要你交思想小结。"徐平羽说。

"这就叫好事不出门，坏事传千里。"唐云说。

"这也不是什么坏事啊。"徐平羽说。

"我只能看看石涛、八大和金冬心，宋元的东西我就看不准了。"唐云说。

"文管会里，明清的东西很多，有些你是从来没看到过的，够你看的啊。"徐平羽说。

此时，徐平羽是上海市文化局局长，听到唐云不愿写思想小结的故事，他知道唐云不大习惯这些东西，名士派自有名士派的生活准则。如果不为唐云解开心中这个小结的疙瘩，要请他出来工作是很难的。徐平羽深知唐云对古代书画的兴趣很浓，古代书画是一股无形的吸引力，唐云非得出山不可。

果然，鉴定古代书画像磁铁一样，吸引着唐云到文物管理委员会去鉴定书画去了。当时华东局和上海市文化方面的头面人物夏衍、于伶等都和唐云熟悉，他们的地下党员的身份已经公开了。唐云在上海的情况，当时的地下党一清二楚。

几次古画一看，唐云果然出山了，到华东美术家协会担任展览部主任。

华东美协展览部，顾名思义可知是负责展览工作的，分中国画和西洋画两个组，中国画组有应野平、胡若思；西洋画组有俞云阶和赵延年。搞展览，唐云当然忘不了五云堂的小伙计沈智毅，他是精于布置的人，是举办展览会的好帮手。唐云就把沈智毅介绍到展览部工作。唐云还将妹妹唐瑛和学生李石泉也介绍到展览部，和沈智毅一起，专门负责办展览会的事情。来楚生的字是众所周知的，唐云又把他介绍进来，专门负责写展览的说明。

但是，展览部没有专门办展览会的地方，每次开画展，他们都要东借西借。布置展览会也要自己动手，扛木头、推车子、搬画框，都要自己动手。唐云的热情很高，有许多体力活他也跟着干。他们发现文化俱乐部有一个游泳池，冬天关门不游泳，他们就借来专门举办画展。这年冬天，他们在游泳池内举办了几个展览会，唐云风趣地说："冬天是办画展的黄金季节。"

1954年，唐云主持举办了华东区美术展览。这个华东区第一个美术展览是在上海跑马厅举行的。

展览部每月都要举行展览，除了中国画和油画外，还有雕塑、工艺品，除了当代的，还有古代的。每办一次画展，就要换一个地方，很不方便。唐云就盯着华东美协副主席赖少其，要他想办法搞房子。后来，他们发现坐落在南京路上、成都路口的康乐酒家这个地方比较好，处于市中心，房子只要加以改造，就是办画展比较理想的地方。唐云想把这所房子弄到手。

但是，他们一打听，这所房子已经属于东海舰队。部队的交道，唐云打不通，他就去找赖少其，说出展览部的打算。当时东海舰队的司令员是赖少其的战友，两人交换意见之后，认为要办成这件事，还得上海市的领导出面才行。唐云又跟着赖少其去找石西民，石西民是市委宣传部长。上海的房子，在历史上就是令人头痛的事情。但是唐云有着办事要成功的认真态度，经过他的软磨，花了两年多的时间，到1954年年底，康乐酒家才归属美协。经过1955年的改建后，变成了美术展览馆，由陈秋草任馆长。美术馆建成后的第一个活动就是举办印度绘画展览。

展览厅建成后，唐云又筹建裱画间。唐云叫沈智毅、李石泉和一位临时工学裱画。这时沈智毅原来所在的五云堂已经关闭，就把那里的裱画案子拉了过来。自那以后，美术馆每次搞画展，都是他们自己装裱。

到了1955年，上海古玩市场又渐渐地复苏起来，石涛、八大、吴昌硕、齐白石等大师的作品，流散到市场上的很多。唐云是看到这四位大师的作品就眼红，有钱要买，没有钱也要借钱买。他在生活安定之后，又跑起古玩市场来了。

这时，中国美术馆委托上海美协收购吴昌硕的作品。因为吴昌硕的作品中国美术馆收藏得不多。上海美协也想收古代及近代名人书画，这件事要唐云承担办理。

唐云上午到美协工作，下午就跑古玩市场，为中国美术馆收购书画。这个时期，吴昌硕的画只要五六元钱就可以买一张，扇面只要一元钱一张，四尺中堂的最高收购价也只有三十二元。价钱再高一些就不能收购了。在几个月的时间内，唐云为中国美术馆收购了八十张古代及近代书画，为上海美协也收购了几十张。为了表示公私分明，在为这两个单位买画期间，唐云自己连一张画也不买。后来，古代书画的价钱涨上去了，唐云仍从古董商钱镜塘那里，为上海美协买了任伯年的《群仙祝寿图》，也只用了一千三百多元。为这事，钱镜塘还有些不大高兴，说是价钱低了。八大山人的四条花鸟屏，也是唐云用了不多的钱给上海美协买进的。他还为上海美协买进八大山人的册页及黄宾虹、林风眠的作品。现在，上海美协收藏的明清及近代名家的作品，大多是唐云在这个时期买进的。

从1955年至1956年的一年时间里，是上海文物市场最活跃的时期。许多文物及古玩字画，都通过各种渠道，向海外流去。唐云的工作，对保护文物和书画，起了积极作用。唐云对保护文物和字画的热情，就像他的艺术创作那样，似乎是上苍赋予，不是用"热爱工作"、"工作的责任心很强"等字眼所能形容得了的。

上海中国画院的成立

　　中国绘画，自宋南渡之后，绘画的中心由北方转向南方。即使在宋之前的许多著名画家，虽流连于帝都长安、汴梁，但考其出身，大多是来自南方。自明清以来，江南画派纷呈，高手云集，上海逐渐发展为绘画中心。特别是自鸦片战争之后，上海成为中国最大的商埠，来上海讨生活的画家就更多了。这样，绘画的团体也就应运而生，什么馆、什么会、什么苑，还有实行美术教育的学校，这一切对推动上海绘画的发展，都有着不可磨灭的历史功绩。

　　1956年6月，根据毛泽东的提议，周恩来在最高国务会上提出在北京、上海两地各建立一个中国画院，此说得到会议通过，并指定由文化部经办。

　　6月25日，中共上海市委即对建立上海中国画院作了具体部署，中共上海文艺部及文化局直接过问这件事。此时虽然在反右派的狂风骤雨中，但这件事还是进行得很顺。8月1日，上海中国画院筹委会成立，推选赖少其为主任委员，委员有傅抱石、潘天寿、唐云、王个簃、谢稚柳、刘海粟、伍蠡甫、吴湖帆、贺天健、陈秋草、白蕉、汪东、沈尹默，另有中共党员吕蒙、涂克、富华协助工作，富华为党支部书记。筹备委员会成立的那天，市委文艺部长及文化局副局长陈虞孙出席了会议。筹委会成立时，还留下了一部纪念册，画家们都以作画代替签名，赖少其题写了"开宗明义第一意"，汪东题写了"开天辟地"四字。

院长、副院长由委员们提名选举产生。

唐云提的名单：院长　赖少其，副院长　傅抱石、贺天健、吴湖帆、潘天寿。

吴湖帆提的名单：院长　贺天健，副院长　赖少其、刘海粟、傅抱石、唐云。

刘海粟提的名单：院长　吴湖帆，副院长　赖少其、潘天寿、傅抱石。

伍蠡甫提的名单：院长　吴湖帆，副院长　傅抱石、刘海粟。

谢稚柳提的名单：院长　赖少其，副院长　沈尹默、吴湖帆、刘海粟。

潘天寿提的名单：院长　赖少其，副院长　吴湖帆。

陈秋草提的名单：院长　傅抱石，副院长　吴湖帆、贺天健、潘天寿、刘海粟、赖少其。

赖少其是华东局美协主席，这次成立上海中国画院以研究为主，兼及华东地区，故有江苏傅抱石、浙江潘天寿参加。

了解人物彼此之间关系的人，都感到这次提名表现了筹委会主要成员的心理状态。赖少其是木刻家，又是从新四军过来的老革命，有的委员投票选他当院长也可以理解。除了赖少其还有两位关键人物吴湖帆和贺天健，他们之间有着很深的纠结，是从上海解放之前就结下了。贺天健有个学生杨石朗开个人画，请老师为画展题字，老师要收钱，杨石朗没有办法，即去请吴湖帆题字。吴湖帆不但为杨石朗的画展题字，还亲自去参加画展，并订了一幅展出的作品。这样，杨石朗就转拜师门。由此贺天健认为是吴湖帆抢走了自己的学生，产生了纠结，一直没有解开。

筹委会投票提名，吴湖帆显然占了优势，应当由吴湖帆当院长。但是选举只能算是民意测验，最后由谁当院长，还是党的组织说了算。按照吴、贺两人的实际情况，吴湖帆出身于官宦之家，儿子又被政府镇压，所收的学生都是富家子弟，按照当时的政治标准，他是不宜当院长的。在政治方面，贺天健的条件要比吴湖帆优越得多，党支部内也有一种意见应当由贺天健担任院长。党支部书记富华则认为，应当尊重筹委会投票多少为准则，坚持要吴湖帆当院长。结果向中共上海市委报上海中国画院长、副院长的名单：院长吴湖帆，副院长　赖少其。傅抱石、贺天健、潘天寿、唐云当选院务委员，吸收了69名画家为专业画师，没有工资，每人每月发80元车马费。画家的生活水平比画檀香扇有所提高并且比较稳定了。

由赖少其请陈毅市长题了：上海中国画院的牌子。

但是，随着反右派斗争愈演愈烈，新成立的画院也受到这股政治风浪的冲击，北京中国画院院长叶恭绰被戴上了右派分子的帽子，上海中国画院被批判为严重右倾，赖少其被调离上海，去安徽任职，富华写了检讨，被下放到农村养猪。由于上海中国画院得不到中共上海市委的批文，迟迟不能宣布成立，直到1960年，文化局任命丰子恺为院长，上海中国画院才宣布成立。

上海中国画从筹备到宣布成立，中间经历五年，可谓漫长，可是上海中国画院筹委会仍逃脱不了政治斗争风雨。书画家白蕉、钱瘦铁、陆俨少被打成右派，吴湖帆虽然度过1957年的那场劫难，但右派分子的帽子被组织上拎在手里，随时都可以给他戴上，使这位心胸放达的人，也不得不小心谨慎地生活着。

友善、宽容的赖少其，是以慈悲为怀而著称的。在三十年代，他就以"现代版画创建人"而活跃在画坛上，是曾受到鲁迅称赞的青年木刻家，这时正热衷于弘扬中国画的文化遗产。中华人民共和国成立之初，对中国画是看不起的，认为是封建的遗毒，历史之糟粕，不加分析地进行否定。这时，赖少其的头脑很清醒，他从实际出发，研究政策，探索艺术规律，尊重中国画的传统，爱护老画家。他在南京工作时，发现在"怀疑传统"的思潮下，著名画家傅抱石的境遇不佳，没有受到应有的尊重，就排除种种阻力，亲自聘请了傅抱石为南京市文联美术部主任，还让他到南京大学给学生上课。还有一代宗师黄宾虹，他创造了独特的"五笔八法"，但是曲高和寡，知音甚少。为了让人们认识黄宾虹的艺术，赖少其利用其华东文联秘书长之职的方便，为黄宾虹举办画展，并热情洋溢地为《黄宾虹山水画册》作序："我们看了黄宾虹先生的山水画，都赞叹他用笔用墨之妙，但又非玩弄笔墨的人所能比拟，他不单为笔墨的趣味，而是极力追求表现自然的真实。他不求一石一木外形的相似，而是在描写山、水、石、木的同时，表现风、云、雨的交织；他用浓墨、

图36　唐云和赖少其

焦墨、湿墨，有时势如雷霆，风狂雨急，有时寥寥几笔，如轻风微拂，因此趣味横生，饶有兴致。有人不理解他为什么把画画得那样黑，其实没有较黑的部分便不能表现复杂的层次。他的成功之处正是善于从黑中衬托出一条小小的瀑布，显得多么宽大，弯曲着的河流，也好像能听见淙淙的水声。由于先生对祖国有热烈的爱，对自然有真切的观察，对艺术有高深的素养，因此，当其作画之时，'胸有丘壑，运笔自由'，风格多样……"

从赖少其当时的思想背景来看，他对中国画画家的爱护，是发自内心，是真诚的，结果还是以思想右倾而被发配到安徽。

上海中国画院的成立，除了谁当院长引来麻烦之外，上海画家众多，究竟聘哪些人为画院画师，也是一个难以解决的问题。筹委会里有许多委员，每个委员都可以介绍一批画家进上海中国画院。像朱屺瞻、江寒汀、张石园、张大壮、来楚生、钱瘦铁、沈迈士、邓散木等名家，没有什么争议，但也有些画家，对他们的艺术水平够不够进画院的条件，就众说不一了。

在唐云的朋友中，有两个人能不能进画院，使赖少其和唐云产生了不同的看法。唐云和赖少其开始是工作关系，由于两人的彼此了解，彼此对人格的敬重和对艺术的赞赏，这时他们已经是要好的朋友了。

唐云向赖少其推荐了若瓢。

赖少其自然也知道唐云和若瓢的关系。就艺术而论，若瓢是有资格进画院的。

唐云从香港回来之后，又过了一年多，若瓢也从香港回到上海，继续在吉祥寺里当和尚。由于唐云和江寒汀的极力推荐，若瓢已进入上海文史馆当馆员。平时仍然是吉祥寺的和尚。

以唐云是上海中国画院业务室主任之职推荐若瓢，按理说赖少其是应该接受的。但是赖少其没有同意。

"老唐，中国画院是共产党领导的一个机构，怎么能吸收和尚来工作呢？"赖少其说。

唐云当然申述理由，谈了他和若瓢的友谊及他在困难的时刻若瓢对他的帮助。

"我们不能以报恩思想来解决问题啊。"赖少其说。

"人生义为先，知恩不能不报，更不能恩将仇报啊！"唐云说。他不理解报恩思想有啥不好。穷人翻了身，还歌唱"翻身不忘共产党"，"共产党的恩情不能忘"，不也是在报中国共产党的恩情吗？

"我们总不能吸收有宗教色彩的人进画院吧。"赖少其觉得和唐云说不清楚，只是坚持他的见解。结果是唐云让步，若瓢最终没有能进画院。

但是对唐云的另一位朋友，没有宗教色彩，赖少其同意接收他入画院。这位画家是唐云的"杭州朋友"，起始对唐云是有些崇拜的，唐云画什么他就学画什么。唐云画石涛，他就画石涛，唐云画八大，他也画八大。唐云总是给他指正，说这样画下去是没有出息的。但是他食而不化，艺术上没有长进。

唐云的这位"杭州朋友"进上海中国画院，在书画界立刻引起强烈的反响："像他这样水平的人都可进画院，我们为什么不好进画院？"

这样小小的风波，在上海中国画院的筹备过程中也是不止一次的。中国的事情向来是难办的，一旦有了意见不一致的地方，就必然要生一个难产儿。上海中国画院就是这样，一直处于筹备阶段。虽然处于筹备阶段，仍然开展了许多业务活动，唐云这个业务室主任也是尽其职守的。

直到1957年的春天，在赖少其的调解劝说下，吴湖帆和贺天健握手言欢，当时的报纸都以显著地位刊登了这一消息，上海画坛一时传为佳话。应该说上海中国画院的春光明媚的时刻到来了。

人是无法决定自己的命运的。正在这个时候，人所共知的1957

年的那场运动，已经是山雨欲来风满楼，上海中国画院正式成立无法摆到议事日程上来了。这样一拖就是几年。直到赖少其离开上海之后，以丰子恺为院长的上海中国画院才正式成立。

丰子恺德高望重，学贯中西，他担任上海中国画院院长，也是众望所归。

当笔者和唐云交谈，向他验证他推荐他那位"杭州朋友"和若瓢的事情时，他讪讪地笑着，说："是有那么回事，我当时不应该那样做。"

这也正是唐云值得人们尊敬之处。他不文过，也不饰非，对自己尤其是这样。我们说"唐云是个真人"，也就在这里。

性格决定命运

唐云是一位单纯的画人，但他还没有单纯到连书也不读，特别是历史书，他还是读过一些的。直到八十高龄，笔者去看望他，他仍然抱着明刻本《续资治通鉴》在读。那个记忆力，笔者愧叹不如。

在1957年的那种时刻，唐云对自己觉得还是能把握得住的。但是对邓散木、白蕉、施叔范、钱瘦铁几位老朋友，他有些不放心。

特别是对熟读《汉书》的邓散木，他尤其不放心。在中华人民共和国成立前，邓散木常常是"灌夫骂座"，愤世嫉俗，唐云虽然也是侠性人物，但他从不像邓散木那样。所以，他也常劝邓散木："老铁，你的脾气不改，说不定哪天总要吃大亏的。"虽经多次规劝，但邓散木积习难除，这时唐云喟然叹曰："老铁啊，你可要记住：性格就是命运！"

邓散木、白蕉、施叔范、钱瘦铁，唐云以为他们的命运，都会由性格来决定的。

一天深夜，邓散木喝了半天闷酒，方才脱衣睡下。唐云冒雨赶到，就坐在床边，执着邓散木的手，又一次苦苦劝道："老铁，我们是老朋友了，我不说，对不起你。"

邓散木愕然，还不大理会唐云这番话的意思。

"老铁，你讲话，写东西都要时时检点检点，白蕉、施叔范也是一样，你代我劝劝他们——"唐云说。

"是的，我会把你的话传给他们的。"邓散木说。

"还有，酒也要少喝一点，千万不能让酒来代替你讲话写文章——"唐云又说。

唐云走后，邓散木对着青灯，不觉热泪涔涔。

唐云不为钱瘦铁担心。因为，钱瘦铁这时正和朱屺瞻在川陕之行的途中。这两位老人，一路上风尘仆仆，兴致盎然，迷恋着川陕风物。钱瘦铁懒得写信，买了许多明信片，在上面随手画上几笔，寄往上海。唐云接到这样的明信片，知道他一路平安。钱瘦铁到了西安，给唐云寄来一张明信片，上面画了一只牛。唐云反复捉摸，不知其意。此时，唐云希望钱瘦铁慢些回到上海，可以避开"大鸣大放"。他深知钱瘦铁，如果在"大鸣大放"的气氛中受感染，还不知他会鸣放出什么东西呢。

唐云也经常参加大鸣大放座谈会。他总是坐在旁边，吸着板烟斗，让烟从口中缕缕吐出。他觉得嘴里叼着烟斗，可以少说话。他既不鸣，也不放。

"老唐，你也发表发表意见。"在一次座谈会上，市里的一位领导动员他。

"我没有什么可说的，我觉得现在蛮好了，我已经得到满足。"唐云讷讷地说着。

这样的话，可以说是唐云的真心感受。

这时候，白蕉来找唐云。他写了一篇文章，要唐云提些修改的意见。文章的题目是《我道其东》，内容是讲中华人民共和国成立之后，我们不再提倡和重视书法了，日本的书法比我们的好，现在我们应该重视，否则要向日本人学习了。

这篇文章已经打印出来。

唐云看完了文章，沉吟半晌，劝白蕉："我看你还是考虑考虑，这篇文章还是不发表为好。"

白蕉听从了唐云的劝告，没有把这篇文章送去发表。

唐云替白蕉担心的还不只是这篇文章。白蕉对画院的一位领导有些意见，曾经向市里写了一封信，告了这位领导一状。

后来，白蕉又找这位领导谈心，当面向他提了意见，这位领导表示接受他的意见。谈话之后，白蕉把向市里领导写信告状的事又说了。这也是白蕉的坦率，以为这样就可以把意见消除了。

唐云知道这件事情后，就对白蕉说："你这样做不妥。"

"这有什么不妥。"白蕉说。

"你既然向上级写了信，就不应该再和他说。你应该先向他说，他接受了，就算了；他不接受，你再向上级反映也不晚。"唐云说。

这件事，唐云一直为白蕉放心不下。今天他又看了白蕉的文章，更怕文章会给他带来节外生枝的麻烦。

在另一次鸣放会上，唐云和白蕉都参加了。两人相对而坐。开始时，白蕉还算冷静，大家发言到了火热的时刻，他就把这篇文章作为发言稿，在会上讲开了。

散会以后，唐云对白蕉说："你讲得太多了，毛病可能要出在《我道其东》上。"

"我只是太激动了。"白蕉说。

这次鸣放会之后不久，白蕉果然被戴了右派帽子。

"戴帽子"的当天晚上，唐云就去看白蕉，两人相对欷歔。

"你有才能，就是刚在外，脾气不好，结果吃了大亏。"

"……"白蕉沉默无言。

不管唐云怎样劝说，邓散木和白蕉一样，也是不甘寂寞的。在一次座谈会上，邓散木不但批评指出领导不重视书法篆刻，并且在会上交出两篇自己写的文章《书法篆刻是否是孤儿？》和《救救书法篆刻艺术！》，昌言无忌，指斥"书法篆刻不属于艺术范畴"的错误看法。

后果是可想而知的：一顶右派帽子给邓散木戴在头上。

施叔范和唐云不在一个单位，唐云要人去了解施叔范的情况，回音恰恰又是他不愿意听到的：施叔范的头上也有一顶"帽子"。

7月中旬，"反右斗争"可以说已经明朗化了，钱瘦铁从陕西回到上海。他也没有去打听一下上海是什么样的气候，就去鸣放了。鸣放的也无非是说对中国画不够重视，对国画创作的条条框框太多等。当唐云和钱瘦铁见面时，钱瘦铁已经和邓散木、白蕉、施叔范成了同类人物。

"性格决定命运"。对邓散木、白蕉、施叔范、钱瘦铁这"益者四友"之相继地同被划成"右派"，对不幸而言中，唐云感到十分伤感。他原来的那种安全感已消失殆尽，知道自己也处在岌岌可危之中。是夜风雨大作，听到窗外芭蕉声声，谁说这不是"闲坐悲君亦自悲"啊！

"'白首同所归'，为何他们几个会有着同样的命运呢?"唐云猛地站起推开玻璃窗，暴风雨向窗内袭来，邓石如写的"瑞雪半帘鸡舌冷，锦泥十里马蹄香"的对联，被吹得飘在半空，打了两个旋转，又落在地板上。唐云静静看着跌落在地的对联，再也无心把它捡起挂在墙上了。

在否定与肯定之间的一环

1958年的大跃进，历史已经给它下了总结：浮夸风盛起的一年。这股风把最务实的中国人吹得云里雾里，那些大话是怎样说出来的，是不是从自己的嘴里说出来的？经过历史的洗礼之后，连自己也感到吃惊了。随着这样的形势，艺术上的现实主义似乎站不稳脚跟，需要一些浪漫主义了。浪漫主义在艺术史上并不是怎样吃得开，因为浪漫主义所产生的艺术形象都不怎样真实，有时甚至苍白无力。到了这时就变成革命的浪漫主义了，以此来表示和旧的浪漫主义区别。无论怎样浪漫的艺术，也无法让一亩土地产一万斤粮食的。

绘画也无法在小环境中陶醉了。画家们纷纷走出画室，"上山下乡"。这时的上山下乡和知识青年上山下乡有所不同，只是到山上或乡下去体验一下生活，画些最符合现实的画。艺术要为政治服务的口号非常响亮，但如何服务？对中国画家来说是陌生的，不只是表现的内容是陌生的，表现形式也是陌生的。画"又红又专"，有的画家苦思冥想，不知如何把这个主题表现出来，吴湖帆只好用朱砂画两块红色的砖头。

用中国画表现新的生活，唐云还是充满热情的，他和许多画家到上海青浦，到江苏吴县的洞庭东山去体验生活。太湖之中有洞山和庭山，故名洞庭山，这两座山的东面称洞庭东山，山的西面称洞庭西山。洞庭东山归属吴县，颇多名胜古迹，有紫金庵宋塑罗汉像，杨湾元代轩辕宫，明代砖刻门楼，这种古朴之风，颇合唐云之所好，他画了许多速写稿。中国画和西洋画不同，向来不对景写生，画家看了风光景色，默记于心，通过"背抚"的方式进行艺术再创造。中国画写生的习惯，大概是这个时候开始。

结束了洞庭东山体验生活，唐云又来到邓尉山。邓尉山以种植梅花著称，有白梅、红梅、绿梅、墨梅，素有"邓尉梅花甲天下"之说。唐云漫步于梅林之中，为梅花的香气所侵，沉醉在香雪海中，抛却了人世间的一切烦恼，他的诗兴勃发：

行行不觉到山家，日丽风和兴正加。
且喜老夫腰脚健，沿溪十里看梅花。

在访问邓尉期间，唐云画了许多梅花。这时他的梅花已由供瓶清赏转向村篱茅舍之旁，风姿也更加奔放了。

从苏州回到上海，唐云和一大批画家又去青浦淀山湖及奉贤写生作画，有时也和画家们一起去农村劳动，当时叫体验生活。和唐云同去的有花鸟画家张雪父。这年正是张雪父的四十四岁生辰，唐云为他画了一幅猪，聊慰其意，题曰：

雨窗写此，以发雪父兄一笑，因是日适其四十四之辰，对此肖形，莫谓余笔墨痴肥，不能仿佛其浑然之状也。

从1957年底到1959年，唐云作了大量的花鸟画，题材都是从社会现实生活中来，反映的也是当时的精神风貌，如《棉粮大丰收》、《红蕉玉米紫葡萄》等。在他绘的《牡丹》条幅上题道：

颂先进，鼓干劲，总路线放光明，力争上游，多快好省，社会主义优越性，全民意气冲天顶，遍地齐开跃进花，笔墨歌舞写不尽，一切归功党领导，人人幸福无止境。

和许多画家（包括中国许多人）一样，唐云对当时的社会运动的理解是肤浅的，其实也只能理解到这样的水平。但是，他积极努力要探索新的技法，表现新的内容，而且对原来的技法有新的突破，出现了许多给人印象深刻的作品，使中华人民共和国成立之后被冷落了多年的中国画进入一个复苏时期，并为其发展打下了基础。李槐之在《笔墨当随时代》一文中，对唐云的评论是：

解放之后，唐云对新中国、对社会主义社会、对中国共产党十分热爱，积极响应党和政府的号召，不断到农村、工厂深入生活，对群众美术进行辅导，能够更多地、更广泛地接近群众，了解群众，接近生活，熟悉生活。从名山大川，到工厂农村，在这些新鲜的空气中，在这些奔腾的建设中，在这些多娇的风光中，唐云受到深刻的感受，从而提高了他的人品，增强了他的气质，陶冶了他的思想，迸发了他的感情。在这个时期，创作了大量的优秀作品，这是他艺术创作上一个新的突破，使其作品更加落笔神妙，达到了更加神逸的境界。

第九章

画人民喜闻乐见的花鸟画

　　时晴时雨，乍暖还寒，有张有弛，中国的政治生活就是在这样的节奏中度过的。进入了六十年代第一春的中国，又开始生机勃勃，文艺界又活跃起来。美术更是最敏感的时代神经，对时代、政治气候的变化，常常有着"春江水暖鸭先知"的反应。

　　1961年的年初，北京就提出纪念我国十大画家。说来也是一种巧合，这一年我国十大画家的生卒年岁，刚好都是逢五逢十的

图37　唐云参加全国文代会（1960）

整数。

这十大画家为：

晋代顾恺之的一千六百一十周年诞辰。顾恺之是我国人物画的开创画家，曾提出"以形写神"、"迁想妙得"的理论。

唐代李思训，不但遇上一千三百一十周年的诞辰，而且还遇上一千二百四十五周年忌辰。李思训是使中国山水画为之一变的大师，设色方面有着"金碧辉煌"的艺术效果。

宋代王诜的九百二十五周年的诞辰。王诜擅写烟江叠嶂一类风光的画家，"不古不今，自成一家"。

宋代米芾的九百一十周年诞辰。米芾的山水信手作之，时人称之为"米家墨戏"，对我国水墨山水影响甚大。

宋代米友仁的八百七十五周年诞辰。米友仁为米芾之子，父子二人有"大米、小米"之称。

宋代李公麟的八百五十周年忌辰。李公麟曾创作《西园雅集图》，后来这类题材成为士大夫乐于创作的题材，并创造了"扫去粉黛，淡毫轻墨"的"白描"，它的效果是"不施丹青而光彩动人"。

元代倪瓒的六百六十周年诞辰。倪瓒研究佛学，焚香参禅，是一位以禅入画的画家。自云："嗟余百岁强过半，欲借玄窗学静禅。"

明初王绂（1362—1416年）的生卒年月虽不逢五逢十，也是十大画家之一。他的墨竹时人称"国朝第一"，竹叶富于变化，于"有法中无法"。

明代徐渭的四百四十周年诞辰。徐渭泼墨花卉走出了创新的道路，以"几间东倒西歪屋，一个南腔北调人"，结束其一生。

清代八大山人的三百三十五周年诞辰。八大山人是位作画以"白眼向人"的大师，哭之笑之过了一生，为中国绘画开辟了一条崭新的道路。

纪念十大画家的活动搞得热热闹闹。

上海花鸟画展

在一种宽松、轻松的气氛中，上海美术家协会展览部在唐云的策划下，积极地准备上海花鸟画展。当时，上海主要画家都投入花鸟画的创作，在创作的过程中，唐云就提出"花鸟画可以反映欣欣向荣的时代精神"，并说："花鸟画是人人欣赏、舒人情操的艺术，不要以为画了枯枝、破叶、残荷、败柳等，就不符合时代精神了。"

钱瘦铁听到唐云的话，反而给唐云担起心来了："老唐，你的话是对，我的前车之鉴，不可忘记啊。"

唐云这时很乐观，他说："我们为人民画画，我想总不会有什么错的。"

经过几个月的准备，唐云、蔡振华和搞展览会布置的沈智毅，带着上海画家的近百幅花鸟画新作，于7月中旬赴京展出。

到了北京，唐云才知道"北京花鸟画展"要和"上海花鸟画展"同时开幕。这时，唐云有些犯难，请些什么人来参加"上海花鸟画展"开幕式呢？

当天晚上，唐云去拜望许麟庐。许麟庐是和平画店的经理，也是齐白石的学生，和唐云又是好友。唐云和许麟庐商量，请北京的哪些画家参加开幕式。把名单开出，请柬寄出。

在筹备期间，邓拓知道唐云到了北京，就请画家周怀民带信给唐云，说是要请他吃饭。

邓拓原为《人民日报》的总编辑，现时为北京市委副书记，对古代书画的鉴赏很有些眼力，精于收藏。他藏有苏东坡的《枯木竹石图》、方从义的《水墨小卷》、沈周的《青绿山水》，其他如清代的石涛、八大、郑板桥的东西也不少，为书画爱好者所景仰，名噪海内外。

唐云知道，邓拓请他吃饭只不过是个由头，实则是要唐云去看画，而唐云也正想要去看邓拓的收藏，并请他对上海花鸟画展给予支持，所以也就答应了邓拓的邀请。

收藏家唯一可感到安慰的是，能有人来看他的收藏，而且看了之后还希望听到赞扬声。上海的大收藏家庞莱臣和张大千同时收藏董源的画，庞氏收藏的为董源的《夏山图》，大千收藏的为董源的《溪岸图》，朋友每去他家看此图，他都要问："你看我的董源是真迹，还是大千的董源是真迹？"当朋友难以表态时，他自己就说："我的董源是真的，张大千的那张是假的。"大收藏家庞莱臣尚且如此，邓拓又怎能逃脱收藏家的这种积习？

所以，唐云刚走进书斋，邓拓就拿出自己的收藏给他看。当代的书画精品，多数集于干部手中，既是高级干部又是收藏家的不少。在这类收藏家中，邓拓藏品应该说是入流的了。唐云把邓拓的藏品一一看过，的确不错，他暗暗赞赏邓拓的鉴赏水平。

在邓拓的藏品中，有一张是华喦的《芍药》。新罗山人是唐云的老师，唐云的花鸟就是从新罗山人的花鸟入手学起的。而邓拓和新罗山人又是同乡，都是福建人。因此，他们两人对新罗山人有着共同的感情和特殊的爱好。

邓拓拉着画幅上端的"惊燕"，唐云托着画轴，把画徐徐展开。原来是一幅折枝芍药，有着红白二色的两束花朵，分列上下，斗彩争艳。唐云细看画上的题识，知道此画作于辛亥初夏。辛亥是公元1731年，即清代雍正九年，是新罗山人四十九岁时的作品，充分显示出新罗山人画花卉的技法。

"你看，画芍药的枝叶先勾勒而后涂色，这是从五代的黄筌、黄居寀父子那里学来的。"唐云说。

"芍药的花朵没有勾勒。"邓拓也很内行。

"那是南唐徐熙、徐崇嗣祖孙的没骨法。"唐云在画上指点着。

"南唐那个时代，出了那样多的艺术家，中国花卉的两个流派，均出自徐、黄二家。"邓拓说。

"这和当权者提倡有关，南唐的几个皇帝都是有艺术气质的。"唐云说。

这幅画的花瓣一点也不呆板，非常灵活生动，与枝叶相连，虽是勾勒和没骨两种画法，却融会一体，丝毫不觉勉强，倒觉得完全合乎真实。

这幅画上有两首诗，题在画的上下两个空处。唐云仔细看了，只见上边一首写道：

莺粉分葰艳有光，天工巧制殿春阳。霞缯襞积云千叠，宝盉冰脂密半香。并蒂当阶盘绶带，金芭向日刻珠囊。诗人若咏扬州紫，便与花王可颉颃。辛亥初夏坐研幽书舍点笔。新罗山人喦。

题在下边空白处的一首是七言绝句：

粉履微带一些红，吐纳幽香薄雾中。正似深闺好女子，自然闲雅对春风。

这画与诗，都使唐云极为兴奋，加上酒兴上来，酒兴催动画兴，催动诗魂，唐云即席挥毫，为邓拓画了一幅芍药。

"可以乱真了！"邓拓似乎比唐云更加兴奋。

"我收藏的也有一张芍药，画上还画着一块石头。"唐云这时又想到他家中的那张芍药，伴随了他几十年，终日揣摩，不知临了多少次了，所以他画的又怎能不乱真呢？

"上海花鸟画展"开幕的那天，北京的一些画家没有前来参加，倒是来了几位部长级的人物。他们都是书画爱好者或收藏者，有的在戎马生涯之后，也学起画来了。

后来，华君武来了。

他随场看了一圈，极为赞赏上海画家的作品。

"看来，北京的画家少了，部长多了。"华君武很幽默地说。

"画家来我们欢迎，部长来我们也欢迎。"唐云说。

莫文骅是部长，也是书画爱好者，这时正想买进一张石涛的山水。卖主要价五百元，他感到对画吃不准，有些犹豫不决，要请唐云看看。

一听说看石涛，唐云就兴致来了。

"这张画不但真，而且精，你不买，我买了。"唐云说。他是石涛专家，看石涛绝不会走眼的。

一锤子定音，莫文骅把这张石涛买了下来。

这次"上海花鸟画展"，在全国引起轰动。报纸和美术杂志发表了几十篇评论文章，全国美协还开了专题座谈会。7月22日，上海《文汇报》在一版发表文章评论道："这个专题性的画展，显示了上海花鸟画创新方面的新成就。""这些从上海国画花鸟画许多新作中选出来的作品，不同程度地反映了画家的新的思想情绪。"这些作品一般都比较好，显示了上海花鸟画家深厚的功底和功力，也可以看出他们的师承和发展。近百年来，上海花鸟画流派繁多，名家辈出，如任熊、赵之谦、任伯年、蒲华、吴昌硕等著名花鸟画家，对今天花鸟画创作有着深远的影响。但上海的花鸟画家也没有完全被传统所束缚。从许多作品中，不仅可以看到新的题材，新的描写对象，而且可以看到新的技法和章法。像王个簃的《翠柏云》，改变了天空留白的传统画法，使五色祥云烘托下的翠柏，生命力更加旺盛；陈秋草的《清流》，吸收了西法，增加了艺术效果；林风眠的《秋鹜》、《黑鸡》等作品，清新利落，风格别致，引人入胜；来楚生的《珍珠鸡》、《田园隽味》等作品，生动真实，笔意简练；唐云的《鸠鸣果熟》、《桃花布谷鸟》等作品优美精娴；江寒汀的《葡萄鸡》、《孔雀山茶》，笔墨老练，奔放动人；谢稚柳的工笔花鸟《荷塘鹡鸰》、《银雉》等作品，格局清丽，功力深厚；张聿光的《雪艳寒香》等作品，意境独特，显示了江南绘画的特色。

7月23日，《人民日报》又以整版的篇幅发表了"上海花鸟画展"的部分作品，其中有林风眠的《秋鹜》、江寒汀的《饯春》、谢稚柳的《荷塘鹡鸰》、唐云的《瓜棚小景》、陈秋草的《清流》、王个簃的《扁豆肥》、江圣华的《绿天寒雀》、江寒汀、王个簃、唐云合作的《鹰击长空》、朱屺瞻的《百子莲》、贺天健的《玉兰花放白融融》等。

"上海花鸟画展"结束了北京的展览，唐云把作品带回上海，接着又在上海展出。

在9月10日的《文汇报》上又发表了展览会的部分作品，其中有江寒汀的《松鹰》、唐云的《桃花布谷鸟》、王个簃的《山茶花》、来楚生的《陂塘清趣》、朱文侯的《虎》、林风眠的《寒枝栖雀》、张聿光的《孔雀开屏》、谢稚柳的《早春图》等。

展览结束之后，唐云又把这次"上海花鸟画展"的作品编纂成册，并且题名为《上海花鸟画选集》，上海中国画院院长丰子恺为画册写了序：

我国花鸟画之发展，已历千有余年，盖自边鸾之翠彩金羽、徐熙之传神写照、黄筌之勾勒彩晕以来，花鸟已与山水、人物鼎足而三，于画苑中占有重要之地位矣。自是而降，代有发展；元之简逸，明之淡雅，清之豪放，各尽其妙，花鸟画苑，遂呈绚焕瑰丽之相，金碧辉煌之貌，蔚为大观，世无俦匹。

解放以后，政通人和，万象更新，中国画苑，更臻昌盛。山水人物，各展新猷。花鸟一道，尤多伟绩。盖名花好鸟，感精神之粹美，万紫千红，壮祖国之英姿，效用之大，宁有极欤！

我沪江南佳丽，海上繁华，风光煜煜，人物济济，花鸟画家，得天独厚。或工致以绮丽，亦简劲而清新；既浓艳以灿烂，又淡雅而萧疏，燕瘦环肥，皆有可取，浓妆淡抹，各得其宜，爰选佳制，刊成是帖，海内同心，幸共欣赏。　　壬寅百花生日序于缘缘堂之日月楼。

一篇提倡花鸟画的文章

倡导花鸟画，唐云有着极大的热情。他连续创作了《蓼汀过雨》、《菖兰粉蝶》、《丝瓜小鸟》、《墨梅》、《墨竹》、《墨荷》，他的墨气和灵气，给画坛带来了清新空气。不但如此，唐云还撰文介绍花鸟画技法，特别是他的那篇《画人民喜爱的花鸟画》，更是花鸟画理论文章的力作。全文曰：

花鸟画，是广大人民所喜闻乐见的。它本身虽然不能直接反映人民生活，但与人民的文化生活密切有关。正因为如此，花鸟画家处在今天伟大的时代里，和其他的艺术家一样，应贡献出更新更美的作品，为广大劳动人民服务。

党提出"百花齐放，推陈出新"的方针，为社会主义文艺铺开广阔的道路，花鸟画家同样可以沿着这个方向迈步前进。

自然界的东西是很丰富的。就以花鸟画的取材对象来讲，也是取之不尽的。花鸟禽鱼，各有不同的神态，在不同的季节里，更是变化无穷，这就看画家如何去观察自然界，如何构思，如何运用技巧来取得良好的艺术效果，使它比自然的花鸟更生动有致，画得意境深远，打动人心。

在花鸟画创新上，首先接触的是在广阔的自然环境中怎样选取题材，创造时代风格的问题。曾经有过一个时期，似乎有这样一种看法：要表达欣欣向荣的时代精神，不画枯枝、破叶、残荷、败柳等。好像画了这些，就不符合时代精神。可是，自然界恰有四季不同的景色，草卉花木总有萌芽、成长、凋谢、再萌芽的自然规律，人对自然界的季节变化，也有不同的感受。触景生情，情景相融，有什么样的感情，就会出观什么样的画境。每个画家的感情不同，选题取材和表现的方式方法也不同了。同一秋天的景物，枯枝破叶，有人画出秋风摇落，令人凄怆，有人画出秋色斑斓，令人悦目。人们都知道齐白石先生是经常喜画残荷的，从他许多作品看来，却一点感觉不到有衰败的神气，尽管运用枯黄色调，带破的大荷叶，零乱挫折，劲挺的莲柄上留着空壳莲房，莲子已经掉入泥中，还剩下几瓣殷红的荷花，在画面上充分表现出深秋景象。可是给人们一种深刻的印象，不是忧寂，而是具有无穷无尽的生命力，所以花鸟画可以从正面来描绘含苞待放的花朵，也可以从侧面描写看来凋谢而却潜伏着生命力的残荷枯枝。一个作者，如果没有乐观向上的精神，笔下缺乏生命力，即使画牡丹，也会流露出春寒寂寞，令人无奈的情调。可见问题不在牡丹还是残荷，而是要看画家的思想感情与怎样看待对象，怎样去刻画形象。

为了表现花鸟的时代气魄，也有拘泥于笔墨形式上的看法，以为粗放的笔调，画得满、多、大，就能表现出伟大的时代气魄。粗笔果然气势雄阔，然而细笔也有细若游丝，腕力千钧。满、多、大可以显出大块文章，热闹场面，繁华景象，在今天的伟大时代里，完全应该热情描绘，但是处理不当，拥塞满幅，也会令人沉闷。不如珍惜画面，精练笔墨，又能突出主题，醒人眼目。当然，画面上要少不厌少，多不厌多，恰如其分才好。总之，不要限于笔墨粗细、大小、多少，主要依靠作者的正确世界观，以无限的热情对待生活，在大自然中感受吸收，积累形象，运用熟练的技巧力求形式与内容统一，不被笔墨形式所限制，时代风格也就多样化了。

花鸟画在古代就称写生，从观察花鸟的神态而掌握花鸟的神态。例如宋代画家易元吉，架屋深山，以观察禽兽的飞鸣食宿、习性和体态，以体会和描写生动的形象。在民族绘画传统上是很重视精神的，故六法论以气韵生动为第一。花鸟画既为供人欣赏、舒人情操的艺术，就要比真花真鸟更加活泼有趣，逗人喜爱，这就需要艺术加工，用夸张的手法，加以描写。清代大画家华嵒画花鸟，就是把枝头小鸟刻画得如久别重逢的一对好朋友，在亲密地交谈一样。有时把花鸟的眼睛画得特别大，很有孩子们的稚气，引人喜爱。花是静止的，但一入画面，就要灵活，变作迎风作笑，婀娜多姿，构成神态飞动的美妙意境。这些传统优点都需要我们仔细探讨和继承。我们在继承的同时，必须开创新的时代风格。如果现代和古代的花鸟画一样，或是真花真鸟一样，人们不如去欣赏真花真鸟，去欣赏古代的花鸟作品，那么就用不着现代人来创作了。广大人民所要求的是新的美的作品，作者就必须具有新时代的审美观念，来适应客观的要求。因此，一个花鸟画家，仅在花与鸟之间兜

图38　唐云《丝瓜小鸟》

图39　唐云《白鹅芙蓉》

图40　唐云《葫芦双蛙图》

图41 唐云《太平雀上万年枝》

圈子，在创新条件上还是不够的。必须有各种修养，如政治修养，文学修养，艺术修养。不但精研民族传统，也要向世界上优秀的艺术作品吸收养料。更须与广大劳动人民的思想感情联接在一起，加强艺术实践，那么自然而然会产生一种具有新时代的风格，创作出优秀的花鸟画，贡献给祖国与人民。(《人民日报》一九六一年七月二十三日)

"我爱林风眠的画"

"上海花鸟画展"在北京展出期间,林风眠的《秋鹜》、《夜枭》、《渔舟》、《野泊》、《静物》、《秋》、《鸡冠花》、《夜》等作品引起美术界的极大兴趣。唐云和米谷相遇,谈到林风眠的画,都有着共同的爱好。

"我爱林风眠的画。"米谷说。

"那你就写篇文章吧。"唐云说。

过了几天,米谷果然写了《我爱林风眠的画》,对林风眠的作品进行分析和评价。

唐云感到米谷的"我爱林风眠的画",不是他一个人的声音,是许多人的声音。他在想:如果办林风眠画展,让更多的人了解林风眠不更好吗?

林风眠和唐云走的是完全不同的艺术道路。林风眠走的是以西方现代派来改造中国画艺术的道路,唐云走的是继承和发展中国文人画传统的道路,两人道虽不同而相与谋,在艺术上结为契友。

林风眠长唐云十岁。唐云正处弱冠之年，在画坛上可谓"小荷才露尖尖角"的时候，林风眠的艺术声名已经轰动艺术界。特别是他在杭州主持创办国立艺术专科学校的事迹，已经在唐云心中留下了深刻的印象。那时在艺术活动中，唐云与林风眠偶有所遇，但还谈不上相识与相知。

林风眠出生于广东，少年时代接触的是岭南派的绘画，和唐云所学的黄大痴、石涛、金冬心，是完全不同的艺术风格。后来，他就赴法国留学，进巴黎第戎美术学校学习，接触了古典的写实主义、印象派和野兽派。校长杨西斯曾问过他："中国艺术如此灿烂辉煌，你为什么要跑到巴黎来学画呢？"这话对林风眠很有启发，使他没有抛弃中国绘画艺术给他的营养。到西湖之滨创办国立艺专时，林风眠便提出"远功利"、"爱自然"、"精观察"、"善感受"的艺术口号，潜心于中国水墨画的研究，但西方艺术赋予他的革新精神，使他想为中国绘画开拓出另外一条道路。抗战期间，林风眠到了重庆，在嘉陵江畔的一间小茅屋内，探索用水墨画淡彩画美女、江岸芦苇、水乡鸬鹚、猫头鹰等，他在追求一种既不像西画，又不像东方传统画，而是既包含着西方精神，又包含着中国精神的新绘画，他这时就把自己的艺术称之为"调和艺术"。抗战胜利之后，林风眠又应潘天寿之聘，回到杭州艺专执教，更着迷于他的新绘画的试验。及至五十年代初期，他辞去杭州艺专教授之职，栖居上海，后又进入上海中国画院。这时林风眠的妻子儿女都远在国外，他孤身一人居住在南昌路的一所房子里，平时深居简出，以娴熟的技巧和丰富的内心世界画花卉、禽鸟、风景、戏曲人物。

唐云与林风眠的相识、相知正是在这个时期。

唐云对林风眠的艺术革新精神及以西方的视觉与东方水墨相结合的风格，都是极为赞赏的。唐云说："中国绘画的开派画家，都是致力于改革和创新的画家，林风眠就属于这样的开派画家。"林风眠对唐云的绘画中的飘逸清新的气息也极为赞佩。特别是唐云喜欢收藏陶瓷、汉砖及瓦当和一些民间艺术品，对林风眠很有启发。唐云也曾以鉴赏家的眼光向林风眠建议，以他的绘画特色，再能吸收中国古代民间艺术，会使他的绘画变得古拙、纯朴，更富中国风韵，但又不是那种完全传统的风韵。林风眠果然接受唐云的建议，对汉唐壁画、古瓷器、汉砖画及瓦当的韵致加以吸收，使之融于绘画之中。

林风眠和唐云不同的是，唐云的内心及艺术都是热烈的，更接近于生活，更接近于时代。而林风眠的内心和艺术都是冷静的、孤独的，对生活有某种超脱感。自石涛创立"笔墨当随时代"之说后，中国的近代画家都强调这一点，并奉之为金科玉律。加上一些理论家们对黑格尔的"时代精神"的一知半解的阐述，使这一概念更具有浓厚的神学色彩。无论是石涛的"笔墨当随时代"，或是黑格尔的"时代精神"都是一种赶时髦的思潮，它起源于名人或达官贵人的一时偏爱和嗜好。在政治需要艺术为它服务的时候，这种风尚更是势不可挡。正如贡布里希在《黑格尔与艺术史》中所言："屑小的原因，重大的结果。""时尚"一旦成为一种潮流，会有更多的随声附和，使艺术家及他的艺术失去个性。

林风眠的心是孤独的。他不去追随时代的热闹，而是我行我素，沿着自己的探索道路一直地向前走去。他不去模拟现实，而是抒写内心的感受，他的艺术不是再现、描写的技巧，而是色彩及造型上的表现性，不再拘泥于形似，而是意境上的创造。他那在逆风中仓皇飞离苇塘的秋鹜，独立枯枝败叶边的寒鸦，在冥冥幽色中起舞的白鹤，浓艳的枫林晚照，宁静的睡莲，灿烂的瓶花，优雅而又有些变形的古装仕女……都构成不同于别人的境界与情调。油彩与水墨，力量与柔情，天真与执著，在他的探索中凝为一体，形成他独树一帜的艺术个性。按画种区分，他的作品包括水粉、水墨、彩墨，而又是用中国的毛笔画在中国的宣纸上，这种独特的表现方法，正是他有着高度"融和"的技巧和理解力方能达到的。

从林风眠的艺术追求上来看，他是严格区分着欣赏性绘画与宣传性绘画的。所以在二十世纪五十年代和六十年代把艺术作为阶级斗争工具的时代环境里，他依然执著于斯，置身于大潮流和时尚之外，就难免陷于孤独。他那用墨彩捕捉着大自然的生命，编织着美与善的梦境的绘画，被指责"为艺术而艺术"，被批判为"形式主义"。他的艺术受到冷遇也是在意料之中。

对艺术的执著追求上，林风眠和唐云的另一位朋友来楚生有着相似的地方。

唐云的可贵与不平凡之处，在于他对林风眠的内心及艺术的理解，并带着敬佩的同情，是林风眠艺术的酷爱者。唐云室内张挂的书画，都是古人之作，最多张挂到赵之谦、吴昌硕、齐白石，现代其他画家的画，没有一人的作品张挂于他的画室之内。但林风眠《枫林江霜》、《苇塘飞鹜》、《猫头鹰》等画幅能够长期悬于壁上。

唐云当时是华东美协及上海美协展览部主任，又是上海中国画院业务室主任，林风眠的艺术正受冷落之际，唐云对林风眠作一些精神上的支持，完全是有条件的。到1962年12月，上海美术家协会在上海美术馆举办《林风眠画展》，并为这个画展举行座谈会。座谈会上林风眠谈了自己的体会："不管是哪一张画稿，成功与不成功，都是在蓄有对于生活的感情，积累生活素材的基础上构思动笔的，所以都应该保留着，常常翻出来看看，有时新的作品恰恰是在老画稿的基础上创作出来的。因为通常的情况是：对先前的生活积累印象已不怎么深刻，凭借老画稿就能回忆起来，与新的生活感受相吻合，便会产生新的作品。"

《林风眠画展》的推出，对花鸟画的发展起着推动作用，特别是把绘画从单一的风格中解放出来，有着直接的作用。上海美术馆馆长陈秋草撰文《诗趣·梦境·画意——林风眠画展读画漫记》说："我爱林风眠的作品，是爱它造型隽美，想象丰富，色彩变化，格调清新，富有装饰和感染力；既有时代面貌，又创新格。"

1964年，江西景德镇派人来上海美协，想邀请几位画家去那里在瓷盘上作画，创造一种新的制瓷艺术。唐云又和林风眠同往，同去的还有王个簃、朱屺瞻，由沈智毅陪同。

在景德镇，唐云和林风眠住在一个房间。他们白天作画，晚上聊天，谈西方的文艺复兴及现代派，谈东方的宋元绘画及明清诸家，两者都是艺术高峰，如何把两个高峰糅合在一起，他们认为那不是一代人所能完成的，要靠几代人才能完成。

这四十余天的共同生活，使得唐云和林风眠相知渐多，理解也加深了。

扶植后辈育桃李

在笔者见到的唐云的学生中，徐从初是最早的也是年龄最长的一位学生了，是真的入门弟子。还是二十世纪四十年代，徐从初在上海静安寺东庙弄一家私人诊所里做些挂号、收费打杂的事。这个诊所是梁俊青和吴曼青夫妇开的。他们都是从德国留学回来开了诊所，因医术高明，在上海颇有声望，来就诊的人很多。梁、吴夫妇是浙江东阳人，徐从初和他们是同乡。

梁、吴夫妇在行医之余，雅好丹青，恰好他们夫妻二人的名字中各带一个"青"字，主人就把他的那幢小洋房叫作"双青楼"。唐云等海上画坛名流常到"双青楼"聚会谈艺，品茶饮酒，吟诗作画。徐从初的文化程度虽然不高，在这样一个充满艺术氛围的环境里受到熏陶，天长日久，也渐渐地对绘画产生了兴趣，在打扫房间之际，就将画家们作画时丢在字纸篓中的一些废弃画稿，一一收拾起来，用主人的笔墨纸砚，有空时就照着那些画稿临摹起来。女主人吴曼青发现后，念其精神可嘉，便介绍他拜唐云为师学习绘画。

图42　唐云、王个簃（右二）、陈秋草（右一）为学生张培础（左二）、杨正新（左三）作教学示范

不久，唐云、白蕉、来楚生、钱瘦铁、马公愚在双青楼成立东南书画社，大家推选徐从初当"总管理"。从此，每当画师们到双青楼来画画，徐从初就可以名正言顺地不离左右，用心学画了。由此，他们师生之谊延绵五十年，直到老师去世，学生仍然用各种形式感恩悼念。

　　唐云对这位学生非常宽厚。抗日战争胜利后，徐从初别师回乡，老师送给他一幅《春江待立图》，一脉江水、两岸青山，一位画者拄杖立在江边，远望徐徐驶去的一叶扁舟，并题款："从初老弟，将归东阳，写此以壮行色。"与其说是学生送别，不如说是等待学生归来。徐从初一方面是对老师的崇敬，一方面为了练习功力，总是在临摹老师的画，老师告诉他，临摹是为了增加笔墨技巧。但笔墨只是形式，没有思想内容，功力再好也是没有用，并指出学生的画被笔墨技巧捆住了。因为胆子太小，故没有创造精神，鼓励学生要别开生面，画出自己的个性来。翰墨结缘，徐从初师从唐云五十年，其作品画风不乏唐云神韵，并且画出了自己的风格。这样，日积月累，徐从初要把自己的作品编成一本画册出版。为了支持和鼓励学生，唐云请好友郑振铎、潘天寿、丰子恺、钱瘦铁、白蕉、来楚生、马公愚等名家题跋。郑振铎题写了一段话，说中国画的山水独擅胜场，正如古诗之以陶渊明、王维为至境也，"徐从初君此册韵清神远，画中有诗之作也。"潘天寿题曰："清湘遗意"，深表嘉许。

唐云外出写生作画，除了家人陪同，还有就是徐从初了。唐云家人说：只要有徐从初陪，他们就放心了，也就不去陪同了。在作画途中，唐云把一些写生稿送给徐从初。《山水小册》及《偶得》小册，都是唐画旅途生活之作，题写"1965年11月4日至20日，自杭州至金华、衢县常山等地，得画稿十二帧，同行从初好六法，即以此册赠之，留为纪念。"徐从初藏唐云的画作，有些是从废稿检出，由老师修补完善并作了题跋相赠。如《溪山晴霭图卷》，此卷长近四米，唐云题曰："1974年1月22日农历癸丑除夕夜，从初弟自浙东来沪。菭舍欢聚，案头检得旧作，重加点染，以为笑谈。从初好余画，再相晤，辄于废簏拾去断纸零缣，皆什袭藏之，感其于画爱入骨髓，又余三十年旧交，题此以志翰墨缘也。"更为有趣的是徐从初从废簏中捡到唐云旧作，一时无法补画，就先写好题跋说此画归徐从初所有，如一卷春色山水题曰："此卷一时随意点笔，未竟，弃之废簏有年，偶为从初老弟拾去，屡来索余促成，未果，姑先书款于此，俟他日有暇，偕往江山壮丽之间重加润色可乎。癸丑之春，老药唐云记。"徐从初还检得药翁一些旧作，在唐云生前未能补成，皆由其他画家补成。

唐云用的笔墨纸砚及收藏的文玩，都很讲究而富有文化内涵，他常以"敝帚自珍"的话来表明对这些物品的爱护，不肯轻易与人。但是徐从初案头就有许多老师的赠予。有铜镇纸、毛笔、水盂、颜料盒、写生夹及砚石。有唐云亲自着刀刻有"大石斋"字样的白瓷笔洗，再刻数字道"此洗余用之十八年，今赠从初弟纪念。1964年8月，唐云。"唐云赠给徐从初的调色碟，由他亲刻款："从初画具。1965年大石。"唐云赠徐从初砚台，唐云题"徐从初用砚"，由西泠印社篆刻名家李伏雨刻。唐云爱紫砂壶如痴，但他把早年用的紫砂古壶由其弟唐云亭转送给徐从初。1991年，徐从初夫人患中风半瘫，唐云记挂着她的病情，趁徐从初来大石斋探望之机，唐云从抽屉里取出一块钟形玉，叫徐从初回去之后给夫人戴上，并交代了几句："玉佩在身上可以避邪，人也不会轻易跌倒，有助于恢复健康。"徐从初铭记师恩，自号"大石门下老童生"。

1961年，唐云担任上海美术专科学校中国画系主任之后，心血都用来灌注桃李，栽培后人。他到农村去寻找学生，发现有绘画才能的农家子弟，便招收进校。在校的学生中，有的同学经济困难，买不起笔墨纸砚，唐云就把笔墨纸砚送给他们。在教学中，唐云能因材施教，对学生进行个别的具体的示范教学，像徐从初一样，有不少学生手中都保存有他当年教学的画稿。向哪位学生示范，画稿就归哪个学生所有。上海人民美术出版社编辑袁春荣，在上海美专读书时，唐云为他示范画过《兰竹小鸡》，过了若干年后，唐云又在此画上题曰：

此于十九年前于上海美专上课时，为春荣同学所作，属题记并志。一九八二年二月五日。唐云。

同样，唐云的学生陈贞馥手中，也存有唐云为他示范的画稿《长寿图》，画上画着一只象征长寿的乌龟，两只小龟在水中游动，一只大的在岸边石坡上探头观望。上海美术专科学校的毕业生，在发展海派绘画中都有着很大的贡献，经过唐云精心栽培的杨正新、吴玉梅、徐元清，都已成为海派绘画的中坚力量。

唐云对学生的谆谆教诲之情，从他给吴玉梅的信中可以看出：

玉梅：

上次来信，你在暑期中对自修功课安排得很好，我很高兴，我因多动脑力写文字，就要头晕，所以没有复你。今得来信并诗五首，诗我已改好附来。改是费了一些推敲的，由于我对诗没有下过苦功，一定有很多未妥之处，还是请周老师上课时，请她重新修改一下，她作诗词比我强得多，经她改后，你好好钻研，有好处。

这学期花鸟课程，我昨日有信给姜大中老师，具体情况经他考虑后，是会关照你和逸览的，一切要遵照他的意见，要尊敬，要听话，我常和你们谈过，想你们一定不会违拂我意。约在十月中旬（或能提早）回沪，距今尚有一个月零几日，在这段时间里，你们准备好《画法要录》上的一些问题，有不懂的，有疑问的，有体会的，晚间或自己固定时间做笔记，我回来要问你们，也要看笔记。我知你们在绘画上是努力的，理论上注定较差，没有理论，见解狭窄，对创作是有影响的，所以我在此特别提出，希望你们注意。我的身体时好时差，目前山中气候转冷，又患咳嗽甚剧，兹承安徽省各领导同志之邀，拟去合肥省立医院治疗，同时为该省博物馆鉴定一批文物，原定在此住三个月，现提早离此，约在20日离黄山，打算在合肥两星期左右即回。

书法，这学期每星期临怀素，只要临二次，其余的时间临后面译文小楷，要字迹端正，草书写惯了，会不耐心写小楷，小楷基础差，草字也不会好。过去让你写草字，由于你书法绘画都不曾学过，首先要使你胆大气旺，一味气旺胆大，没有楷书功夫，易流入粗犷，所以现在要收敛学小楷了。草草此覆，即祝进步。

唐　云　九月九日

不只是上海美术专科学校的学生，社会上也有许多青年跟唐云学画，虽然没有行过拜师礼，不是唐云的入室弟子，也和美术专科学校的学生有着同等的待遇。

图43 唐云为书画爱好者示范

来楚生的学生童衍方，金石书法都很精到。1975年春天，他要结婚了，结婚之前去唐云家，闲谈间，唐云取出一副对联，展开一看，原来是吴昌硕八十一岁时所书的石鼓文，此联纸版新，古趣盎然，笔致如精铣盘曲，凝练而遒劲。童衍方不禁连声说好。

唐云笑着说："送给你，算是给你的结婚贺礼。"

对如此厚礼，作为学生辈的童衍方有些不安，正在踌躇间，唐云又快人快语地说："送给你，就一定要收下，只要尽心研究保存就是了。"

唐云是说一不二的人，童衍方只好收下。十多年的时间过去了，童衍方再去大石斋，恰巧有一批境外的客人来访，谈及海上画派，自然也谈到吴昌硕。唐云把着童衍方向客人介绍说："他也研究

图44　唐云在久新搪瓷厂劳动

吴昌硕，我还送过他吴昌硕对联。"

大家不胜羡慕地看着童衍方并问："此联还在你手里吗？"

"东西送人了，或易物，或再送人，都随受者方便，不必再多问了。"唐云马上说。

唐云有一位彻头彻尾的工人学生屠传法。何以如此，这话还要从画家下厂深入生活说起。

1958年3月8日，上海中国画院的唐云、程十发、邵洛羊、周鍊霞、李秋君等十一位画家来到久新搪瓷厂，为搪瓷面盆设计花样。厂里有位喷花小工人屠传法，欢喜画画，头脑又很活络，每天下班以后就站在唐云背后，看他挥笔作画。

唐云感到奇怪，一天，他问这位小工人："你叫什么名字？"

"姓屠名传法，浙江绍兴人。"屠传法说得调皮，又一本正经。

"有缘分，有缘分。你知道吗？传法是和尚的名字，静安寺第一代当家和尚就叫传法，唐朝有传法寺，传法碑。"唐云说得头头是道，传法听得出神。唐云话头一转又说："你喜欢画，我收你为弟子，可要告诉你，画画是很辛苦的事，要苦修苦练几十年，拳不离手，曲不离口，学画没有捷径，没有窍门，更没有祖传秘方，老师领进门，修行靠自身。"

就这样简简单单，屠传法成了唐云的学生。

屠传法虽是业余学画，唐云却教得极为认真，不只教画法，还教画理，逐字逐句地给他讲解《石涛画语录》，有时同桌吃饭，唐云也要以箸代笔，以酒代墨，在饭桌上画来画去，教他如何画画。

后来，屠传法要去一所学校，任中国画专业教师，他要去听听老师的意见。唐云说："当教师好，你可以去。"

说罢又把他从上到下来回看了几遍，看得传法心里发毛："老师，你怎么了？"

唐云没有回答，伸手从抽屉里取出二十元钱，塞到传法手里："拿去，买件涤卡中山装。"

传法愣了，他不明白老师为什么非要他穿这件新衣服不可。

"你日后就是教师了，做教师，衣服一定要穿得整齐些。"唐云看看传法还是没理会他的意思，又对传法说道："传法，我来讲个故事给你听听，我二十多岁来上海，到新华艺专教书，第一天去上课就被门房拦在了门外，门房说我们这里的先生都是穿西装坐黄包车来的，不会有你这样穿蓝布大衫自己走来的先生。结果还是姜丹书和周碧初先生闻讯赶来，才把我领进去。传法，你知道，做教师就得穿得干净些。"

后来，屠传法参加美术家协会受阻，学校的中国画课程也被取消了，心中有些苦闷。唐云知道这件事，拍拍传法的肩头，说道："传法，你听我的。世界上的事情唯名利最轻，什么都可以不让，只有名与利是让得的。加入美协，名利也。我是你的老师，美协副主席，可我唐云绝不会为自己的学生去说话。至于取不取消中国画课，这不是哪个人可以说了算的，我相信社会会作结论的，现在不作，历史会作。"

一席话使屠传法郁怂的心理恢复了平静，他被老师的境界和胸怀深深打动了。不久，唐云从传法的作品中挑出一百多张来，之后又忙着为传法租借展览场地，为传法的画展题了字。传法的第一个画展就这样办起来了。

不只是上海，唐云走到哪里，就教到哪里。唐云教画时，总是教育学生："绘画，要么不学，学了就要用毕生的精力去画。当然，这里还有个天赋高下之分，有人就是用了毕生精力，也不见得就画得好；另外，可能有人由于学习不得法，也会画不好。"

唐云经常教育学生的是下面一段话："学画，首先在于对生活观察得深不深，这很重要，我有个时期，画鱼时专画鱼，不画别的，要把它的神画出来。外形也很重要，形象要准确。虾有六只脚，两个钳子，虾壳五节，连尾部六节，连头七节。你要熟悉它，概括它，才有可能把它的神态画出来。荷花单瓣是十八瓣，重瓣的有十九瓣或二十瓣。梅花五瓣。常见的竹子就有六七十种，你画哪种？要把它的特点抓住，画出来。不能笼统地画，要能画出它的个性和特征来。石涛在黄山住了二十多年，他画的黄山，不写明黄山，观赏者看了也知道是黄山。现在有的人说明自己画的是黄山，可就没有黄山的味道，这是因为形神不能兼备，生活观察不深，基本功不够，没有下苦功夫。《尔雅》云：'画，形也。' 客观的事物，不能违反它，违反了就画不好。把握着客观事物，通过自己的个性、自己的笔墨表达出来，作品就有生命力。再者，绘画不能没有感情，没有感情就没有绘画，没有艺术。同样，没有思想也没有绘画。绘画就是通过思想和感情，通过描绘对象，化作视觉形象。深入生活，不能囿于生活，被生活框死；学传统，不能限于临摹，既要跳进去，又要跳出来。"

如果送给唐云"桃李满天下"的桂冠，那正合适，他是受之无愧的。不只是在上海，在全国也形成了"唐云流派"。

为了推动上海绘画的发展，唐云还发掘民间艺术，通过各种方式普及推广中国画。朵云轩木版水印的中国画可以乱真，唐云不但在报纸上撰文介绍，还把有这方面才能的人推荐给朵云轩。唐云想起了沈觉初，中华人民共和国成立后十多年没见过他，便到处打听沈觉初的下落。一天，一位朋友告诉唐云，沈觉初在一家煤球厂工作，早已不搞篆刻了。得到这个消息，唐云连忙托人把沈觉初找来，一见面就说：

"哎呀，你这个人怎么一去无消息了？"

"过去麻烦你太多，我不想再麻烦你了。"沈觉初说。

"还刻竹吗？"唐云最关心的是这件事。

"不刻喽，谁还要那玩意，现在需要的是煤球。"沈觉初说。

"你在制煤球?"唐云十分惊奇。

"嗯。"沈觉初没有多说。

"可惜，可惜，一技之长丢掉多可惜!"唐云有些感叹。

经过唐云多方的努力，终于把沈觉初调到朵云轩从事木刻制版工作，使他展其所长。

唐云此时的心情是愉快的。他身兼上海中国画院业务室主任、上海美专中国画系主任、上海美协副秘书长等职，不但要组织中国画的创作，自己还要深入生活进行创作，他的《粤游偶兴》几首诗，正反映了他此时的心情：

> 故园此日飞霜雪，此地天南异岁华。
> 蜂蝶过溪忙似织，满畦油菜乱开花。

> 依山筑屋栽千树，如带湖波绿绕之。
> 湖中嬉戏金鳞鲤，树上娇垂红荔枝。

> 丹桂园前无叶井，一泓澄碧味清鲜。
> 品茶我欲重评水，不数中泠惠麓泉。

> 白云山上白云浮，风卷浮云千里收。
> 多少人家深树里，笑迎朝阳上渔舟。

笑脸还没有绽开，唐云吃了一记当头的闷棍。1964年4月号《美术》杂志上发表了一篇文章：《为什么陶醉》，对林风眠及花鸟画提出了责难："作品中的那种荒凉、冷落的情调和社会主义时代人民群众的感情意趣格格不入。"同时对米谷的《我爱林风眠》一文也批评说："这种欣赏口味是很不健康的，对这样的作品作这样的宣传是非常错误的。"

唐云看了这篇文章，思想进入了迷惑不解的状态，他在静静地等待着，不知道将会有一种什么样的灾难降临到自己的头上。

第十章

历尽劫波的十年

　　往事不堪回首。这话自然带着许多伤感。有不少人怕回首往事而伤神，宁愿把那段历史忘却。人生中那种闲情逸致的小事，也许真的会使人忘却的。但如果象征着一个时代，一个民族所经历的那段历史，谁又能忘却？要不要忘却？应该不应该忘却？在劫之人即使是含恨吞泪地把它忘却，但是历史是不会忘记它的自身的，而历史又多是由一些人的经历记录而成的。

　　正是出于这样的历史动机，我们不妨记下唐云在"文化大革命"中的一段经历。

国画界的"新老头子"

"老头子"，属于江湖语言，多用称呼那些带有"把手"性的权威人物。这个本是俗言俚语，后被移用到各界，和原来的意思已经有些不一样了。

国画界"新老头子"这个称呼，对唐云来说，既无尊敬之意，亦无幽默的调侃，而是一种创伤的象征。

"文革"还处于序曲阶段，书画界已经是风雷激荡了。最先受到冲击的是：丰子恺、吴湖帆、贺天健、王个簃、唐云。唐云比前面四位都年轻，自"上海花鸟画展"之后，赢得了尊重和威望，所以被称为：国画界"新老头子"。

"扫四旧"时，唐云的收藏之丰富，这时变成了重点抄家对象。

第一次来抄家的人还算"文明"，没有打乱他的画室，没有触动他的收藏，只是搜查他的"反动罪证"。东翻西找，什么也没有找到，就客客气气地走了。

过了几天，唐云的一位学生悄悄地告诉他：快把能转移的东西先转移出去。

唐云虽然不完全理解这位学生所说的含义，但他知道事情不妙，他的事情并没因为抄了一次家就告结束。他知道"曼生壶"易碎，便首先将十把"曼生壶"转移出去，由一位亲戚给他保管。其他的东西还没有来得及转移，第二批抄家的人来了。

抄家人进得门来，一棒子把那只唐三彩花瓶打落在地，给唐云来了一个下马威。然后又去翻动书画文物。

视书画如生命的唐云，立刻扑上去保护，被抄家人一掌推得跟跄在地。

抄家人东翻西抄了一阵，从床下找到厕所，找到阳台上，连花盆都翻了一个身。唐云不知道抄家要找什么，只是老老实实站立在屋子中央，那些书画也只好听天由命，自己无力去保护了。

"你的黄金藏到哪里去了？"抄家者问。

"都在这里。"唐云指着那像古董铺一样的房间。

"你卖了几十年的画，怎么会没有黄金？"抄家者又说。

"我也买了几十年的画啊。"唐云说。

"买画能花你多少钱？"抄家者说。

"我脚下没有土地，头上没有青天，我是一枝秃笔走天下，你们弄不出我什么事情。"唐云慢慢地说。

"那你是无产阶级了？"抄家者讥笑地说。

"无产阶级我还挨不上，是小资产阶级。"唐云仍慢慢地说。

唐云不是轻易就肯低头的人，他的强硬态度使抄家者恼羞成怒，一个耳光向他打来。

图45 唐云和六朝佛像合影

最后，抄家者把唐云的书画席卷而去。同时被抄走的，还有那尊六朝佛像，那是唐云为了拓宽画路，想画人物，专门买来作参考用的。几十年，那尊佛像都静静立在进门的地方，唐云每次回家，都把礼帽拿下往佛像头上一放。那佛像似乎是他的衣冠童子，专门在那迎接他似的。这尊六朝佛像，从此就一去不复返了。

接着，一个"战斗队"就把唐云捉去，进行隔离审查。他被关进上海中国画院洗澡室内。当时把唐云这类的人都称作"牛鬼蛇神"，唐云虽不是鬼，不是蛇也不是神，而被看做是一头"牛"，关"牛"的地方自然就叫"牛棚"了。画院的一位青年画家被派去看"牛"。这位青年画家，为人诚恳朴实，性格内向而不善言语，却有着一颗善良的心。趁着没有人的时候，他就偷偷地把"牛棚"的门打开，让唐云这头"牛"出来，让他吹吹风，活动活动手脚。唐云的烟瘾很大，在"牛棚"之内，这位瘾君子无法忍受，而且又爱抽板烟。这位青年画家又悄悄地把烟丝给他买来。唐云欢喜喝酒，郁文华就悄悄地在隔离室内给他放上一瓶酒，又怕被别人发现，有时只在吃饭时把酒送去，喝了以后又把酒瓶拿走。看"牛"的那位青年画家都是不管的。郁文华就是当年九华堂的那位小掌柜，后来拜张石园为师学画，以后又拜张大千，执弟子之礼，艺术上深得张大千的精髓。中华人民共和国成立之前以卖画糊口，中华人民共和国成立后就进了中国画院，当起了画师。擅画牡丹，海上有"郁牡丹"的美誉。

"造反派"斗文化系统的领导干部时，唐云总是要被拉去陪斗的。那些领导干部都被称为"走资本主义道路的当权派"，唐云则是他们用"大黑伞"保护下来的"反动学术权威"。每陪斗一场，唐云都被"喷气式"搞得两腿发僵，难以行路。更苦的还是把他拉出去批斗。有一次，"造反派"在上海市少年宫批斗唐云，有人叫他跪下，但是他的膝关节发僵，无法下跪，就用军用皮带抽他的腿，用脚在后面踢，但唐云仍不下跪。

每次批斗唐云时，又总少不了若瓢一并提到。若瓢回到上海之后，有人就揭发若瓢和陈方的关系（陈方1952年从大陆再由香港去台湾，1962年死于台湾），当然唐云也在被揭发之列。因为当时的唐云正在被起用出山，领导上对此不以为然，没有引起什么麻烦。而若瓢则不同了，为和陈方的交往，连续写了七次交代，仍然无法说清，精神上有着巨大的创伤，为此，唐云曾安慰他："柳子厚诗'海畔尖山似剑芒，秋来处处割愁肠'，这种事值得什么烦恼？顾亭林在这些关节上也吃过大亏，他所得到的教训是'不受难酬之恩，不树难事之友'，我看他是说得对的，我们都要记取前贤遗训。"

后来，陈方也从香港回到上海，若瓢的事才算不了了之。

如今，唐云成为被批斗的主角，若瓢陪斗，在批斗的口号声中，唐云又想起若瓢处于逆境时他劝若瓢的话，如今只好用来劝自己了。若瓢虽是出家人，绝不会以超脱的态度用此话来劝唐云的。

在唐云被隔离的期间，钱瘦铁也被隔离了。这时，钱瘦铁还可以有些自由，不像唐云被关在房子里没有行动的自由。但是，钱瘦铁生着重病，每天要打扫院子，要背诵"语录"，还要抄"大字报"，搞得他奄奄一息，命若游丝。有一次，钱瘦铁在院子中拔草，正好碰到"放风"出来散步的唐云，他绝望地对唐云说："老唐，这次我怕是撑不过去了。"

"你要挺着，留得青山在，不怕没柴烧。"唐云说。

这短短时间的交谈，结果被"造反派"发现，逼着钱瘦铁和唐云交代谈了些什么。当这话被逼了出来，唐云又被苦斗了一番，说他是想"秋后算账，变天翻案"。

唐云为了这两句话被斗了一阵，严重地刺激了钱瘦铁，"泪枯眼见骨，天地终无情"，他感到活下去再也没有意思了。一个身心两受摧残的人，生机日浅，竟活活地给折磨死了。

接着，白蕉终于无法忍受精神上的折磨，也在此时结束了自己的生命……

唐云欲哭无泪，欲歌无声，他带着疲惫的身躯又被转移到上海美术馆，开始了一种新的隔离生活。

在上海美术馆，上海书画界的许多人都被隔离在那里。也许是有了第一次被隔离的经验，唐云这次似乎不那么紧张了。他在香烟盒上作画，和被隔离的难友们窃窃议论一些书画问题。到院子里拔草，在墙角捡到竹根，他把竹根偷偷地带到隔离室内，利用它的自然之势，做成一个漂亮的烟斗，用这只烟斗抽着二角八分钱一包的飞马牌香烟，让烟从鼻孔中喷出，看着它一缕缕地在半空中飘动。唐云平时吸烟，都是从口中喷出烟云，只有在他最痛苦时，烟才从鼻孔中喷出。他想到钱瘦铁和白蕉之死，他太痛苦，只好用这种悠闲把痛苦掩盖起来。还有一件头痛的事情就是背"语录"。他看画可以过目不忘，对唐诗宋词他看上两遍也能背得出，但是背"语录"则是何止隔了一层。还有使他无法忍受的就是"思想汇报"，每天非写不可，就像小学生做功课一样，即使没啥可写，也得抄上两条"语录"，自我作贱一番，制造一些"错误思想"，以示罪孽深重，臣罪当诛，有了悔改和进步。否则怎能体现"无产阶级专政"的成绩呢？

"如来三昧，菩萨不知。"这样的生活唐云过了好长一段时间……

解除隔离

　　唐云从隔离室出来，第二天就去看钱瘦铁的家属，把自己的生活费分一份给他们，并告诉他们好好地把钱瘦铁的遗墨保存好，将来会得到人们的公正评价与承认的。对若瓢，唐云也是念念于怀，他写了一张纸条，派人带了五十元钱去找若瓢。条子上写着："你现在很困难吧？送去五十元钱，三十元给你，二十元给雪悟。"

　　不久，若瓢就积郁成疾，而且病情处于垂危之中，唐云更是紧缩开支，在经济上支援若瓢。若瓢有个学生，对若瓢关心备至，每天到医院里送饭送菜。若瓢喜欢服用中药，唐云叫学生在外面把药配好，煎好送去。

　　医院发出若瓢病危通知，唐云立即赶到医院去看他，若瓢叫学生把他抱起来，在那里打坐，还断断续续地说着：

　　"你要好好跟唐老师学画画，学做人。"

　　"你要孝敬父母。"

　　"你……"若瓢的眼睛瞪着学生。

"若瓢——"唐云叫着。

"老唐，我别的没有什么，就把这个学生交给你了。"若瓢此时回光返照，精神特别亢奋。

"若瓢——若瓢——"唐云连声地叫着。

若瓢打坐，斜倚着学生，显得非常安静。

若瓢再也不回答了！永远也不回答了！

"你走得好，人生烦恼一扫而空。"唐云说着，用手轻轻把若瓢的袈裟理了理，把散开的带子结系起来。

佛家语云：四大皆空。但友谊是永恒的。若瓢逝世之后的二十年，也就是1990年的春天，唐云汗水淋淋，更使人感到他那胖胖的身体有着沉重的负担，他还在翻箱倒箧地寻找，终于找到一把扇面，扇面书写着若瓢在1936（丙子）年的三绝句，唐云如见故人，坐在那里低声地吟诵着：

古木清阴作翠屏，南湖明净印禅林，
云堂僧课钟初动，夕照无言下碧岑。

石经幢在梵天寺，慧日塔沉妃子峰，
生灭人间一小劫，湖光仍映夕阳红。

宗风国事两难论，收拾袈裟旧酒痕，
衰柳微汀黄叶雨，梵灯清澈佛灯昏。

连唐云也不知道，二十年后为什么会突然想起若瓢来了。也许不能说是想起，他根本就没有忘却。

白蕉，也是唐云时刻牵挂的朋友，他来到白蕉的家中，看到白蕉生前杂乱的书房，已被他的夫人金学仪整理过了。白蕉的遗作已经找出不少，唐云一一看过，都是没有完成的作品。唐云对金学仪说："你放好，到时我给他补成。"

过了几年之后，唐云把白蕉的遗作都一一补成并题款。为此，唐云还写了一首诗：

> 白蕉写罢骑鲸去，老药挥成换酒来。
>
> 一酹入天心未了，东风流水绕花开。

这诗虽然不失唐云的风趣，但喝的是一杯苦酒，吐出的是一肚子苦水，其中流露出"千秋万岁名，寂寞身后事"的哀婉，实则是挂剑徐墓之意。

"一生一死，交情乃见"。唐云对邓散木也是如此。因经1957年之劫，邓散木就去了北京图书馆抄写书目。邓散木后因患肝癌病逝。他弃世之后，唐云始终关怀遗族，存问不绝。

唐云虽然是解除了隔离，但他的精神并没有得到解放，对他的批判仍然持续不断。

当时对唐云的批判分成四个内容，首先是"上海花鸟画展"。在那个"以阶级斗争为纲"的年代里，"上海花鸟画展"被称为"全民文艺的活样板"，对他那篇《画人民喜闻乐见的花鸟画》文章，则指斥为"大毒草"，说是"抽掉了阶级内容"。唐云在文章中提出"要表达欣欣向荣的时代精神"，也被诘问："究竟表现的是哪个时代精神？"在真理与谬误颠倒的岁月里，真理变成谬误，谬误变成真理，对此，唐云还能有什么话可说？

唐云的山水来自石涛，花鸟则吸收了八大，对石涛和八大的艺术，他当然是镂骨铭心、赞扬备至的了，唐云还写过介绍石涛和八大艺术的文章。有人把唐云平时讲课、艺术鉴赏的话集中起来，逐条进行批判。说唐云"吹捧石涛、八大这两具僵尸"，"暴露了他的狰狞面目"。这种苍白无力的批判语言，动摇不了唐云对石涛和八大的艺术信念。

唐云的作品则被叫做"黑画"。那幅题着"信手拈来似雪个，不知似他还似我"的《石头小鸟》，那幅题着"山灵畏我黄山住……"诗的《黄山长松》，还有《白眼小鸡》、《荷花》，都不放过，都被"拿出来示众"。唐云的几方印章"君当恕醉"、"耳视"、"高阳酒徒"等，也都被指责为"毒草"。

"批林批孔"时，唐云作为上海中国画院的"老头子"又是首当其冲，认为他是"复辟回潮"的总代表。一天下午，唐云又遭批判。那时笔者也在场，看他低着头，目光触地，像是很认真的样子。批判会结束，笔者陪他回家。路上，笔者想让他轻松一下，就说："你听得那样认真，灵魂触动多少？"他微笑着说："哪里，我是看地板的纹路，地板纹路就像山水画。"回到家中，他照样饮酒，照样逼着笔者饮上几杯。笔者不善杯箸，每次同桌，他都逼着笔者陪饮，笔者每次讨饶，而他从未放过，这次又是如此。他这次喝了许多酒，逸览虽继其父善饮之风，但当着老子的面是不敢放纵豪饮的。饭后即上楼，他抽了一支烟，画兴勃发，说："磨墨，我给你画画！"笔者把墨磨浓，他展纸挥毫，随即满纸烟云，作落地长松。画完，他说："来先生（楚生）字写得好，你拿去请他题。"后来，来楚生得知此画创作的情景，题写"战风斗雨傲苍穹　药翁唐云画松"的字句。

唐云白天到外面接受批判，晚上回家还是照样喝他的酒。有的朋友悄悄来看望他，安慰他，他也和朋友对酌几杯，但昔日的欢乐则没有了。这个生命的花朵是用友谊之汁浇出来的唐云，这时是该多么需要朋友！对饭后茶余和朋友谈天，唐云奉之为最高的享受。他很赞同前人对和朋友谈天之乐趣的见解：居闲之乐，无逾于友，友集之乐，是在于谈；谈言之乐，又在奇谐雄辩，异趣横生。词文书史，供我挥霍，是谓谈之上乘；衔杯话旧，击钵分笺，兴致亦豪，雅言间出，是谓谈之中乘；议论不尽知之政令，臧否无足数之人物，是谓谈之下乘；至于羡叹交涉之荣辱，分诉无谓之是非，斯又最下一乘也。

唐云和朋友之间的谈论，都在上乘和中乘之间。将和朋友无拘无束地谈天视为人生一大享受乐趣的唐云，这时却对来看望他的朋友说："你们不要来看我了，不然的话，你们来了，我是汇报好，还是不汇报好呢？"

对唐云来说，这当然是痛苦的。这个时期，他一直过着孤独寂寞的生活，每天吃饭，只是面对着夫人、儿子和孙子们，自斟自饮。这是因为家里的人无人能有他那样的酒量，无人能陪他喝酒。

傅雷之死

唐云交游中的朋友，在"文化大革命"中，几乎没有一个不被批判斗争的。他们都经受不同的屈辱，有的厄于"风刀霜剑严相逼"，终于含冤去世了。

翻译家傅雷和唐云都住在江苏路上，两人对巷而居，君子之交淡如水，彼此交往几十年，无非只是喝喝茶，品品书画而已。傅雷欢喜收藏黄宾虹及林风眠的画。林风眠和傅雷是留学法国的同学。对古画，傅雷常常感到没有把握，就请唐云给他看看，听听唐云的意见。有人送给傅雷一张新罗山人的画眉，他知道唐云是从新罗山人的路子中走出来的，就带给唐云看。唐云看了之后说："这是真的。"傅雷就把它非常珍惜地收藏起来。在抗战时期，唐云每次开画展，傅雷都要来参观，并且总要买上一二张，表示对唐云的支持。傅雷收藏黄宾虹的画很多，唐云曾帮他开了一个收藏展览会。

傅雷在写《美术十讲》时，也经常和唐云在一起讨论。唐云从一个画家角度，对一些古画提出分析和看法。唐云认为，一张画的好与不好，主要表现在用墨和用笔上。还有气势也很重要，气势各有不同，有的要画得气势磅礴，有的要画得刚柔相济。刚是内在的，柔是外在的，刚与柔是通过笔力表现出来的。有一次，傅雷得到一张八大的梅花，拿来给唐云看，唐云说："八大的东西没有火气，但笔气很刚，梅花的三笔叶子，笔笔不同，一朵花使画面透透空气，那个尖尖角最为重要。看画不好只看一眼，要细细地看，要看整体，然后看局部，再细看用笔。"

傅雷很讨厌有乾隆皇帝题识的画。只要一有乾隆皇帝"御笔"，再好的画，傅雷也不要，他很不欢喜这位跑到江南，到处乱写乱画的皇帝。在这一点上，唐云和傅雷的看法是一致的。有一次，他们讨论这个问题时，唐云说："这个皇帝老儿讨厌，许多画都被他题坏了。题画是一门艺术，宋人团扇画得很整齐，款不好题大字。郑板桥的书法很好，字写得高高低低，很相称，对画起了衬托作用，有好的影响。有的人不管这些题了上去，反而破坏了画面。用印也很重要，是用朱文印还是用白文印，都很有讲究。还有各种画法，有工笔的，有粗笔的，构图要稳定。不管工笔或粗笔，在总的原则上是一致的。"

傅雷从来不和唐云在一起喝酒，只是谈论绘画，谈论音乐。傅雷经常和唐云谈音乐，谈音乐与绘画的关系，谈音乐与绘画在节奏感上的互通。对戏曲、电影，唐云都是不看的，他从来也不愿意与演员打交道，由于受傅雷的影响，对音乐欣赏倒颇能说出一番道理的。即使到了他的晚年，每天酒余饭后，他还坐下来静静地欣赏一番音乐，然后才到他的画室里，作画、写字或看书。

在十年动乱中，傅雷比唐云更早地遭受灾难，历尽种种屈辱，确实使他无法忍受，最后不得不采取自尽来迅速摆脱尘世的烦恼。也许是上帝有意给他折磨，第一次自尽未遂。唐云听到这个消息，尽管批斗会上自己已被打得鼻青眼肿，但他还是激于道义上的责任心，甘冒天下之大不韪，连夜赶到傅雷家中，殷切安慰这位老朋友，劝他不要走这条路："留得青山在，不怕没柴烧，现在先躺在地上，躺下不是跪下。"

"我被污辱得没有人格了，人的尊严都被剥夺净尽，活在世上还有什么意思。"傅雷悲愤填膺，痛心已极。

"说啥你还是要活下去，我们都不算老，还有活的价值。"

这时，傅雷从墙角边杂乱无章的堆物中，找出一瓶法国葡萄酒，满满地斟上两杯。这位从不喝酒的人，这次却破例和唐云举杯相邀："这瓶酒还没有被抄走，是劫中孑遗，为了人的尊严，我们干杯。"

"好，好……"唐云一口把酒喝光。

"画都没有了。"傅雷很悲恸。

"我给你画，画你欢喜的画。"唐云说。

"好，好，我等着你的画。"傅雷说。

那天唐云回到家中，找到一管秃笔，为傅雷作了一幅落地长松，一直画到天亮，吃过早饭，唐云把未完成的画稿收藏起来，把笔砚洗洗干净，就去上班了。

一天，唐云经过傅雷住的那条弄堂，看见弄堂口聚集了许多人，在围看"大字报"。唐云凑上去一看：傅雷夫妇自杀了！

唐云回到家中，又找出那幅画，想把它完成，以纪念傅雷的忌日，但他一笔也画不出来。他对着那张画，喝了半夜的酒，看了半夜的画，最后把它扯得粉碎，用火柴一点，把它烧去了。

批"黑画"的风波劫难

在那种是非颠倒的日子里，时时会突然掀起恶风浊浪，把人置于非人非鬼的境地。1973年"批黑画"，又把上海的画家们再次推到人人自危的危谷深渊。

这股恶风浊浪由"四人帮"从北京掀起。他们办了一个"黑画展览会"。北京许多画家的作品都在这个展览会上展出。不久，上海也学北京的样子，在美术馆搞起了"黑画展览"。当时林风眠、唐云、来楚生、程十发、刘旦宅等许多画家的作品都在展览。最有名的是南京画家陈大羽的公鸡，被批判为是一只"好斗的公鸡"，把尾巴翘上天。特别是对出口画，被批判为"把半个中国给卖掉了"。

这时的唐云早已无意再画画了。不但无意再画，甚至在朋友家里只要看到自己的画，他就一定要撕掉。有一天，唐云专程到一位朋友家中，要朋友把他的画拿出来给他看。这位朋友果然把画都拿了出来。唐云找到火柴，坐在壁炉前，把那些画，一张一张地撕，然后又一张一张地烧掉。这朋友劝唐云不要烧，他会保管好的。可是唐云还不停地烧，他说："这次烧了，下次给你画更好的。"这天晚上，三十多张画随着火焰的跳跃，相继化为灰烬。这是"祭画"。宾主双方心情都很沉重，连空气都快凝固了。

不只是唐云烧画，林风眠也把自己的画烧掉。他到学生家里，先是不经意地问："老师对你好吧？"

"好。"学生说。

"你听老师的话吧？"林风眠问。

"听。"学生说。

"那你把老师给你的画都拿出来。"林风眠说。

"好。"学生说着，把林风眠给他画的三十多张画都拿了出来。

林风眠挑了六张仕女，把火一点，这六张画顿时都化为灰烬。他先烧了这六张仕女，接着又烧了山水、花卉。一晚上，林风眠也把几十张画烧光。

林风眠的痛苦更是深深地埋在心底。1966年，林风眠祸从天降，以"特务"之嫌被关进监狱，时间达六年之久。林风眠在上海孤身一人，只有他的学生席素华、冯纪中夫妇前往探望。十年动乱期间，席素华因对林风眠照顾而受到冲击并被抄家。1972年，当林风眠从狱中出来回南昌路的当天晚上，唐云即悄悄前往探望。两位被剥夺艺术生命的人相见，相对欷歔。这以后，唐云就把沈智毅找来，要他多往林风眠家中跑跑，对林先生加以照顾。席素华当时家庭经济拮据，便把家中所有能卖的东西都卖了，给林风眠添了棉衣。林风眠生病了，要到医院去看病，"工宣队"不肯给他开证明。

像林风眠这样戴着"特务分子"帽子的人，没有证明，即使死了，救死扶伤的人道主义光芒也不会照射在他身上的。唐云知道了这事，冒着"阶级斗争新动向"的风险，给"工宣队"那个开证明的人画了一张画送上，画收下来了，林风眠的看病证明也开出来了，以后，林风眠要去看病，要开证明，就先画一张画权当敲门砖。后来，林风眠有一个当医生的学生关心他看病的事情，才使他在狱中失去的健康慢慢地恢复起来。

为了安定林风眠的生活，唐云向他建议："风眠，还是找一位女的结婚吧。""药翁，我的夫人还在巴西啊，我们还会重逢的。"此时的林风眠对生活已经心灰意冷，哪里还有心思再结婚。但是，他画画的热情并没有泯灭，每天有空就作些小幅的画，为朋友画了数百只瓷盘。这时，林风眠的作品更加沉湎于自然与超脱的情趣，更加表现出素洁的情操、淳厚的人生态度，赞颂自然的生命、自由的生灵和美，以清淡、幽深、宁静的风格，表现出内心的孤独感和寂寞感。唐云看到林风眠的这些画，对他说："风眠，你是用自己的心血在画画，你像来楚生一样啊！"

林风眠画中所表现的孤独寂寞的情绪，唐云给予极高的艺术评价，他说："寂寞和孤独是一种艺术品格，那不是伤感与哀怨，而是一种诗意情愫，常常是诚于中而形于外的。在艺术的追求及生活中，每个人都有这种孤独与寂寞感，表现出来的就不一定都具有诗意的美。像李公麟的山水、郑所南的兰花、倪云林的枯石、陈洪绶的人物，以及清代的四僧渐江、石溪、八大和石涛的艺术，都有着类似的孤寂。现在的画家，很少有人能像林风眠这样，将深层个性及意蕴的诗意表现出来了。"

唐云和林风眠，每到朋友家中，就要找他们的画，找出来就烧掉。朋友们知道他们的担心，都自动把画收藏好，或者转移到别的地方去，不让他们看到，否则的话就要被付之一炬。

一位学生收藏了唐云一张蝴蝶花，画上题了一首诗。晚上，唐云突然想到这张画及画上题的那首诗，他觉得诗中有一个字不妥。当天半夜，唐云跑到那位学生的家，要他把画拿出来，并要撕掉。这位学生早有思想准备，把画拿了出来展开给唐云看，让他说哪一个字不合适，就是不让他接触那张画。唐云说了那个不合适的字，学生说："好，我明天就把它挖掉。"

"不行，你今天晚上就要挖掉。"唐云坚持说。

那位学生只好把那诗中的一个字挖去，然后才把唐云送回家。

唐云不是没有愤怒，他把自己的愤怒倾注于笔端。批"黑画"之后，唐云到一位朋友家喝酒，在微醉中画了一幅《醉鹰图》，画的是一只倾倒的空酒坛上蹲着一只鹰。那只鹰既保持着威严的外貌，神态又是微醉欲睡的样子，看了令人忍俊不禁。一只高飞远翔的鹰，怎么能蹲在一只倾倒的空酒坛上呢？唐云是借酒浇愁，把酒喝光了还要把酒坛踢倒。说他是愤怒，也可以说他是醉了，他把画的主题处理得模棱两可。

是的，善行者无辙迹，《孙子兵法》说："善用兵者无赫赫之功"，倘无身世之恸，倘无难言之隐，也许八大笔下顿减许多怪怪奇奇，又将会是另一番的龙拿虎掷了罢。

外混光尘，中分泾渭

　　风波渐渐平息，唐云的生活也开始走向平静。王小鹰的《唐先生为我画老鹰》这段写实的文字，记录了唐云此时生活的一斑，姑且录之于后：

　　我藏有一幅水墨的鹰，是只雏鹰，羽毛初丰，屹立在一棵苍劲的松枝上，睨视着远山近水。有识货的朋友告诉我，此画现在可以卖大价钱。鹰是唐云先生画的，松枝是应野平先生补的，唐先生、应先生均是饮誉海内外的老画家。而我说，哪怕穷得讨饭也不会卖这张画的。

　　二十年前一个大雪纷飞的夜晚，我们家冷清得可怕，父亲再次被关进隔离室，母亲在干校得了急病被送回来，昏昏沉沉地躺在床上。时间已不早，突然响起敲门声，弄得人胆颤心惊，以为又是什么"造反派"来提审母亲了。及至开了门，都吃了一惊，滚进两个雪人，都是父亲的画友，一位是于丁叔叔，一位便是唐云先生。于丁叔叔来不及掸雪便说："唐先生解放了，特意来看看老芦的。"唐先生穿一件灰塌塌的旧式棉袄，戴顶罗宋帽，脚下趿一双破的元宝棉鞋，肩背上都是雪，很邋遢的样子，不过脸上神气倒很清朗。母亲从床上仄起身子说："芦芒他又关进去了……"三人都有些黯然。沉默了一会，母亲说，有点酒，随便喝几杯。唐先生好酒是退迩闻名的，并不推辞，自斟自饮，喝了两杯，便向母亲讨纸墨，说要画画了。于是铺开纸张，凝思片刻，挥毫即作，点、擦、泼、染，一只傲岸的苍鹰跃然纸上，鹰停在危崖上，昂首挺胸，十分精神。画毕，唐先生摔了笔说，这画送给老芦，望他自己保重了。此时已是半夜十二点，唐先生告辞，以一领旧絮冲进风雪之中。这只鹰我母亲一直珍藏于今，不必言语，画间自有真情。

过了几年，情况渐渐好转，父亲母亲都从"牛棚"放出来回家了。于是唐先生便成了我家的常客。他一到，父亲总叫备酒，菜不用多，花生米加两只小炒即可。几杯酒下肚，兴致来了，必要画上几笔，幽兰、青竹、小鸡、麻雀，无不自然成趣。唐先生上门并不事先通知，所以有时来时父母亲不在家，我家老阿姨摸透了他性子，便自炒两只小菜，斟一杯暖酒，唐先生也不见外，自顾自饮酒吃菜，酒后照例挥上几笔。日子长了，唐先生与我家老阿姨也相熟友好，有一日便画了一张火火红红的十姐妹花送与老阿姨。老阿姨那时就快七十岁，并不识字，也不懂文墨，却如获至宝，笑得合不拢嘴，见人就道唐先生厚道，不拿架子。不过当时她万万想不到这薄薄一张纸日后能值许多钱。老阿姨如今早已作古，不知那张十姐妹流落何方？

图46 唐云《松鹰图》
（1978）

有一年我从农场探亲回家，正值唐先生到我家饮酒。那日同来的还有应野平先生，他们喝酒谈天得高兴了，撤了菜肴铺上宣纸，左一张右一张地画将起来。我悄悄地对父亲说："爸爸，我也想要一只鹰。"父亲便对唐先生说："老唐，我大女儿也好画画，她叫小鹰，想讨你一只鹰。"唐先生二话没说，铺开一张纸替我画鹰，一边画一边还说："你叫小鹰，我就画只老鹰给你。"我实在佩服唐先生只在笔墨疏密浓淡之间将老鹰小鹰分得那么清楚。唐先生作罢鹰，应野平先生乘兴补了苍松，便成了我上文中提及的那张画。每每取出观赏，由此雏鹰想及父母珍藏的老鹰，想及那一个雪夜，这两只鹰自然便是无价之宝的了。

这时候的唐云，多和一些"老干部"交游。这些"老干部"其实也都不能说老得怎样，大多是五十岁到六十岁之间的人，和唐云的年龄相去不远，而且与唐云一样都有着饮酒的豪性。无论怎样，有的老干部是喝不过唐云的。代佛和唐云在一起喝酒，他从来不是唐云的对手，每次都以代佛大醉而告结束。

"我干一杯，你给我画一张画。"代佛有时拗不过唐云，只好用这种办法向唐云讨饶。

"好，干一杯，一张画！"不料，唐云竟是一口答应下来。

在酒场上，唐云说话向来算数。但是这种输赢不是一开杯就赌的，而是要等对方喝到九分半时，唐云才和代佛打赌。这样，代佛每干一杯，唐云就给他画一开小小的册页。代佛收藏的唐云那样多的酒兴佳作，都是他用醉换来的。

这时，唐云欢喜画白梅花，墨笔勾勒，花朵繁茂，而题在画上的诗却是孤寂冷清的：

梦醒灯昏酒力微，冰心不与白云飞。

平生事事都慵懒，早对梅花共息机。

冰霜历劫未沉沦，依旧苍苔卧此身。

毕竟尘寰真赏少，几番心事对花人。

想借春风散旅愁，梅花时节醉中休。

孤山处士今何在，欲与林泉半鏊谋。

诗的字里行间，流露出唐云的出世的心境。

这时的唐云，也会寻找自我消闲的机会。上海不能玩得畅快，他就和老干部白书章到苏州去游玩。在苏州博物馆，他们看到宋代画家梁托山的《奔牛图卷》，白书章极为欢喜，驻足看了很久才恋恋不舍地离去。

"回到上海，我给你画一张。"唐云说。

他们在苏州玩了几天，从旧书店买了一套二十四史，悄悄地运回上海。过了几天，唐云果然给白书章送来一张临摹的《奔牛图》，并题曰：

梁托山《奔牛图卷》，余与书章同志游吴门时见之，其用笔萧散，有村野之趣，卷以元人题者甚多，为世所罕见之品，书章索余背抚其笔，因拟其大略请教。癸丑初秋　唐云记。

说唐云是个天生的画家，那是一点也不错。有一次他到白书章家中，一进门就连声高呼："我要画鹰，快拿好纸来！"他一口气画了四张鹰才算罢休。有一次，唐云来到白书章家，恰巧白书章不在，他就从厕所里拿出一卷草纸，用赭石在草纸上作画。画兴已尽，他把笔一扔走了，地板上铺的都是他的画。

白书章虽是老干部，却有刻砚的一技之长。唐云就托人寻找砚石，自己设计，自治研铭，由白书章镌刻。唐云得到一方甘肃洮河砚石，就是他设计和治铭，由白书章刻砚赠给来楚生，砚铭交楚生手凿：

洮河绿，磨紫玉，擘窠大书深入墨。挥洒烟云元气足，负翁手硬益有神，打破圈子涉笔新，我赠石坯此砚真，与君同占万千春。

唐云虽有一方"敝帚自珍"的闲章，而在这个时期，他对自己的作品是不太爱惜的。可以说来讨画者，有求必应；走到哪里，画到哪里；画到哪里，就扔在哪里。所以老干部中收藏唐云作品的动辄都是十几张或几十张，多达百张者亦有，这都是友情、酒兴所使。为收藏唐云画，曾引出不少佳话。

有一次，李研吾到唐云家中走访。看到唐云画的山水小卷置诸案上，虽然还没有完成，已经有八分成色，很像一张画了。李研吾甚为喜爱，遂顺手牵羊而去。

后来，李研吾调往天津，携此卷至寓所。沈觉初到了天津，李研吾出示，沈觉初甚为喜爱。李研吾又将此卷送给沈觉初。沈觉初把此卷带回上海，请唐云补画完成。唐云补就后，并于卷尾题曰：

此于十年前信笔所作，置于纸堆，被研吾取去，一九八〇年觉初至天津，为研吾整理旧籍见之，称赏不已，研吾赠之携沪索题记。老药。

李研吾又补题，述其得此卷的经过：

药翁工花鸟，又工山水。楚生云其花鸟精，山水尤精，十年浩劫之际，仍勤作不息，其书画亦见苍劲。此幅袖珍山水长卷原无款，一九七五年秋于药翁画室案头得之，秘而未告，彼此相知，不以为怪，今题赠觉初老友珍而藏之，当更深知其情趣。

谢稚柳观赏此卷，亦题曰：

此药翁十年前所作，以矮纸写三远之景，殊可观。年来此公风腕，不知尚能作如此画否？

应野平亦有题记：

图47　唐云和孙子唐韦（右）、唐永辉（左）

　　云山苍苍，烟水茫茫，渔村舟舍，一派风光，丹青妙手，丘壑胸藏，咫尺千里，笔放光芒，心赏之余，漫书数行。觉初老兄属题药翁山水小卷，为书四字句奉酬，并希正之。

　　此种孤寂和冷清，在唐云的生活中也表现出几分的闲适来，我们从他的诗中亦可看到：

　　　　偶然一笔惹诗魂，老去闲情蘸墨痕。

　　　　山色乱侵春草绿，波光明射晚烟昏。

　　　　壮心不已樽边剑，皓月才升犬守门。

欲此归来成小睡，奈他庭院闹儿孙。

　　十年浩劫，寒凝大地，拂逆之来，横暴所加，与孙子韦韦、永辉及孙女欣欣相嬉，使他的心情有所寄托，何况他又是外混光尘，中分泾渭，均能忘小守大，预鞭其后。这在唐云的生活中，可以说是处于全盛的时期了。

第十一章

青山夕照明

报春梅花的被扼杀

1976年。周恩来总理逝世了。毛泽东主席也逝世了。唐云感到更加迷惘了。他天天坐在画桌前，看着那盆细嫩的凤尾竹，刚刚抽出的叶片就有些发黄了。那盆石榴，在五月里没有开花，到了八月也不见结果。只有那盆水菖蒲，叶子还是青青的。他用明代遗物小铜勺从水盂中舀了两勺水浇在水养菖蒲的盆内，然后又把它端到阴凉的地方。

那幅杜鹃花已经画了几天，仍然铺展在画案上，几次提笔又都放下，他感到自画画以来，手中的笔从来没有这样沉重过，落笔也从来没有今天这样迟疑过。他真想用手中的画笔，把自己的心情全部倾注在画上，但胸中像有一块巨石堵塞，使他内心的激情无法冲出，手中的笔也无法落下。这时，他放好水菖蒲，回到桌边，从字纸篓中抓起一团撕碎的画稿，把手擦干，随手把锡管颜料胭脂红挤在颜色碟里，抓起一管"乌龙甩水"的狼毫，用水拌着颜料向宣纸上涂去，用笔速度之快，使宣纸发出声音，真像雨打芭蕉。顿时满纸杜鹃，一朵朵，一簇簇，鲜艳夺目，淋漓欲滴，像一双双水汪汪的眼睛向外流着血的泪水。

这是唐云在哭泣，眼里流的不是泪，而是血。在血泪中他在问着：谁能救中国？

刚刚落笔，画院来了通知，说是上面布置下来：要唐云画一幅梅花。

唐云也没有打听是谁要的这幅画，画什么样的梅花？他展纸在画案，连笔也没有洗，用朱砂代替胭脂红，圈圈点点，随即紫气满纸，漫天飞血，那梅花热气腾腾，似乎是用血画出来的。

一幅报春的《梅花图》送了上去。

过了一天，上面回话：画得不错，只是还没有达到要求的主题。

要求是什么样的主题呢？唐云揣摩一阵，仍然感到摸不着头脑，于是他又画了一张更热烈、更鲜艳的《梅花报春图》。

唐云画杜鹃用胭脂红，画梅花用朱砂红，他自己也不知道此时为什么那样欢喜用红色？他知道胸膛藏着的是一颗冷了的心，为什么偏偏又画得那样热烈？

《梅花报春图》送上去之后，仍然没有通过。回话的人这次却不再是笼统的要什么梅花图了，而是点明说：可以画"已是悬崖百丈冰"的主题嘛，而且不要唐云在画上落款。

画的主题已经点明，唐云却搁下笔不画了。他问来人：为什么要画冰崖梅花？为什么不要落款？为什么时间也限死了？来人讲不清楚。

"你去问问，把事情弄清楚了我再画。"唐云满心疑团，想用这个巧妙的办法拖几天再说。

唐云还有一点感到不解的是：自从批"黑画"以来，中国画一直是受冷落的。这时为什么居然上门布置起任务来了？他曾经到公社去劳动，画了一张《公社养鸡场》，画来画去，画中的鸡都是没精打采的，像瘟鸡一样，总是神气不起来。那是因批"黑画"时，《迎春》中的一只公鸡在翘尾啄食，遭到了疯狂的围攻。自那以后，唐云除了为几位知交画画，对上面布置下来的任务，他总是慎之又慎的。

过了几天，突然传来"四人帮"被粉碎的消息，接着要画冰崖梅花的内情也清楚了：原来是张春桥的妻子文静要唐云画的，画成之后由张春桥题词送给江青，为他们的行将覆灭的反党集团打气。

"四人帮"的覆灭使唐云极为兴奋，他喝了一斤黄酒，连夜画了《捉蟹图》。用水墨画着一只大酒坛，三只酒杯，四只用绳子捆扎着的蟹。他还即兴赋了七言绝句题在画上：

> 三雄捉得又擒雌，不许横行放厥词；
> 揭盖劈螯除四害，人心大快庆千厄。

我们见此画，读此词，就像亲眼看到唐云捧坛豪饮，犹似听见他发自内心深处的笑声。人民在欢乐的日子里，唐云不只画多幅《捉蟹图》，还以生花妙笔画《荷花图》，一改往日"小荷才露尖尖

图48 唐云《荷花》

角"、"芙蓉出水"的雅淡，他用朱砂写荷花，嫩绿画荷叶，是一派"映日荷花别样红"的艳丽景色。这红色已经不像杜鹃或红梅那样凝重，不再是血和泪的象征，而像一首欢乐的歌。

笔酣墨畅画巨画

中国画的发展有着从墙上走向纸上、绢上的过程。中国的壁画气度恢宏，布局繁密，顶天立地，常常是一堵墙就是一幅画。画家的名字虽然没有留在画上，不见经传，但他们创作的作品是中国绘画的前期高峰，把它立于世界之林，那是当之无愧的。以后，中国画走向绢和纸，因为篇幅的限制和人们欣赏情趣的改变，画的格局变得越来越小了，或卷，或扇，或册，或立轴，或横幅，和壁画已经无法相比。画家画大画的功能也在衰退，常常会把画家带入无胆、无识、无技艺的窘境。

"布置画"的兴起，庞大的政治建筑物、新兴的饭店、车站、码头都要以中国画来进行装饰。特别是在绘画的商品观念还没有复苏时，中国画不值钱，只要把画家请去，住上几个月，或者吃上几顿饭，就可以得到画家的长幅巨制。还有的是"政治任务"的绘画，画家分文不取，有时还要贴纸墨和颜料。此风在中国的土地上还是流行过一个时期的。

唐云也不例外，加入画大画的队伍之中：

1977年的9月，唐云应北京饭店、首都机场的邀请，与谢稚柳、陈佩秋、陈秋草、朱屺瞻赴京作画，唐云作丈二匹两张；

1978年，唐云应上海延安饭店之邀，作巨幅山水；

1979年，唐云应上海科学会堂之邀，作巨幅松树；

1980年，唐云专程赴北京，为人民大会堂作大画两幅，每幅二十四平方米，一幅画的是松，一幅画的是竹；

1981年，唐云又一次赴北京，与朱屺瞻、李可染、陆俨少合作巨画《梅花竹石图》；

......

唐云作小幅，多以含蓄、空灵见长，而作大幅则要稳重、厚实，那是要真功夫的。没有真正的功夫，则会出现石无处放、树无处栽、人无处立的困境，使画流于空泛。唐云作大幅，常说"立得住"或"站得稳"。为了求得"立得住"或"站得稳"，在一幅大画上不知道要花多少心血。他为人民大会堂作的两幅巨幅，足足花了二十天的时间，并不像局外人所说的"一挥而就"、"立等可取"，用功之深，费时之多，不亚于西方的油画。上海火车站贵宾室悬挂着唐云的《松龄鹤寿图》，是在他年逾八旬之际，用了八天时间画成的。陪他作画的学生谢力文，对这幅画的创作过程有着详细的记录，现录之于后：

去年岁末，先生开始绘制这幅巨作。画长一丈二尺，宽四尺，画桌须用八张桌子拼成，先生推辞了原先为他安排的一家四星级宾馆，而来到了一个地僻人稀的处所。先生才进房间，就要我摊开画纸。少顷，先生放下了烟蒂拿起了木炭条，在纸上画出了第一根有力的线条。我看一下时间，是我们进门后的第四十分钟。

下午，先生起床后，站立在画桌前思索了良久，吩咐我把已经用木炭条勾的两只鹤足擦去，重新再用木炭条勾画，勾成后觉得不称心再要我擦去，如此再三再四，直到满意。先生对我说："脚最难，一点都不能马虎，稍差一点就会影响整个画面气氛，外在的形象把握准了，还要把精力注意到内在的神气。"先生边画边谈，不知不觉之中天色暗了。晚餐后他在灯光下又勾画了一个多小时，这时一只栩栩如生、神采飘逸的仙鹤已跃然纸上，他持笔注视了近十分钟，才要我把用过的笔洗干净。

第二天清晨七点不到，先生起床，喝茶吃早点，回到房间继续作画。只见先生换了一枝粗大的毛笔饱蘸浓墨，敏捷地在纸上画出了一株苍劲的松树，笔触壮而有力，运笔就像斧子那样，迅速似有疾风。稍候片刻宣纸干了，他要我把画竖起来钉在墙上，这时一幅用墨笔构成的松鹤图气势恢宏地展现在眼前。第三天，先生在仙鹤脚下画了一块巨石，整个画面的一松一鹤便有机地联在一起，重心也显得很稳。第四天、第五天先生开始着颜色。他要我在粉状白色里加上少许明胶，然后用手指把粗粒逐步搅匀。先生换上一枝干净的毛笔，给仙鹤图上了白色的羽衣。先生那样认真，那样一丝不苟，而且一笔在握不到一个段落绝不肯休息。第六第七天，松树干枝上画了赭石，松针上罩染了花青，巨石上加上了石青，又在松树旁加了两枝紫色灵芝。第八天一早起来，先生要我磨墨。先生又把整个画面仔仔细细地审视了一遍。这次看的时间更长，在桌上看过了又把画钉到墙上再看，我知道先生准备题字了。早饭后，他用一枝中号的写字毛笔在画的左上角写了"松龄鹤寿图"五个大字，再换一枝稍小些的笔落款。在款字的下面盖上了"唐云之印"和"大石翁"一大一小两个方圆印章，又在画的右下角盖上了"散帚"一颗椭圆形的闲章。鲜艳夺目的三方印章顿时给画面增添了许多光彩。这样一幅长一丈二尺、宽四尺的《松龄鹤寿图》基本上完成了。他要我再把画钉在墙上，自己坐在画的正前方，注视着，一会儿要我取下，加上几笔再挂上。一天之中取下挂上了十几次。先生说："画画这件事一点都来不得马虎，一定要在作品交出之前自己首先满意才能放下笔。"傍晚，这幅巨作完成了。

笔者不厌其烦地抄录记述唐云作画过程的这段文字，无非是想说明唐云老年作画的艰辛和一笔不苟的精神，更重要的是在大幅巨画中，他是如何求"立得稳""站得住"的。这幅四十多平方尺的大画，唐云却不计报酬，他说："国家现在还有困难，许多项目经费都很紧，如果大家伸手向国家要钱，国家哪里来这么多钱？我的这幅画不要报酬。"类似这样的大画，画家能得到报酬的的确不多。不计报酬的事，唐云是常常要做的。浙江省残疾人福利基金会需要筹划基金，唐云慨然应诺，不但自己花了三千多元买了纸和颜料，住在杭州宾馆二个半月，房租费又花去一万多元，画了一百幅画，义卖得款七十余万人民币，悉数捐给这个基金会。他是衷心希望这笔基金能用到残疾人身上。

图49 唐云
《松龄鹤寿图》

集多任于一身

　　唐云的青年及中年，虽有一些磨难，但他的内心精神是属于自己的。自由自在的卖画生活，在他身上留下许多痕迹，深入到他的潜意识之中，他无所忌讳和掩饰，任其流露。可是到了晚年之后，集多任于他一身：上海中国画院副院长、代理院长、名誉院长，上海市文物鉴定委员会委员，中国美术家协会上海分会副主席，上海市政协常委……如此等等，还有许多职务，也都挂在他的身上。这样，唐云身上政治色彩就渐渐变浓了，在别人的眼里，自由自在的唐云变成政治的唐云了。

　　1982年，上海市政协应福建省政协邀请，唐云身为副团长，率领上海画家赴福建，到福州、厦门、泉州、漳州及武夷山游览、观光、作画。在武夷山，唐云作画数幅并诗二首，一首是《大王峰漫兴》：

　　　　大王峰接幔亭峰，千古流传总不同。

可嚎神仙儿女事，未暇先探武夷宫。

另一首是《接笋峰》：

耸立奇峰名接笋，偶对泼墨写新图。

不知老米烟云手，画得武夷此景无。

1983年，上海政协应云南省政协的邀请，唐云又身为副团长，率领上海的画家赴昆明进行艺术交流。

1984年，唐云以上海美协副主席、上海中国画院副院长的身份，去西安参加西安画院成立活动。然后又有成都之行，参加成都书画院的成立。

1985年，上海市政协应安徽省政协的邀请，唐云身为副团长率上海画家赴合肥，与安徽的画家进行艺术交流，然后又游了九华山和黄山。

当然，唐云的社会活动还不止这些。还有诸多的会议，社会的应酬……这一切都使他感到是一大乐趣，同时也感到这一切在消耗着自己的艺术生命，没有时间再潜心于绘画艺术的创造。行万里路，饱览名山大川，这只是一种感受，虽然把自己的感受诉诸艺术，让感受从绘画上体现出来，但缺少沉淀，缺少消化。所到之处虽然没有停笔，在不停地画，但只是驾着轻车在熟路上走着，唐云想找个安静的地方画画，可是没法找到。他偶有所得，创造出新的意境，便兴奋不已。他画过一幅墨荷，一洗尘世的喧闹，成为他的得意之作，即兴赋了一首诗题于画上：

白荷花气袭人清，玉露无声月正明。

昨梦浮槎香海去，秋心今向笔尖生。

唐云想远离人海，乘槎浮海而去，去追求一种清新的意境，但是无槎可乘，只能是酒越喝越高级，把绍兴陈酒换成XO之类的洋酒了。酒里有诗有画，也可能会给他找到一颗艺术的秋心。对秋心他是那样地珍贵，可见只能是一个偶然的机缘，可遇而不可求了。

旧雨新知两难忘

唐云有一句名言：人生之欢，莫过于结交；人生之苦，莫过于失友。唐云有着结友之欢，其乐无穷；在十年动乱中，他也饱尝了失友之苦。像白蕉、钱瘦铁，都是在不该走的时候走的，艺术的才能没有得到升华，这在唐云的心中一直是个隐痛。特别是到了他的晚年，更怕再遇失友之痛。但是，人生变幻之无常，有的朋友生离了，有的朋友死别了。无论是生离或是死别，唐云在感情上都无法作自我超脱。

林风眠要出国了。唐云知道林风眠这次出去后短期内不会回来的，也许永远不会回来了。唐云想挽留他，但是没有这样做。他知道这种挽留是多余的，也无法把林风眠挽留住。再说林风眠的亲人都在国外，在国内只是形影相吊，挽留他又干什么呢？林风眠也是一位重情谊的人，出国之前，对他的相识与好友都以画相赠。他也赠给唐云一幅《渔舟图》，唐云得之，题诗于画上：

渔人沽酒入前村，舟上鱼鹰晒晚晴。

梦我空濛闲趣味，五湖烟火十年情。

唐云与林风眠可以说是十年相识，十年磨难。磨难刚过，一个新的十年相聚刚刚开始的时候，林风眠要远走他乡了。一切都如梦如烟，心中的真情是永远无法了结的。

花鸟画家张大壮，也是从杭州走出来的。他是一位天赋很高的画家。他的绘画艺术从恽南田入手，又创造了自家的风格。恽南田的没骨法牡丹，娇艳欲滴，张大壮的牡丹除娇艳之外，在用色上，在用笔上，在渲染上，在构图上，都改变了恽南田的成法，使牡丹具有活色生香的立体感，把恽南田的画法推进了一步。张大壮不单纯师事恽南田，他对白阳、青藤、八大、石涛都有深厚的研究。有时兴来，常对客表演。笔者曾经看到，在同一场合中，张大壮能表演多种风格。有人点画白阳，他随手一挥，宣纸上就出现了白阳风格的花卉。有人点画青藤，他寥寥几笔，画上尽是青藤风格的花卉。也有人点八大的荷花，他的笔就在纸上飞舞起来，宛然有八大花卉的清华墨韵。对待名誉地位，张大壮却十分淡泊。有一次画展，他送去一幅雅淡的牡丹，被陈列在极不显眼的地位，欢喜张大壮的人去参观时找了半天才找到。大家愤愤不平，回来后把此事告诉张大壮，他淡然一笑地说："作品的优劣，不在陈列地位的好坏，好的作品即使放在角落里，终究会被人发现而赞叹。没有水平的作品，即使位置在正中显要的地位，也不能使其水平增高一丝一毫。"

不攀附名人权贵，这是张大壮的内在性格。他是章太炎的亲外甥，但他从不在别人面前炫耀。笔者偶尔想和他谈谈章太炎的故事，他只是淡淡地说："他给我开过书目，要我好好读书，可我念不下去。我那舅舅不大讲道理，写文章也很霸道，也很难读。"二十世纪七十年代末，茅盾从北京来上海，由他的好友陪同前往张大壮的住处，想求他一张画，茅盾谈当年在章太炎家和他相见时的情景，他只是应付着，就是不动笔。茅盾和好友只好怏怏离去。还有一位北京来的高级官员来上海去拜访他，求他作画，他干脆躺在被窝里装起病来。在上海的画家中，不和名人权贵往来的，恐怕只有张大壮了。

他懂中医，能搭脉开药方，但他不相信医生，生了病很少吃药。他患有老年性便秘，这使他痛苦不堪，笔者曾送他两瓶敝乡安徽淮北小磨麻油，他很高兴，说直接喝麻油，可以治便秘。几天之后笔者再去看他，见他躺在床上，对我苦笑着说："麻油喝多了。"原来肠子润滑得有些大便失禁。

张大壮一生穷困潦倒，但不为金钱所驱使。他在病中，画商携巨款来请他作画，他没有被巨款迷住就此落笔。待画商走后，他带着几分神秘对笔者说："我还有三百七十元钱，等花完了再画。"1980年，中国画商品化的色彩已经很浓，但清理家财时，张大壮无分文存款，只有三百元的现金，连遗孀的生活也难以维持。张大壮没有后辈，夫人又长期卧床不起，连丧事都无人料理。唐云帮助料理了这位患难与共的朋友的后事，并在追悼会上致了悼词。虽然如此，唐云仍感到哀痛难已，又请沈觉初将悼词镌刻在张大壮生前用的那方石砚上，并随张大壮的骨灰藏入地下。其悼词曰：

张大壮先生，浙江杭州人，上海画院画师，中国美术家协会上海分会会员，中国农工民主党上海市委员会委员。

大壮先生是全国闻名的花鸟画家，也作山水，他在十九岁时，即被吴兴收藏家庞莱臣先生所赏识，聘为管理和临摹名画，并还善于篆刻，精于鉴别。

大壮先生的花鸟画，宗法恽南田、华新罗，上追五代徐熙、黄筌，为了摆脱一师一派的束缚，他还吸收徐青藤、陈白阳、八大山人、石涛等诸家所长。全国解放后，作画题材还大到蔬菜、瓜果和鱼虾。他所画的明虾和西瓜，尤称绝艺，画风明秀洒脱，清标拔俗，晚年变法，气势纵放，落笔铿锵，一点一拂，天趣盎然，达到了自出机杼，形成了自己独特的面目，受到美术界和国画爱好者的赞赏。

大壮先生，为人正直，律己甚严，一生谦虚谨慎，生活俭朴，从不计较个人得失。与人相处，谦让为本，从善如流，因此他的人格和画格，获得美术界同道的尊敬。

大壮先生，体质素弱，长年卧病，不幸于一九八〇年六月二十一日下午七时五十分逝世，终年七十七岁。

公元一九八〇年六月三十日

上海画院唐云撰　后学沈觉初谨刻

这是为张大壮生平留下的一段文字，它成了一生寂寞的画家的墓碑。

来楚生病逝之后，唐云的另一位朋友魏仰之寄来一首悼念的诗。魏仰之素来景仰来楚生的艺术，相见恨晚，经唐云介绍相识后不久，来楚生即离开人世。但相隔不久，魏仰之也病故了，唐云含着失友之痛，步魏仰之原韵和了一首诗：

相识何须相见迟，难销猛气鬓如丝。

死生转觉寻常事，岁月播成绚丽诗。

小枝由他留盛世，远怀萦我起秋思。

低回四海论交契，却忆京华魏仰之。

山水画家应野平的逝世，唐云好几天都沉浸在悲恸之中，他作了一副挽联：

竟逢落花逝尘世

往事烟消哭野平

.

这样的句子比老泪纵横要悲恸得多。

对人生，唐云的确有着"死生转觉寻常事"的超脱，但和老朋友生死与共的往事，想让它烟消，却又无法烟消。他不是用泪水，而是用他的诗、他的文寄托着哀思。花鸟画家孔小瑜，以画博古而见长，唐云自愧不如，两人交往几十年，漂泊愁苦之时不相忘。中华人民共和国成立前，孔小瑜生活无计向唐云借钱，恰值唐云也是囊空如洗，他就到若瓢那里借了五十元钱，分给孔小瑜二十元，自己留用三十元。孔小瑜逝世之后出版了一本画册，唐云带着深沉的哀婉，为画册写了一篇序：

亡友孔小瑜大兄，笃诚勤朴，讷讷如古君子，在沪五十年，绝无市井气。天资过人，精于默记物形并发掘其神态，有像不拘像，无情尽有情，转益多师，镂云裁月，作品伙颐，不胫而走，艳而不伤雅，通俗还从脱俗来，掬晨霞冶作胭脂红，溶兰叶为翡翠绿，黄金绛玉，气象不凡，乍看无奇，久观不厌，秀出一帜，不容他人混淆。年逾五十，毅然赴皖，执教于安徽艺术学校，桃李满园，以天葩传薪火，固又不仅以画成名也。

予与大兄交熟五十年，犹忆抗战胜利后，物价飞涨，生计艰难，与兄朝则共砚，夜则促膝，或讽《离骚》，或赏名迹，心电交流，绝无拘束，彼此以冬梅秋菊相勉，共期经霜愈傲，不染污泥也。

十载沉思，人妖颠倒，兄既蒙冤，复以予为念，谓予一度中风，不肯戒酒，嬉笑怒骂，率真不知韬晦，恐遭大难。即至前年，兄自知不起，易箦之时，犹呼予名，出于肺腑，知交零落，岁月催人，音容在心，人已隔世，忆及往事，能不泫然，"人生得一知己足矣，斯世当以同怀视之"。幸伯容、仲起能继承父业，成绩可观，可慰吾怀。今伯、仲辑乃翁遗作付梓，予虽不文，不足以序兄作，而情动于中，岂可无言，漫述数语付之，以证雪泥鸿爪云尔。

一篇序言，字字真切，句句含情，发自肺腑，读之催人泪下，足见唐云的真情。

著名漫画家张乐平逝世，唐云在病中，仍然写了一副挽联："三毛零落逝尘去，老泪纵横哭乐平。"

不只是对老友，就是对老友的学生，唐云也是以诚相许，念念于怀。邓散木的学生单孝天为当代书法家和篆刻家，出版集子时，唐云亦为之作序。邓氏的另一位学生余穗祥，精治明史，曾与吴晗书来信往，探讨学术问题，十年动乱期间，因吴晗冤案受累，以"现行反革命罪"被送往劳改。"四人帮"粉碎后，余穗祥重返上海，唐云与之相见，甚为感叹，随以旧作墨竹一幅相赠，并题曰：

薄酒和新墨，临风写一枝，十三闰五月，重为举螺卮。

见旧作题闰五月，不知何年甲子，志此待考。　己巳三月，老药记。

穗祥弟见此爱之，即以奉贻，杭人唐云　一九八九年五月八日记。

以后，唐云常留余穗祥共饮于大石斋中，并为之作山水一帧，题曰：

满林红树是江村，浓抹萧疏蘸墨痕。不识幽情何处着，两行雁字祭诗魂。

穗祥老弟属　杭人唐云。

1989年7月，唐云应北京市政府邀请，赴京为天安门城楼创作大幅花卉，与中国美术展览馆的陈奇峰相遇。二十世纪六十年代，唐云去北京举办"上海花鸟画展"时，陈奇峰对唐云以老师相称，唐云在宾馆作画时，陈奇峰帮助理纸磨墨。那时唐云为友人画散张册页，顷刻之间作竹子三十幅，一张张墨色浓淡相掺，布局疏密有致，幅幅不同。画成之后，唐云一张张挑选一番，然后抽出十张扔在字纸篓中。陈奇峰问他：为什么不要了？他说：没有画好，不太满意，所以不要了。陈奇峰当即将它们拾起来说：不要扔掉，我拿回去作竹谱临摹学习。

时间经过三十年，唐云再次赴北京作画，陈奇峰将他收藏的那十幅竹枝图又拿了出来，请唐云过目。唐云一看就觉得奇怪：怎么每幅画都未完成，也无上下款？

此事唐云早已忘却了。

陈奇峰将这十幅竹枝图的来历讲述之后，唐云甚为高兴，把未完成的补成，并落上下款。其中一帧所补的题款为："此卅年前旧作，奇峰兄藏之至今属补款。杭州唐云年八十。"钤印"老药"。此后，陈奇峰将这画出示请启功题跋，启功即席赋诗一首：

石倚危崖竹倚风，卅年宿墨忆前踪。
赏音应羡陈鸾座，寒玉零玑宝药翁。

另一幅画上，唐云的题款为："此乃卅年老药自写鸟之品，知者定能赏之。"启功题跋时亦赋诗一首：

瓦雀曾经上竹竿，绘林搁笔叹奇观。
如今彩笔成珍羽，举座谁知得宝难。

图50　前排左起：唐云、东山魁夷、朱屺瞻　后排左起：沈之瑜、蔡振华、杨正新

　　唐云交友，也很符合自然界的新陈代谢的规律，许多老朋友去了，新朋友又来了，他的周围总是有许多朋友。可是到了晚年，他深居简出，与友人相处，虽是雅俗共赏，但新朋友中能有共同情趣的毕竟不多。但是，当他和日本当代画圣东山魁夷相识后，两人交谈艺术见解，有着许多共同的语言，使他常常念念于怀，互赠作品，以志永远的留念。一九八七年的元旦，东山魁夷给他寄来了新年问候：

　　值此迎新之际，谨祝起居迪吉。
　　去岁访问贵国，在上海承蒙诸位热情招待，不胜感激。

又承蒙先生通过日中文化交流协会惠赐优秀之大作，衷心感谢，并将作为对先生隆情厚意之最佳纪念，珍藏此件。

敬颂贵体日益健康，年年为美术界造福。

一九八七年一月十五日

唐云先生

东山魁夷

唐云给东山魁夷作了回复：

东山先生鉴：昨日由广州小住归沪，始读大札，甚慰所怀。去岁驾临上海，匆匆把晤，为时短暂，亦极平生快事也。承惠所印大作，精妙绝伦，永为宝藏。拙画草率，不堪入大方家一笑，聊以将意而已。手书迟复，万望见谅！专此并候

台祺！

唐云拜

三月八日

并候

尊夫人康健！

广东诗人芦荻与唐云相识后，两人相交颇深。唐云于1980年避寒广州时，为芦荻画《兰竹》一帧，芦荻甚为欣赏，以《看似寻常最奇崛——唐云作画小记》为题，记述两人过往的经过：

春节暇日，得有机会和上海中国画院代院长唐云同志游西樵。唐老生在杭州，我生在西樵，深感相见之晚。且喜此际与山水因缘之外，更结诗画因缘。唐老年过七十，精神仍极健旺，读其画作虽久，但亲其作画还是初次，实在是平生一大快事。我们在平湖水榭间，老画家兴致勃勃，下笔淋漓，一无滞机。现他所作荷鱼及芭蕉禽鸟，生动活泼，叹为观止。继作墨兰多幅，我素爱兰，今见其画，情不自禁，得小诗三首，姑抄录如下：

石上生兰竹，清幽见一心。
何须式奇艳，根蒂识功深。

岂畏萧艾密，滋滋九畹发，
不矜王者香，花中品独甲。

百卉正晴放，幽兰品异香。
岁交感君意，彩笔随春忙。

细观画家作画，下笔如飞，非常生辣，笔简意赅，在简练中见复杂。成如容易却艰辛，蕴含着诗一样的韵律，使你好像眼前开放着一朵朵幽兰，充满生机，达到清幽微妙的境界。王安石诗云：看似寻常最奇崛。读其画，见其人，实在不虚，因记之如上。

广州的另一位诗人姚北全，与唐云相识后，也是感怀颇深，写了一首古风"诗画会友"，抒其胸怀。其诗并序云：

　　上海画院代院长、著名国画家唐云南来广州，下榻南湖宾馆，三月七日诗人、作家等前往相访，欢聚一堂，诗画谈心，情长意笃，笔者深受感染，记述如下：

　　春雨初放晴，驱车出门行，南湖访新知，诗画写友情。久居穗城内，草木可曾青？放眼天地阔，红棉正峥嵘。径僻鸣笛远，溪流细有声。友人知客至，推门喜相迎。画家笔真健，意态自纵横。案头无空纸，花鸟笑盈盈。七十不算稀，起舞鸡未鸣。羊城方一日，佳作超百帧。画竹亮高节，虚心见坚贞。画兰生顽石，饮露自芳馨。诗人赞画友，画家赠丹青，难得太平世，诗画抒心灵。兰竹展一室，勃勃气韵生，七步话曹植，霎时妙句成："空谷生野趣。幽兰韵独清，白云闲渺渺，竹石有余情。"画师誉捷才，诗翁心赤诚，忆昔浩劫时，那得此聪明？英雄闲着老，人才多飘零，落墨皆黑画，爱美成罪名？喜鹊亦惊飞，百花见落英。诗人多放弃，谁敢吐心声，彳亍珠江畔，行吟若屈平。岁月终回转，阴霾涤荡清。三中全会好，四化倡文明，热气腾腾起，大业正中兴。上下喜团结，众志自成城。调整得人心，生活稳步升。诗画琴棋客，奋志日蒸蒸。今日喜相逢，雀鸟鸣嘤嘤。老骥起伏枥，奋足迈长行！白发红心在，青山照眼明。

车辙马迹半天下

　　唐云曾经以"一支秃笔走天下"而自诩。"走天下"者，并非走遍天下，而是带着一支秃笔闯荡生活。唐云一生喜欢周游，祖国的山南海北、名山大川都留下了他的足迹，还曾东渡日本，率领代表团参加书法展览。但他尤感有得并津津乐道的还是晚年的深圳、香港、新加坡之行。

　　1984年年底，唐云别出心裁，和赖少其在深圳博雅画廊举行了《唐云、赖少其书画作品暨藏品展览》。别的不说，敢于把自己的作品和收藏的精品共展于一室，中国的画家中除了唐云，恐怕没有第二人。

　　唐云和赖少其是莫逆之交。他们自二十世纪五十年代初期相识之后，在长期的艺术道路上结为挚友，相互勉励，共同磋商，并各有成就。赖少其本来是版画名家，他的版画和国画又是一脉相通。他从上海调往安徽之后，就刻苦钻研中国画的传统技法，屡登黄山，深入观察变化万千的大自然，从"我法自然"逐渐进入"自然

图51 王翚《山水图》

为我"的境界，将新安画派的传统升华到一个新的高度，成为"新黄山画派"颇有影响的画家。赖少其的书法，初学王羲之，继而不断探求篆隶楷的渊源。与唐云相识后，因唐云爱杭州人金农，赖少其也精心学习金农的漆书，并有所创新，形成了极具风格的"赖少其书法"。

这次展览除了唐云和赖少其的近百幅作品外，还有他们收藏的古今名画。其中有陈洪绶、程邃、朱耷（八大山人）、石涛、金农、罗聘、华嵒、恽寿平、王翚、任伯年、吴昌硕、齐白石、黄宾虹、傅抱石、潘天寿、贺天健、来楚生等。唐云收藏的石涛写给八大山人的那幅山水，是展览会上最为引人注目的了。这些藏品给人

图52　金农《梅花图》

以"文采风流今尚存"的感觉，使深圳人大开眼界。唐云在接受记者采访时，最为津津乐道的也是石涛送给八大山人的那幅山水。他认为一河两岸的构图，是石涛常用的手法之一，坡石、树木、人物、轮廓都用湿墨，坡边垂柳轻拂水面，湖光山色氤氲气象，从笔端自然地流露出来，山石、树木、人物虽然是寥寥数笔，超凡脱俗，有一番令人猛然清醒的滋味。

最使唐云感慨的，这次深圳之行，他看到一张傅抱石的画，那是经他题识的：

曾来上海凭栏饮，不觉人间已廿年，何似柳阴三高士，春花秋月竟如仙。余与抱石于廿余年前来沪上共饮，饮必大醉，醉后落笔如飞，若有神助，此乃其精品，人物潇洒，气韵清新，非超然尘外所不能为之也。药翁　唐云题记。

　　傅抱石画和唐云的题识都没有记年月，唐云自己也记不清楚在什么时候、在什么地方看到傅抱石这幅画，而又作出如此的题记。傅抱石的绘画艺术虽然有着超尘绝俗的清格，但他终为尘世所累，想超脱尘世但终究又无法超脱，对唐云的心是颇有些刺痛的。

　　唐云还为赖少其题了一幅山水：

　　曾上黄山绝顶眠，君今笔扫万峰前；松奇石怪清如许，梦我重来作地仙。

　　余与少其同志上黄山饱览山光云影，回首前尘，匆匆二十余年矣。今来深圳，合办书画展于博雅画廊，四方爱画者咸集于此，皆叹少其老当益壮，所作干笔破皴，风神独绝，几欲抗手垢道人矣。子源同志索其陟深，得黄山神髓，宜珍藏之。药翁唐云　时居深圳。

　　唐云还清楚地记得他与赖少其登黄山虎头岩时，时值中秋，万籁无声，极一时之乐，酒后为赖氏写长松的情景。这时亦不免顿兴"赖唐易老"的感叹。

　　1988年的8月，香港集古斋三十周年纪念，邀唐云前往剪彩。

这次纪念活动在香港展览中心举行。展出的作品有五百件，其中包括：任伯年、吴让之、吴昌硕、齐白石、黄宾虹、张大千、溥心畬、王一亭、蒲华、倪墨耕、吴大澂、钱慧安、钱松嵒、贺天健、郑午昌、关山月、唐云、康有为、沈尹默、杨沂孙、徐三庚、陈鸿寿、梁启超、曾国藩、李鸿章、左宗棠等。展品中最令人注目的是溥心畬的山水长卷，纵一尺六寸，横四十八尺；另是张大千的山水成扇十二件，为张大千1939年精心杰作。而全场展品标价最高的，是黄永玉的荷花，标价五十万元。

唐云剪彩之后，引起记者的注意，纷纷对他进行采

图53　朱耷《芭蕉竹图》

图54　罗聘《看花古佛图》

访，在被采访中，唐云谈艺术，谈友情，谈他前后两次来香港的印象。特别是对中国画的发展前途，他充满信心，他说："国画的前景仍是光明的，江山代有才人出，各领风骚。"

如何发展中国画，他回答记者："现代人画国画时，一是要推陈出新，没有陈就没有新，所以要多看旧画真迹，多读书也十分重要，然后在陈的基础上，结合生活经验，发展出新的东西，以表达个人的风格和时代精神，当然还要学些西画，吸收西洋绘画的长处，推动中国画的创新。"

唐云还遇到几位当年在上海的老朋友，现在都垂垂老矣，不胜感慨。有的老朋友还把自己收藏的唐云旧作拿出来，请唐云重题。有一首诗是颇能表达唐云此时心情的：

那年貌得此琅玕，不减青光易暑寒；

今日相逢如故友，灯前樽酒话平安。

一种平和安定的情绪从诗中表现出来，此中也有眷眷的怀念。老年人恋旧和孩童对新的向往是一样的，表现出来的都是稚子之情。在香港的许多老朋友中，有的虽然已经不在香港，去别处落脚，唐云还是打听到他们的地址，一一通了电话，向老朋友致以问候。陈蝶衣接到唐云的电话问候之后，感受颇深，随即给唐云寄来一信说：

云兄：

人生不相见，不至于"动如参与商"，还能够假一线而通话，听到你的声音，真是不可多得的大幸事了！

三十年前，我曾有"岁暮怀人诗"之作亦曾兼及吾兄。兹复印附奉，可略观海外游人对故旧的系念之深也。

俟吾兄起居稍定，当趋谒图快晤。

祝

福

蝶衣拜手　一九八八年八月十日

陈蝶衣在信上附诗为：

图55　唐云在香港收藏家刘作筹家中鉴画

｜第十一章　青山夕照明

寄语再生唐子畏，从他画笔长蒲芦。

寻常行路休轻貌，且读黄龙出水图。

唐云杭州人，君工画，人物花鸟俱绝妙一时，书法亦飘逸有奇趣。

新加坡对唐云来说是陌生的。1989年的3月，唐云和次子唐逸览到了新加坡，父子举行联合画展。唐云三子二女，除了唐逸览继其衣钵之外，其余四人均不学画；第三代中亦无一人继其家风。何以如此，大概是后代看到了学画之艰辛，成名之艰难，花上毕生的精力也无法达到前辈的高峰。笔者曾问唐云十八岁孙子唐永辉为什么不学画？他回答得很精妙："在家法中走，永远是走不出新路的，永远超不过老爷子，还是走自己的路为好。"永辉是逸览之子，他感到祖父和父亲的艺术像两座山一样压在自己的背上，那是永远无法直起腰来的。画家的后代不愿画画，作家的后代不愿写作，这可能是对他们的前辈之举有所看穿。

《唐云唐逸览父子画展》在新加坡的举办是很成功的。著名书法家、文学家潘受，著名画家黄葆芳、刘抗、陈文希以及写作人协会名誉会长、作家周颖南，新加坡一代禅宗、丰子恺先生生前好友广洽法师等名流都慕名出席，可谓冠盖云集。报纸的宣传更是热闹，对唐云之服膺自不用说，对唐逸览的画也倍加赞赏，有的文章评论说：

逸览的画，笔墨尚不逮乃父，但画幅间所透露出来的一股青春朝气，却是构成其作品的一大特色，特别表现在用色大胆泼辣上。

图56　后继有人——唐云、唐逸览父子在作画

还有一点，大概是由于他长期从事工艺美术设计工作的缘故吧，他的画装饰性很强，很有喜庆气氛。于此，逸览的画在步乃父的笔墨之后，有了一些新的开拓，是很可贵的。

这个评论应该说是很中肯的。唐逸览总是想摆脱父亲唐云的影响，创出一条新路来。

新加坡的书画界，有些人当年都是在上海滩混过的，已经不算新交；有些虽是新交，也不是第一次见面，唐云对他们，或是他们对唐云都是很熟悉的。周颖南就有一幅唐云为他作的《江上帆影》，他在一篇文章中介绍说："唐先生那幅画，我曾经在客厅里悬挂了十多年。朝夕相对，意味无穷。"这帆是个什么样子呢？作者记述说：

唐先生大胆地把画幅裁成两段，上面题诗，下面写画。一叶扁舟在两岸杨柳间横渡，他运用非常精练的笔墨，把主题和背景衬托得十分谐和，引人入胜。他在画上题了这样的诗句：

诗囊琴剑恣闲游，扬子江浮一叶舟。

两岸风光杨柳绿，好风吹送到瓜州。

诗情画意，配合得天衣无缝。

萧遥天听说唐云唐逸览父子在新加坡举行画展，特地从别处赶来观看，并作律诗二首：

传薪父子真仪型，宝案疑光霞彩生。

名父倾城震百代，俊驹跨电化三清。

渊明风格南山秀，博雅精神白雪情。

墨与血参推寻遍，但闻舐犊深深声。

六十年来大画宗，论年相若嗜痂同。

高名早享列师座，旧梦重温忆好风。

问道胸罹羡美宝，多歧心愧集烂铜。

相逢恨晚炎州会，万丈横天仰彩虹。

除了诗，萧遥天还有一篇热情的致辞，对唐逸览的画作了评论：

逸览少聪慧，家学而外，转益多师，在美专与中国画院习艺时，磨砺甚苦，终得百家之长，对水墨与彩色操纵得宜，韵味盎然。何况他还有一股蕴藏着的青春活力。他师承传统，也师法自然，更致力于传统与自然之间，另求突破。秉此原则，所作山水花鸟都同含这股力量，自然别呈新态。

《唐云唐逸览父子画展》在新加坡展出三天，评论文字已溢于言表。唐云感到最大的收获是，发现一张他的夫人俞亚声的山水画，而且这张画是由唐云补成的。因为是唐云的发现，当然身价十倍，唐云要把它买回，但收藏者则认为无论多少钱是不卖的。唐云自然心领神会，当即精心画了一幅作品，以画易画，才把俞亚声的山水调回。这不只是对唐云，而是对唐氏家族，也不能不说是意外的收获。

醉里偷眼看当今

　　唐云有一张耐人寻味的照片：三五酒友对饮，背后挂着一幅新作：螃蟹、酒罐和秋菊，并题了一首诗于画角：

　　　　蟹初肥，花正好，酒瓮空，人醉倒。

　　青山夕照，多姿多彩，在中国历史上，画家都没有逢上这样好的时代。远的不说，自唐宋元明清以来，虽有皇帝老儿也爱画，也提倡绘画，但是画家的地位和经济状况都不如今天之盛世。在中国的传统文化中，各个领域都走向式微，唯有中国画这个领域热热闹闹，充满着一片繁荣的景象。虽然有些理论家忧心如焚，认为中国画的繁荣背后也在向"式微"走去，但这样的境况还不是马上能到来的。处在这样的国画热之中，唐云虽然喝得酒瓮空了，人醉倒了，但在艺术上仍然很清醒，用冷静的眼光看着国画界的变化。这都是有他的诗作为证的。

图57　醉里得真知

《题林散之洞庭秋色》：

宾虹老去尚留响，又见此公笔底超；

三绝如今征比喻，高秋明月浙江潮。

《题人长卷》：

泼墨淋漓惊腕底，山花鸟语对新阳；

真如一卷徐熙画，写得秋光活色香。

《题人山水》：

腕中拂拂起春风，诗白浑如夺化工，

不信由来都嗜酒，生机尽在醉毫中。

《题陆俨少杜甫诗意卷》：

放笔如乘万里风，直与老杜斗诗雄。

厌他喋喋千家注，豁我双眸一卷中。

从这些诗中，我们可看出唐云在注视着当代的绘画，他虽然重任在身，但在艺术创新上仍不甘寂寞，起码他的心中还在想着这件事，想有新创。在他的《题沈石田老年墨笔山水卷》的诗中，有了自我表白：

> 老笔纵横只放颠，谁于此处省前贤。
>
> 家家都作千秋计，象外寰中有后先。

"象外寰中有后先"看似旷达，实则是着眼于"家家都作千秋计"。别家的千秋之计，他从画中已经看出，自家的千秋之计呢？对此，唐云对笔者笑而不答，似有无可奉告之意。其实，唐云的千秋之计，早从他的新作中泄漏春光，章章在人耳目矣。

第十二章

收藏天地

　　画家一般都有收藏癖。有的喜欢收藏前人的真迹，有的则喜欢收藏同时代人的精品。不过，画家的收藏不同于收藏家的收藏。后者的藏品大抵是从欣赏出发，历代不少名书画得以流传有绪，就是他们的功劳；而书画家的收藏，则主要是为了吸收和借鉴，通过书画史上各个时代开派人物的继往开来，各领风骚，促使中国书画不断新陈代谢，有所变化，有所发展，延续并充实了它的艺术生命，这就是他们的贡献。

　　唐云之所以能在书画艺术开拓上，不断摆脱藩篱，一扫故习，从容展现出自己的崭新风貌，这和他素嗜收藏而又富于收藏，以及他那过人的鉴识眼光有着极为密切的关系，这正如韩愈在《秋怀》中所说"归愚识夷涂，汲古得修绠"。

唐云与石涛

唐云的收藏，首推石涛的真迹。

早在杭州学画时，唐云开始接触到的启蒙画是山水。他虽为浙江人，自诩杭人唐云，但他对浙派的山水不感兴趣，故一开始就从黄大痴入手，临摹那张名垂画史的《富春山居图》。他当时哪里能看到真迹，临本只是上海有正书局出版的印刷品。尽管如此，他也如获至宝。这样临了好长一段时间，都不知道印刷品的那张原画竟是假的。及到后来有机会看到了真迹，这才知道自己上了大当。

唐云上了当之后，就不想再学黄大痴了，倒对虞山派发生了兴趣。接着又学王翚和吴门画派的沈周。在杭州的几年，唐云还没有接触到石涛。

及至到了上海之后，当时书画界对于石涛所表现的热衷，引起了唐云的关注。这一方面固然是由于大上海所处的经济地位，各派画家及收藏家云集上海，石涛的真迹也如百川归流都汇集到上海；而另一方面，张大千对石涛的钟情及他所造的假石涛居然横行无忌，混淆了那些鉴定家、收藏家的耳目，不能不说对当时绘画界的"石涛热"无形中起到了一种推波助澜的作用。正是处于这种气氛中，唐云的山水渐次转益石涛，并着手收购石涛真迹，金篦刮眼，再也不肯失却光明大宝珠了。

对于收藏，黄山谷说："尤物之归也，以其嗜之诚，嗜之真，嗜之深，庶几得所。"不久，唐云果然前前后后买进了三十张石涛，各有曲折，来之不易。这大概是"指点因缘当如是"吧。唐云早就想编一本石涛年谱，可是干戈未息，时局迭变，蹉跎至今，这一宏愿始终未能实现。

唐云买进的第一张石涛是《竹石图》。

当时，上海滩书画商孙某，颇活跃于上层人物之间。一次，他从古董商钱镜塘那里弄到一张石涛的《竹石图》。刚刚到手，适被若瓢和尚瞥见。若瓢熟知唐云此时正对石涛倾倒备至，自然不敢疏忽，忙不迭便把信息递了过去。

"谁教泄漏春光，难瞒一个痴儿。"这时正被石涛搞得如痴如醉的唐云，一听说石涛现身，万事俱抛，立即赶到孙某家，如饥似渴，先睹为快。

说来也奇，这第一张石涛，仿佛鬼神呵护，冰清玉洁，简直新绘一般。也可能正因为太新了，不少人都说是假的。对这张画，唐云早先虽然没有看到，在文物市场上早已沸沸扬扬，对它的真假问题难以定论。

"怎么这样新呢?"唐云看了，心中也在嘀咕着。

孙某也猜透了唐云的心思，同时他也知道唐云的性子，一个刚刚欢喜上石涛的画家，对这张画是不会轻易放过的。

"要说个价吗？"孙某试探着。

"我再看看。"唐云又仔细看了一阵，那张画虽然新，但笔墨中透露出石涛的个性，对它的真实性心中有了谱。

"多少钱？"唐云把《竹石图》卷好放在茶几上。

"这是假石涛。"孙某反而不说价了，似乎在考考唐云的眼力。

"我就当真的买。"唐云说得很肯定。

"那好吧。"孙某满腹狐疑，对唐云感到陌生起来。

唐云的自信使他和孙某没有进行更多的讨价还价，用三十五个"袁大头"完成了这笔交易。

唐云的第一张石涛，画上钤印两方，一曰："不可一日无此君"，一曰："清湘老人。"稍事装裱，见者莫不叹赏，都请唐云让售。

开始唐云不肯出让。自己好容易购得一张石涛，兴趣正浓，还没有玩够，怎么能让给别人呢？

当时在上海小有名气的王季迁看了这张画，不忍释手，对唐云说："有个外国人想买这张画。"

"外国人买，我更不卖。"唐云断然地说。

"我自己玩，给你一根金条。"可能是出于一种逆反心理，王季迁执意要买，他的有利条件还可以用友谊促使对方作出让步。

尘世本来就充满着烦恼，凡有求者，尽可能不要使人失望，更何况还是作为朋友，而唐云又是重友情的人。释氏子列"求不得"为八苦之一，唐云知之甚深，悟之甚真。

这样，第一张石涛唐云就以不足一根金条的代价让给他的友人了。来也匆匆，去也匆匆，事后，唐云少不了些许悔意浮上心头。

接着，唐云欢喜石涛的声名大振，石涛的真迹源源不断地朝唐云的大石斋投奔而来。

由沈子丞经手的那张石涛，上有长题，原系王一亭旧藏，自是精品。

其间，唐云用八十块银洋又从钱镜塘那里买进了石涛另一张水墨山水。

那张仅花二十块银洋买进的《庐山图》，尤使唐云狂喜。

《庐山图》为丈二匹幅，上有长题，庐山的山峰都写上了小字，书画相得益彰，透露出笔墨芳香，读之令人心神俱旺。唐云珍同拱璧，视若生命，带着怜香惜玉的深情，着实宝藏了好几年。若瓢每次提起，都对它流露出一种过人的艳羡。

"你欢喜，就送给你吧。"唐云自然看出来了，于是很慷慨地就把那张画送给了若瓢。

佛门布缘，袈裟启衿。若瓢后来又把那张画转送给了苏州灵岩山的妙真和尚。

1989年，唐云重上灵岩山。此时若瓢、妙真两位僧人均已坐化，虽莲花国中第一音邈不可寻，而石涛的那张《庐山图》谷神俨在，"壮士拂剑，弥有余哀"，鹤发童颜的唐云，顿时欷歔不已。

一日，常熟的曹大铁也替唐云带来四幅石涛的画卷。常熟，作为虞山画派的发源地，明清两代画家辈出，民间向来传藏不少古人真迹。唐云把那四幅画卷一起都买了下来，其中有一卷原系张大千的藏品。

后来，张大千由北京到了上海，听说唐云手中有此画卷，便专程上门拜访。

"我本来也是喜欢的，现在看了，宛如故人重逢，相对如梦寐了。"张大千惜别而又动情地说。

"既然大千先生一往情深，那又何妨完璧——"唐云十分理解画家之癖于斯。

"不，不，既然现在老朋友手里，说什么我也高兴。"张大千尽管五湖四海，阅多经广，此时此地，面对唐云这一番豪情，深感难得。江湖侠骨本无多啊。

击庭钟于外而黄钟应于内，夫物类之相感，就如响之应声，影之象形，故君子违伤其类者啊，从此，两位大画家更心心相知了。

一次，张大千又来上海，并与好友们共聚，欣赏他新搜购到的石涛《对菊图》。

唐云看了，凄然颇有感触。"这张画我看到过，没有钱买，只是临了一张。"他对张大千说。

稍后，唐云找出那张临本，让张大千看。

"你也可以造石涛了！"张大千惊愕得脱口而出。

"不敢，我只是学学。"唐云诚实地回答。张大千是造假石涛出了名的，除了他自己说某一张石涛是他造的，朋友们当着他的面从来不提这类事情。何况唐云谙悉，君子藏器，作为大冶精金，倒是不敢与干将莫邪争锋。

往事历历，此情如昨。唐云看这张《对菊图》，想到当初与它初见时，卖主索价十两黄金。先时画家孔小瑜来向他借钱，他借不出，就找若瓢转借，给孔小瑜一些，自己留下一些，哪里还有余钱去买《对菊图》？自然，只好"挥泪对宫娥"了。

现今，张大千买到这张画也是花了十两黄金，且不说到手之后仅装裱一下即花去一两黄金，慎莫近前，自此远矣。

唐云有他自己的石涛精品，之一：《春江垂钓图》。

《春江垂钓图》石涛自题诗云："天空云尽绝波澜，坐稳春潮一笑看，不钓白鱼钓新绿，乾坤钩在太虚端。清湘瞎尊者弟寄上　八大长兄先生印可　丙子秋九月广陵。"

这是一张石涛画奉八大的画。

唐云反复涵咏，每有会意，展卷出示，伴以指点："这样的画很少见，比如石涛所作直接写下八大上款的，至今我还没有见过第二幅；另外，八大山人所作，自题年岁的也很少见。我收藏的八大晚年书画册，却有自题'乙酉'、'八十老人'的字样，与石涛这幅山水一般，都具有重要的艺术特征与史料价值。这样的作品旷世难逢，没有钱，借了钱也要赶紧买下，决不肯交一臂而失之的。"

石涛精品之二：《荷花图》。

《荷花图》石涛自题诗云："曲曲风生处，亭亭出水涯；六郎才照面，十丈不胜花。韵入天边艳，香清锦上纱；有一闲物色，体似卧蓬车。"

《荷花图》原为谢稚柳的藏品，1953年，谢稚柳因受诬陷，随即把它转让给唐云。

石涛精品之三：《梅竹图》。

《梅竹图》石涛作两处题："怕看人间镜里花，生平摇落思无涯；砚荒笔颓无情性，路远天长有叹嗟。故国怀人愁塞马，严城落日动边笳，只今对尔重重发，头白依然未有家。"画的左下角再题："青光入梦一千丈，独上孤峰折冷枝；午后书来都不用，只凭淡墨落新奇。"

老庄以超然无累为寿，深于画者以怡魂娱魄得寿，是皆引年之资也。石涛然，八大然，唐云亦然。

唐云石涛真迹的藏品中，最引为得意的还是那个画卷。画卷分四段：梅花、山水、兰花、山水。

卷末，石涛题了一首七律：

> 沿溪四十九回折，搜尽秦淮六代奇；
> 雪压东山迟著屐，风高西壑早吟诗。
> 性情孤冷谁为伴，春到兰芳尔放姿；
> 大地正花先结子，酸心如豆耐人思。

唐云曾将此卷赠予陆南山。陆氏抚玩多年又归还，唐云题引首"苦瓜妙谛"并跋"南山亲翁属由之、丽珠持余旧藏，此卷见还，欢喜无量，永为大石斋长物之一。"从此这个画卷伴随唐云多年，造次必于是，颠沛必于是，始终未许他人载与俱去。

1955年，冒广生获观，赞叹不已，拜题四绝句于卷尾：

> 胜国山河付劫灰，重来灵谷一低回；
> 孝陵松柏摧薪尽，剩有酸心结子梅。

江湖满地一孤舟，罢钓归来夕阳收；
谁缚茅庐松下住，故人华屋总山丘。

绝壑长林积翠浓，鸣泉入耳响淙淙；
天涯故国无归处，拄杖山腰听暮钟。

江上残山隔石矶，渔樵坐对两忘机；
不须更洒宗周泪，但看风前短发稀。

　　药城兄以苦瓜和尚画卷属题，画凡四帧，各缀一诗，不知能抓住和尚心事于万一否。乙未三月水绘庵冒广生年八十三。

唐云与八大山人

唐云的花鸟虫鱼，虽以华嵒为主调，但偶尔也会透露一些朱耷（八大山人）的踪迹，他直接临摹八大山人的作品也不少。

唐云对八大山人很有感情，其所倾注的爱，并不亚于石涛。而且唐云的八大山人藏品，每一件都有一番不同寻常的经历。

在唐云的画室——大石斋里，只要稍加留意，人们不难发现，挂在两侧的古书画，隔三岔五，经常更换，层出不穷。或石涛，或董其昌，或华嵒，或金农，以至吴昌硕、齐白石等等，随着大石斋主的兴趣，就像吃菜需要调剂口味那样而不断变易。唯独壁上挂着四只镜框:《水仙》、《鱼》、《竹鸟》、《佛手香橼》这四张八大山人的画享有固定位置，垂数十年而岿然不动，真正"相看两不厌"，非此莫属，他复何求。

那四张八大山人神品，殊途同归，各有来历，足助谈资。

那张《鱼》，原系南京新金陵八家之一宋文治的藏品。唐云听说宝物有主，专程赶到南京。见到宋文治，二话不说，就是要买他

图58 朱耷《鱼》

这张八大山人。

"你这样多的八大，买它干啥？"宋文治问唐云这句话的意思很清楚，他既不缺钱，也不想卖画。

"你没有八大，只保留这一张干啥？"唐云老吏断狱，一语驳回。

"物以稀为贵，我更欢喜这张画。"宋文治仍然避开正题。

"我比你更欢喜！"唐云志在必得，语如灵药。

唐云欢喜八大山人，宋文治是一清二楚的。何况自己手中八大山人的作品的确也不多，他精于收藏，而且都是配套，这样玩才有意思。但他手里不缺钱，再说要钱干什么呢？因之他不甘心这张画就这样被唐云拿走。急中生智，忽然想到唐云有不少齐白石的精

图59　朱耷《水仙》

品，于是舌头也灵了，回敬了唐云一句："我收藏的齐白石不比你少，我比你更欢喜齐白石！"

"一句话，我用齐白石来和你交换。"唐云毫无难色，一口应允。

不久，唐云果然备带两张齐白石的扇面重上南京，把八大山人的那条千古不沉之"鱼"顺利地换到自己手中。

书画界的内情：古人的名书画，每每转来转去，往往数易其主，今天在这家，明日说不定又转到那家，云烟过眼，毫不足奇。某画家今天手中有钱，一下子可以买进许多，明日阮囊羞涩，又不妨一下子把它卖个干净，旋得旋失，从来如此。但这中间，主要的却是友情的传递，宝剑红粉，不违古道，性质上完全不同于市井交

图60　朱耷《佛手香橼》

易，如上宋文治之所善处其事，惺惺相惜之意，溢于言表，千百年后不失为一段佳话。

那张《竹鸟》是唐云的一位高足，为感谢老师的栽培，特地把家传藏品至诚奉献，亦一能行古道之有心人。

那张《水仙》则是唐云购于1955年上海中国画院初步筹建之际。

那张《佛手香橼》前因如絮，说来话长，唐云少年时代在杭州就看到过。他的父亲也欢喜收藏名人书画。唐云至今记得，当时曾有人把那张画送到他家，父亲极为爱惜，咏赏赞叹，喜溢眉宇，并要唐云说出画的是什么。唐云哪里看得懂，就说那是一块石头。父亲笑了，告诉他那不是石头，而是一个变了形的布袋和尚。以后，也有人说那是一只布口袋，唐云感到也有些像，再看看那画上题的诗，可又玄机太深了，幻境心造，始终是个谜。那张画卖主索价五十块大洋，不是一笔小数目。唐云虽然赏玩了好几天，窘于经济，终于不得不拱手奉还，在惜别的心情中留下深深的缺憾。

唐云与那张画重逢，则已在挟砚来上海之后，无意中相逢于古玩市场。这一次，为补已往的缺憾，立即把它买了下来。画上到底是什么，他仍然看不懂。就把它挂在壁上，作画之余就面壁而坐，天天看，一天看数次，就这样看了半年。一天半夜，他突然看懂了，八大的那张墨妙，既不是什么石头，也不是什么布袋和尚，更不是什么布袋，而是"难向史家搜比例"的佛手香橼！"善知识者，是大因缘"。想到《法华经·妙庄严王品》上的那两句话，唐云十分感叹。八大在画上题的那诗：

项强莫打鱼，禅强莫把总；
诗张阿闵佛，曰余所旧宠。

唐云本有不少方外之交，法喜所印，渐精内典，颇能禅味安心，省却不少烦恼，加之世变万端，阅尽沧桑，八大的那首诗，这一次，他也看懂了。

东坡《送春》有云："鬓丝只好对禅榻，凭君借取法界观。"如今唐云虽已八十高龄，白发满头，但对八大的那首诗，仍然朝夕讽诵，反复咀嚼，真可谓"心中藏之，何日忘之"。他深深感到他的一生都受那首诗的影响，他的一生都遵循着那首诗的哲理来生活着

图61　朱耷《荷花》

的。特别是造次颠沛之际，危急存亡之秋，那首诗更是帮助他百倍容易地度过了种种灾厄，可谓终身受用不尽。

唐云对八大山人的感情更深化了。

八大山人真迹，唐云收藏的当然不止这几件，此外也还有《玉兰》、《荷花》之类。其中最使他盘踞肺腑、津津乐道的还是八大山人作于七十八岁那年、题满东坡《喜雨亭记》全文的那个鱼鸟册页。

册页上画着两条鱼、两只鸟，页尾八大山人题曰：

"今天不遗斯民，始旱，而赐之以雨，是坡公一篇大主意。乙酉江右自一月以至四月不雨，闰四月十日乃雨，晓起寤于草堂漫一过。八大山人时年七十八。"画上见有"素甫"的收藏印。素甫与八大山人、石涛同时代人，石涛曾为素甫作画可考。

该画原系严小舫所藏，卖主索价二百元。时在抗日战争胜利不久，唐云于上海古籍书店看到，离乱之后，泃难咄嗟立办，后几度磋商，始以陈洪绶的字、查士标的山水与华嵒的《烧山图》等三张换得。1988年，唐云去新加坡，特地买了两块瘿木板为此册页加了封面，踵事增华，宝为神物。

唐云屡屡谈道："八大山人的画，题上年龄的一直罕见，而题七十八岁的画，则海内外迄今未之见也，可谓云间一鳞。此册作于八大七十八岁这一年的四月，翌年十月，他老人家遂即不可讳了——这会不会就是八大山人的绝笔了呢？"

这真是"斯人虽已殁，千载有余情"了。

接着，唐云又对八大山人的《瓶菊》作了如下评价：

八大瓶菊，无论运笔用墨或是整幅构图，莫不从平整简括中显奇突。几朵菊花，看似随意勾来，实则饶有韵致；点叶发枝，挺健稳定，充分表现出一种经霜不凋而耐寒的精神。再看瓶的线条，互有粗细、快慢、曲折、干湿、浓淡之别，既有对比，又有统一，那瓶上的墨点，恰好表现出陶瓶的质感。作者豪迈倔强、磊落不羁的个性与他大胆的创新精神，无不从物体描写的形象中自然地流露出来。

石涛与八大山人的友谊，唐云是很推崇的。这种推崇的情绪，在他写的石涛画给八大山人的那幅《春江垂钓图》的评论介绍中流露出来，文章说：

　　石涛和尚和八大的身世相同，都是明朝宗室，清兵南下以后，遭到国破家亡之痛，隐名匿姓，遁迹空门。石涛的遭遇似乎比八大更惨，出世入世的思想矛盾表现得更为复杂，他童年就削发为僧，亡命离开广西故乡，一直过着流浪生活，从南京、安徽等地最后转到扬州，客死异地。正因如此，石涛对祖国河山更多怅触，亦更多眷恋；反映在他的山水画上，苍茫沉郁，较八大有真实性和现实性。八大傲岸不屈，倔强的个性反映在他的花鸟画上，比山水画更为突出；他画鸟画鱼，每加夸张，都是白眼向上，怒目而视，显示出对当时统治者的对抗情绪。两人的艺术风格，异曲同工，各有千秋。

　　他们两人之间是互相推崇的。在当时环境下，当然不可能过从太密，从他们合作的画上看到他们是心心相印，相互仰慕，但无法了解他们往来情况。这些合作画有：八大画兰石，石涛补竹；石涛画桃源图，八大写《桃花源记》；八大画水仙，石涛题诗；石涛画兰竹册，八大题诗。这些作品，不一定在同一时间两人在一起时画和题写的。有关两人关系的笔墨，历劫不磨仅存于世者，则有石涛请八大画的《大涤草堂图》和石涛画给八大的《春江垂钓图》。

　　《春江垂钓图》比八大作的《大涤草堂图》早两年，说明他们虽然很难见面，而书画投赠却相当密切。图上题款是"八大长兄先生"。石涛一般给人上款称呼总是道兄、道翁或单是先生，此图称

"长兄先生"，可以证明他们是同宗兄弟，是较远的支族。

《春江垂钓图》是石涛从扬州寄给八大山人的，是一幅精心刻意的杰作。图中一人，道家装束，发结在头顶正中，与他寻常画的发结在后脑部的明代装束有所不同。又，他画人物比较清癯，而这个人物很是丰满。据故宫博物院所藏八大画像和记载对证，八大是很魁梧的，或许石涛把他印象中的八大在画中点出了。八大作画爱用简笔，石涛也用了极简练、概括的笔调，刻画春波浩渺的境界。一株古柳，嫩枝新垂，直下几笔，腕力千钧，生机蓬勃。面对一块山石，正面横皴带点，是石涛拖泥带水法的独到本领，虽然着墨不多，而浓淡变幻层出不穷。山石轮廓线，一波三折，妙在有节奏感，更妙在大胆勾去，中间空缺一段，意到笔不到，虚实相生，有淡烟迷笼的感觉。水面苇芽，笔笔腾踔，刚健婀娜，兼而有之。整个构图，以少胜多，意境超脱。加以陶融了钟（繇）、颜（真卿）、苏（东坡）、黄（山谷）名家书法，成为自己一体的手笔，题上豪隽的诗句："天空云尽绝波澜，坐稳春潮一笑看，不钓白鱼钓新绿，乾坤钩在太虚端。"这种诗和画的格调，开拓了后来扬州八怪的诗画风气。

他们两人在那时无可奈何的岁月中，惺惺相惜。他们的奇气表现在绘画艺术上，一方面继承传统，一方面开派立宗，是清一代画坛上的两位闯将。特别是石涛，树立起鲜明的革新旗帜。尽管当时统治阶级抹煞他们的成就，但是他们的艺术光辉终究照耀着人们的心目。

也有人认为石涛不可学，其实问题在于要善于学习。前人的每一种流派，都有其时代的局限性，石涛也不例外；只要我们不是刻舟求剑地去学，而是学他们的创造精神，再加上自己的见解，则某派某家都可以学，而不致被某家某派所困住。否则，正如石涛对当时的画风提出的呼声："某家皴点，可以立脚，非似某家山水，不能久传……纵逼似某家，亦食某家残羹耳。"又说："我之为我，自有我在，古之须眉不能生在我之面目，古之肺腑不能安入我之腹肠。我自发我之肺腑，揭我之须眉……"（《苦瓜和尚画语录》）又如"……师古人之迹，不师古人之心，宜其不能一出头地也，冤哉！"（《石涛论画》）这是石涛对当时食古不化而名重一时的画家有感而发的。从石涛的绘画理论上和具体作品上来看，他在艺术上的革新精神，是值得我们学习的。

可见，唐云对石涛与八大的收藏，目的还是汲取营养，丰富自己的创作。

唐云与颜真卿

从唐云现在的艺术上，看不出他与颜真卿有任何因缘关系，而实际上在他的内心中对颜氏有着倾倒之情。他少年习字虽从颜真卿入手，但没有给他留下什么深刻印象。而他现在念念于怀的还是颜真卿的《南城小麻姑仙坛记》的宋拓本。

历来书画收藏家们嗜好互殊，取舍不同。杭州收藏家们的一个传统习惯，则是喜欢收藏颜真卿的《南城小麻姑仙坛记》，而以宋拓本为最孚众望，共推第一。

唐云原来就是"杭人"。

史传：方士王方平东上括苍山，路过吴蔡经家，曾与麻姑仙人相遇。颜真卿即据此说，于唐大历六年作《麻姑仙坛记》。小字《麻姑仙坛记》，石高六寸，广尺许，相传为玉版。字甚小，而笔力遒劲，实累黍而有寻丈之势。宋建昌年间，此碑跌裂，至明万历年间，季鹰出守建昌，始命石工章田重刻，后人谓之"章刻本"，流传于世者以此为多，自此即有原刻本与翻刻本之别。嗣后，北宋的龙安寺本、文徵明的停云馆本等万历复刻本与广东粤雅堂的宋拓本杂然纷出，见仁见智，聚讼迄未休止。

唐云十几岁开始学书，即从颜书小字《麻姑仙坛记》入手。六十多年过去了，至今他仍藏着幼年所临的帖。不仅如此，而且随着时间的推移，他还广泛收集《麻姑仙坛记》的各种拓本，包括宋拓本、明复刻本、非宋非明翻刻本以及"曼生壶"作者陈鸿寿的收藏本。

1982年，唐云将他所藏的宋拓本重新装裱题曰：

南城小麻姑仙坛记，原刻本向不多见，世所见者大都从越州石氏本摹出，文氏停云馆亦然。

南城本书法方朴雄厚，结字宽博，气势磅礴，越州石氏本则雄而不古，结体松懈，气短势弱。

南城本原刻第十八行乃浅于往者之往字彳部首撇笔，回锋向上，翻刻本则直撇而下。

此本纸墨古色盎然，神采奕奕，拓墨虽略掩字口，无伤精神，且第五行黑色旌旗之色旌二字未损，真宋拓南城原刻本，无疑可宝也。

一九八二年十月二十日　杭人唐云题于大石斋。

1986年，唐云去苏州，偶然中又得一册宋拓本《南城小麻姑仙坛记》，"门中双玉降臣家"，此则若有冥契，遇之自天矣。

此后，唐云携带《南城小麻姑仙坛记》帖多种版本，遍历西安、成都、重庆等地，沿江而下，每至下榻之处，息交绝游，逐字对勘，辛勤所至，终于判断真本，定于一尊。杭州碑帖专家徐行恭详审鉴定，欣然题诗志佩：

平原运笔若运斧，正气岩岩式钟鼓。仙坛一记妙入神，虎踞龙蟠瘦蛟舞。南城小本皆失真，秘之怀袖凭夸诩。方当藩镇嗟不纲，秉节军前谕骄虏。大声震屋屋欲崩，盈庭群丑惊栗股。忠鲠在腔勤研耕，人间焉得不推数。唐侯荣古诟虐今，插架琳瑯帷坐深。心融书画衷厥理，丹青脱手若费斟。宝此旧拓穷研考，摩挲珍惜逾来禽。愿君什袭贻燕翼，慎诚高明防鬼侵。故家几罄筐与篚，扬帆海上谁则任。谛观眼饱发狂笑，楼头苍昊开层阴。大石尊兄方家督题，乙丑九秋徐行恭时年九十有三。

值得一记的是，在唐云所藏的多种《南城小麻姑仙坛记》中，内有一本原系复楼主人俞复的收藏，见有宣统三年的题识，而唐云恰于是年出世。"物换星移几度秋？"整整八十年了。每当唐云捧出他那泛着青靛色的宋拓真本，免不了总要生出无限遐思。

唐云与华新罗

华嵒号新罗山人，字秋岳，1684年（康熙二十三年十月初七日）生于福建上杭白沙村。上杭古为新罗地，因以新罗山人为号。

华嵒，早岁原是造纸作坊的一个小徒工，自幼即爱书画，花鸟山水，各有造诣，兼善诗文，然名尚未显，人亦不甚重之。因华虽曾在乡里土地庙、龙王庙画过壁画，故康熙四十二年重修华氏宗祠时，不少乡亲主张请他来作祠堂正厅的四幅壁画，但遭到富绅们的反对。华嵒不甘蛰伏，决计远离家乡，继续未竟之业。临走前夕，诸事粗定，他即乘着月色悄然下山，翻墙进了祠堂，找到一个梯子，左手拿着火把，右手挥动画笔，一口气画了四幅壁画：高山云鹤、水国浮牛、青松悬崖、倚马题诗，淋漓痛快，竟不知东方之既白。

十九岁的华嵒，从此永远离开家乡。辗转跋涉，定居杭州，前后凡生活了三十年，尽管其间上扬州，进北京，也有短期逗留，但他一生绘事活动主要都是在杭州进行的。

华嵒的诗文，往往一气呵成，四美皆具。早在乾隆年间对他的画即有很高评价。在《画徵录》中，当时的书画家张庚就盛赞华嵒的作品"力追古法，脱去时习，洵为近日空谷之音"，誉为一位开新派的画家。

在唐云收藏的新罗山人的作品中，最早的一幅是《牡丹竹石图》，两朵牡丹是用没骨法，叶子则是勾勒的，自题诗云：

> 华径悬春雨，丝丝絮絮飞；
> 绿香蒙野丽，娇态耐酣肥。

另一幅是《清英图》轴，一盆菊花，花盆已经破了，用一根草绳子束着。这幅画作于雍正八年，其时新罗山人对生活已有高一层的体验。自题诗云：

> 僻性勇奇嗜，餐秋玩菊劳；
> 带宽分束瓦，巾敝独粘糟。
> 傲骨支陶节，清英系楚骚；
> 团磨石眼水，惨淡拂生毫。

这首诗冷艳凄清，寄托遥深，拈花微笑，心事如画。

再一幅就是《鸣禽秋树枝》：一茎挺空的红枫上，竦立着一只画眉鸟；画的下部是竹石，石上斑斑驳驳地用浓墨飘点着。

唐云每展卷相对，莫不沉思良久。特别是对那些用浓墨点出的

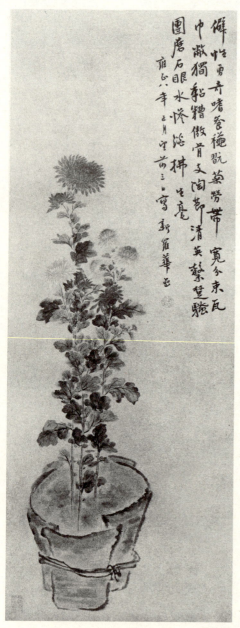

图62　华嵒《清英图》

图63 唐云《花鸟》

苔痕，水灵灵的，宛如初承雨露，苍翠欲滴，鲜活生动得令人忍不住要去扪它。多年来，唐云谈到此画，总是感叹地一次次重复着那句话："真不知道新罗是怎样点出来的。"

唐云喜欢华新罗的画，并且他的画从山水转向花鸟也是由此入手的。但唐云之学新罗，主要是取其神韵而不是掠其形式。他经常谈到这点："学前人的形式，只能得其皮毛，唯有悟出前人的神韵，方是吸收了营养，才能滋生出新鲜的血液，化为自己的力量。"

唐云对朱耷（八大山人）和华嵒（新罗山人）的喜爱，可以说是终生不渝，深入骨髓。1989年冬天，八十岁的唐云画了一幅《冬瓜小鸟》，画上题了一首新作的小诗：

　　　　平生爱八大，亦复喜新罗；

　　　　两者合为一，聊当自唱歌。

唐云与金冬心

　　唐云的藏品中，从数量上来看，当推金农的作品为第一。

　　从唐云的学画过程来看，可以说他的乡土观念是很强的。他到富阳时，学黄大痴的《富春山居图》；华喦在杭州长期生活过，花鸟就学华喦；金农（号冬心先生）是他的同乡，他更以此作为华喦以外的另一种艺术营养。

　　唐云的大石斋中经常挂着金农的一副隶书对联："王笔活鸾凤，谢诗生芙蓉"。

　　早在童年，唐云在杭州就看到过那副对联的印制品。当时曾有一位前辈想考考他，要他说说"王笔"和"谢诗"的典故，他不假思索，随口就答出那是王羲之和谢灵运的故事，前辈见他应答如流，大为满意。

　　二十多年后，唐云定居上海，在钱瘦铁家里看到那副对联的真迹，但是已经灰不溜秋，十分陈旧，是别人拿来准备卖的。

　　"太黑了。"钱瘦铁并不想添麻烦。何况那时金农的东西也并不稀罕。

"因缘指点当如是，救得人间薄命花。"唐云的乡土观念又上升到了主导地位，出自一种特殊的感情，毅然决然把它买了下来。经过精心收拾，重新装裱，一代文物，顿还旧观。

唐云收藏的金农之一《墨竹》轴，其"劲竹虽虚中，大节不可屈"自不用说。唐云所发现的金农的竹叶根本不是一笔撇出来的，倒像他的隶书，是写出来的。第一笔撇出的收笔都有断茬，然后再用焦笔补上叶锋。造化夺妙，这是前人从未走过的路，能如此步履从容，真不简单。

在这幅墨竹上，金农还作了长题："康熙丁亥岁，余读书于先师何义门先生家，见沈贞吉隐君画竹小幅，翳荟之趣，如坐幽谷，其父为孟渊处士，其子即石田翁也。居相城里，山舆溪艇，非胜流净侣弗与游，三世不慕绯绶著簪韦带，皆享耄耋大年，吴中言往哲者至今称之。今余追想其笔，漫然写此，然不强合其妙耳，并题诗曰：文洋州世不复有，阎助教近亦无闻；即今坡老已疏润，敛袂何人知此君。乾隆庚午九月杭郡金农画并题记及书。"

唐云评书论画，主张公正，不以门户而稍曲董狐之笔，不以一己爱恶而忽其春秋责备贤者之义，对于金农题画诗的后两句，他是不以为然的，批评说："金冬心也有摆老资格的毛病，总以为前人不如自己画得好。"

此外，唐云还收藏有金农的《菩提古佛图》轴，落款是"九秋黄鞠开时画，七十六叟金农。"唐云曾作达摩画像，别示宝相，其用笔即以此为法乳。

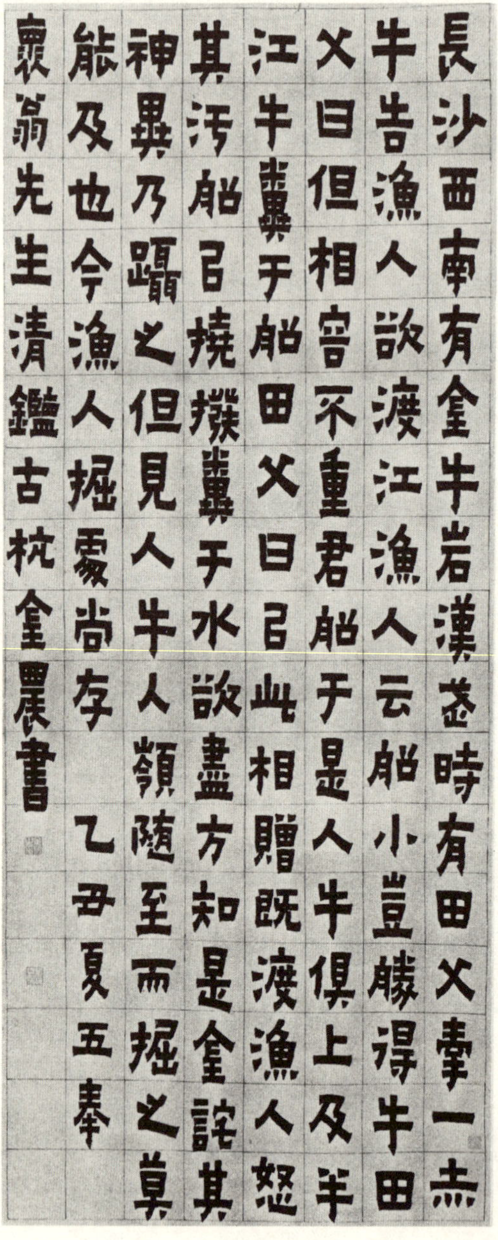

長沙西南有金牛巖漢□時有田父畜一点
牛告漁人故渡江漁人云船小豈勝得牛田
父曰但相容不重君船于是人牛俱上及羊
江牛盡于船田父曰以此相贈既渡漁人怒
其污船吕燒撲盡于水故盡方知是金詫其
神異乃躍之但見人牛人額隨至而掘之莫
能及也今漁人掘冢尚存
乙丑夏五奉
襄翁先生清鑑古杭金農書

图64　金农《隶书》

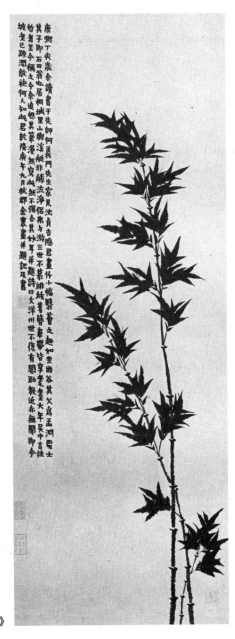

图65 金农《墨竹》

图66　金农《菩提古佛图》

《墨梅轴》题曰："山僧送米，乞我墨池游戏，极瘦梅花画里，酸香香扑鼻，松下寄，寄到冷冷清清地，定笑约溪翁三五，看罢汲泉斗茶器。径山林道人乞余画梅，曾作此词答之。改月又画此幅，复书一过，七十三翁金农记。"

《墨梅册》之一题曰："客窗偶见绯梅半枝，因用玉楼人口脂画之，彼姝晓妆，毋恼老人好窃其香奁而损其一点红也，不觉大笑。

图67　金农《香茅盖屋图》

金牛湖上金二十六郎记。"

　　其二题曰:"山中晴雪。曲江外史小笔。"

　　其三题曰:"吾家有耻春亭,因自称为耻春翁。亭左右前后种老梅三十本,每当天寒作雪,冻萼一枝,不俟东风吹动而吐花也。今侨居邘上,结想江头,漫写横斜小幅,未知亭中窥人明月比旧如何,须于清梦去时问之。　冬心先生画记。"

　　其四题曰:"横斜梅影古墙西,八九分花开已齐;偏是东风多狡狯,乱吹乱落乱沾泥。七十三翁杭郡金农画梅花十二幅并题。"

　　山水《香茅盖屋图》轴:茅屋中一人伏几而睡,屋外芭蕉数株,青草簇簇,题曰:"香茅盖屋,蕉阴满庭,先生隐几而卧,不

图68 金农《闭户不读书图》

梦长安公卿，而梦绿萍池上之客，殆将赋《秋水》一篇乎？世间同梦，唯有蒙庄。昔耶居士画记。"

山水《闭户不读书图》轴：竹篱柴扉，庭院中秋树数株，枝叶扶疏，户中一人近窗凭几而坐，题曰："团扇生衣捐已无，掩书不读闭精庐；故人笑比中庭树，一日秋风一日疏。稽留山民画并题。"

唐云多次向笔者谈道："清代的画家中，冬心先生题画的句子最有意境，极耐吟诵。"所以，金农对唐云的影响并不局限于其画及隶书上，占相当比重的更有诗的一面。唐云的诗，闲适清静，纯粹从肺腑中汩汩流出，并不刻意求工而胎息甚古，百年心事归平淡，则格调就自然高了。

"转益多师是汝师"。金农的那卷诗稿手迹，唐云前前后后不知看了多少遍。他说："看诗稿，既可以欣赏他的行草书法，又可以看他如何修改诗句的。这正如常人所说，会看看门道，不会看看热闹，既入宝山空手而还的，世上是很少的。"

唐云大石斋的藏品中，举其荦荦大者尚有宋马麟的《梅花图》，元柯九思的《行书册》，明董其昌的《凤亭秋影图轴》、倪元璐的《行书轴》，清王原祁、恽寿平、罗聘、郑板桥、何绍基等人的真迹。

其中，柯九思的《行书册》原出侍直奎章阁时所作书画册页的题识，画已不存。柯九思的书法传世绝少，况此册又系晚年之笔，无疑尤足宝重。文徵明的《行书册》，不难看出依稀还带着黄山谷的信息，更多地参以晋唐人的古意而自树一帜。王宠的《行书册》，婉丽道逸，清秀绝伦，或为小楷所掩，行书流传极少。郑板桥的《行书诗轴》，篆隶混一，互纠共赴，参差不齐，错落有致，如乱石铺街，俱见天趣。郑簠的《草隶联》，生面别开，个性鲜明，作为书体之一，草隶不愧为郑氏的晚年精品。伊秉绶的行、隶书，薪传平原，南海论书誉为"天骨开张"，按其结构严谨，洵非斫轮老手莫办。

大石斋中常挂郑板桥书写的对联："曾三颜四　禹寸陶分"，这并不是他欢喜板桥的书体，而是欢喜其联，他曾以座右铭视之。他认为郑板桥的字第一，兰花第二，竹子第三。

至于近代作品，唐云还收藏不少"南吴北齐"。

齐白石的《蟋蟀图》轴，小而精。这幅画，白石原拟画赠梅兰芳的，后因故另作他幅（参见此下白石原跋）。此轴即数易其主，

图69　王原祁《仿梅道人山水》

流落市井，终被唐云购得。此轴共画蟋蟀八只，形骸毫芒毕露，神态栩栩如生，跃然纸上，引之欲出。

白石首题："一日正作大幅画，忽闻叩门，听吾家如山兄携梅郎此册索画，余见姚茫父画菊有旧法，却未敢下笔，此强为之也。日石又记，生平不画小笔，此册小，幸畹华能知。辛酉三月齐璜。"

二题："余尝看儿辈养虫，小者为蟋蟀，各有赋性，有善斗者而无人使，终不见其能；有未斗之先张牙鼓翅，交口不敢再来者；有一味只能鸣者；有缘其雌一怒而斗者；有斗后触雌须即舍命而跳逃者。大者乃蟋蟀之类，非蟋蟀种族，既不善斗，又不能鸣，眼大可憎；有一种出于庖厨之下者，终身饱食，不出庖厨之门，此大略也，若尽述，非丈二之纸不能毕。白石又记。"

三题："余所记虫之大略，一时之兴录旧，昨日为友人画虫之记，录后似不宜，恐同侪诸君以为余骂人，随于册子上取下此一叶，另画一纸与畹华可也，此一叶与家兄如山哂收得之矣，不置诸同侪册子之后，与同侪无关也。白石又记。"

唐云虽龙文虎脊，各有所御，然于此幅向来视若性命与俱，所谓"真堪托死生"者也。故特钤"药翁"、"唐云"、"大石斋印"三印于画之角，以代压胜，恐虫之通灵或将不翼而飞。

从上述藏品简介中，不难看出唐云之收藏是很注意到多样性与独特性的。尽管取舍不同，"嗜好与人殊酸咸"，但本于爱好广泛，艺术上他决不"吃偏食"。

既有渐证，又有顿悟。作为深知此中甘苦之言，唐云说："依我个人看法，八大笔简而内涵丰富；石涛笔墨活脱而变化多样；冬心拙而巧；新罗俊逸而清新；吴昌硕老辣而富文学情趣；齐白石则表现出对生活观察的细致以及高度的概括能力。是不是这样呢？以俟博雅君子。"

唐云藏砚

　　画家的笔砚，犹如战士的宝马钢刀，是追逐疆场画坛，出奇制胜必不可少的。战士爱宝马钢刀，唐云爱笔砚。

　　唐云的藏砚，大体可分为三类：

　　一曰瓦当砚。

　　唐云所藏瓦当砚，多为汉代瓦当制成。其中有"与天无报"、"长乐未央"等。"长乐未央"上的题铭为："得寸田，斯力食，长守缺，乐无极。壬戌秋日得长乐未央残瓦于厚塍王氏斫为砚而系之以铭。吴儁"。

　　二曰砖砚。

　　江南的吴兴、长兴、宜兴、德清、武康一带，历史上曾有收藏古砖的习俗，有的人家藏汉砖，三国时吴砖、晋砖不下千方。一些好事者将所藏古砖上的图案和文字制成拓片，付梓印刷，广为流传。诸如《千甓亭古砖图释》即是这类著作。

　　唐云所藏砖砚，知其名的有：

西汉君子砚。此砚原为吴昌硕案上物，后为唐云所得，砚上有吴昌硕作的铭曰："君子固穷，诗穷而后工，噫吾道从容。醉侯仁兄索铭。"唐云得之后又铭："大石斋长物。"

凤凰砚。此砚用东吴凤凰三年砖制成。此砖在烧制时，即铸有"凤凰三年"的年号。唐云得之并铭："沈觉初赠予凤凰三年砖砚，即画数笔，仍请刻之，以为永年。一九八一年三月，唐云。"

咸和二年砚。此砚系用晋砖制成。砖的边上铸有"咸和二年"字样。制砚后，由张廷济（叔未）作铭曰："晋断砖，咸和二，作研田，宜文字，永宝旂，大吉利。道光癸巳夏日为佩金马兄书　张廷济。"此砚上还有一铭："咸和丁亥湘拤土，问年甲子逾廿五，作砚宜与凤嘴伍，以鸣国盛箫韶谱。改斋先生属龙石铭。"

元康砚。此砚为晋砖制成，砖的边上铸有"晋元康七年八月丁丑。茅山里施博所作"的字样。砚底有张廷济作的铭："茅山里砖型不一，百陶楼藏有横画，徐球（字少辅）征诸通鉴文，丁丑却宜作七月，抑或史于丁丑上，八月二字写误脱，此文瘦硬世罕匹，施传施博文难执，何如琢作砚田宽，马帐修书供点笔。道光壬寅仲冬廿一日为芙峰先生作　嘉兴张廷济　时年七十五。"

对此砖砚，金石家张廷济作了一番考证，但是对砖边上的文字"施传"还是"施博"，他无法论证。笔者从《千甓亭古砖图释》上，看到此砖的砖谱，经同大石斋中的藏砚验证，认为是"施博"无疑，而不是"施传"。《砖谱》上有这样一段文字："晋元康砖与上砖文字悉同，盖出一范，因已琢而为砚，有张叔未解元勒铭，更为可贵，特并存之。"唐云的那方砖砚，正是《千甓亭古砖图释》上的那块砖。

三曰石砚。

乾隆铭砚。此砚呈紫红色，有乾隆制的砚铭："犀其文，瓶如口，制始谁，守德寿，法伊书，吾何有，论伊人，吾弗取。仿宋德寿殿犀文砚　乾隆戊戌御铭。"宋德寿殿为宋徽宗收藏文物的所在，从铭文中可以看出乾隆对宋徽宗有许多不服气的地方。

两罍轩砚。此砚上的铭文："样如金蹙小而轻，微润将融紫玉英，石墨一研为凤尾，寒泉半勺是龙睛。莘田。"此为黄莘田（任）的藏品，砚上刻有"两罍轩"的字样。

明砚。此砚有王牧之撰铭："如复椀，不自满，尚憨憨。正统二年牧之作。"随后又有张祐铭："圆通自在，藏其而待。张祐。"

端砚。此砚铭文为："端州岊石润如玉，不涩笔兮不攻墨，琢为平田水注兹，□□涵濡帷窗□，明窗大几清无尘，春蚓秋蛇随意画。方厓徵君倩赤霞山民士璋铭篆。"随后，又有陈莲汀撰的记云："钱公士璋为明遗老，年八十余隐居西湖赤霞山中，善琴喜吟咏，名重京师，篆铭尤为世珍保之。道光丁亥获观此砚于南屏山下，随置之案头，多一良友。莲汀记　小鲁刻。"

竹节砚。铭为："居虽无竹有其趣，一节苍然忘俗虑，竹耶石耶青眼醉，为我衰年作诗助。萱然亭主藏并铭。"砚旁又有一铭："翳惟此君，为坚多节，裂土分符，就封即墨。□斋属镜泾铭并刻。"

宣和砚。砚上有一段题识："朴庭与竹汀先生最精鉴古，花朝夜并访予于虎丘寓楼，纵谈金石及砚，因于案头审定此为宣和砚无疑，予故录前贤冬心铭而识之属曰：云一缕，朝朝暮暮润如许，岂待玉女披衣而后作雨耶。癸酉二月张问陶。"砚端刻有"岫云庵摹"及"小守园阁藏"的字样。

澄泥砚。清人张照（字得天）题铭砚，砚铭为："如心福德聚，应念来牟生，古人耕不尽，留与后人耕。戊申春　大人经营义田，梦人索余咏田应声云云，梦中复治梦曰，得子吉兆也，果得田儿，爰勒砚阴而与之。得天。"

石函砚。其铭为六国古文字，唐云亦不识，请文博学家郭若愚识文，其铭曰："脉含金线拼，质在红丝石。非凤兜之黯淡，即龙尾之沈碧。刻琢无痕，雕镂有式。宜君重之宝之，置座右而观德。"砚左侧亦有铭："鼎逌井，焱何极。青霞流，贮昌液。灵威胧儿，在我侧。"这两段铭文既讲了此砚石质之美、造型之佳、用起来方便，还讲了用砚人和石砚有情感上的沟通与交流。

唐云不但收藏许多古砚，他自己还制作新砚，而且自制砚铭。从唐云自制的砚铭中，可以看出他在探索人生和人世的哲理，把自己的情寄托在小小石砚上。

唐云的葫芦砚上制的铭文曰："憨道人之铜，白云子之铁，起云烟化万物，我爱我一握之石。"这小小的砚铭上，也表现出唐云的自得与自信之情。

唐云的蛤蜊砚，像一只小小的蛤蜊。唐云于砚上铭之曰："砚田小，可以稼，鼓足劲，谷天下。大石一九五八年夏。"

唐云制砚，多为沈觉初刻，从他和沈觉初的书信往来中可见一斑。

信之一：

觉初兄：久违，甚念。弟有小砚一方，甚精。烦兄一刻。弟年老眼花，字不能精，书于下作参考。草草即候近安。唐云三月八日。铭于后：斯石精，一味青，琢为砚，形如瓶，能守口，常相亲。老药铭，觉初刻。

信之二：

我久用之砚，求请镌之。字画刻深些。耐洗涤不致模糊。觉初老兄 弟唐云。

信之三：

左方小印请刻觉初刻三字，地位我已一再考虑过，不要移动。请刻深一点。砚盖常揩抹，深则笔划耐久。能速奏刀为感，因此砚我手头常用也。觉初兄。弟云。

信之四：

承物色永嘉砖砚，质细发墨，颇适用，因请老友朱大可题铭，烦 兄刻之。大可二字傍长方小黑框，可刻觉初刻三字。大可恐朱书于砚不甚清晰，另书一纸，藉作参考。费神费神，容谢。此上觉初兄。唐云二月十一日。

唐云从黄山归来，得一块奇石，上有松枝纹路。唐云依照石的天然之姿作了精心设计，并铭之："黄海归来携一片，峭壁奇松朝暮见，拏空夭矫墨翻云，三十六峰开生面。庚子秋，唐云铭。"此砚亦为沈觉初刻。

唐云于砚的收藏及制作上所花的功夫和心血，不下于他的书画收藏。

唐云对杂类的收藏亦很注意，但他本着"精而勿滥"的分寸，所以每件珍品都藏有玄机。

他经常放在画案上的那只葫芦，小腰细颈，通体金黄，配有红木底座，精巧雅致。葫芦上有吴大澂手书后镌刻的篆书铭文，文曰："群居闭口，独坐防心。"篆文作四行排列，每行二字，字字清秀脱俗，金石书卷气盎然。下有行款六行，文曰："同治乙丑夏四月为香生仁弟属书　清卿。"对葫芦上的八字铭文，唐云非常欢喜，而且有着自己的解释。对"群居闭口"，他认为要具体分析，区别对待，他说："若亲朋好友，丹青知己，汇聚一堂，应尽兴尽言，怎能闭口。"俗话说"言多必失"，到底是言多好，还是寡言好？唐云认为，还是要有真知，真知者，其言就无所谓多寡，"言而当，知也；默而当，亦知也。"对于"独坐防心"，唐云更为赞赏，他说："这就要求人，排除种种杂念私欲，保持内心的清净统一，尤贵在独处无人时，能做到内无妄想，方能外无妄动。"

唐云的收藏见解

唐云爱收藏，但从不深秘。通俗些说，"货卖识主"，关键是能"识"，要真正懂艺术，要"五师旷之聪，闻弦歌而知雅意"，这是先决条件。

唐云十分忌讳别人乱翻乱动他的心血收藏（老朋友相知有素，自然不会沾此恶习），为此，他还特地配备一方"夏楚"，以儆"外侵"。这件戒尺形状的厚木，敦实凝重，其力度估计当不下于"击蛇笏"，诚不可不慎也。

唐云的藏品不仅肯让识者观赏，而且还肯借出临摹。已出版的不少画册，由唐云提供制版的殆难偻指，大概凡能泽及后学，唐云从来都不"独乐"的。比如，他有一部清人方环山的山水册页，林风眠就曾借临过其中的一开《秋山图》。

唐云认为，一个人有了一定的收藏，与之俱来，必然会结交不少的同好者，各出所藏，相互赏玩。朋友手里有他喜欢的书画，专程登门求观或借回漫临一过，同样乐在其中。不过这是"古欢"，此中人云，不足为外人道也而已。

有人或问："前人将收藏古字画标准归纳为真、精、新三条，我公看法如何？"

唐云回答说："真、精、新三条是收藏古字画的最高标准，也是最佳条件，然而不易得，退而求其次，那就是真中求佳。我的做法：真迹购藏，赝品不要；过于破旧，徒乱人意，虽真亦不要。"

又问："对于旧卷轴，你可有重新装裱的习惯？"

答曰："重新装裱与否，首先要看卷轴本身有没有这个必要。有的烟熏尘积，有的蠹蚀霉烂，有的年久残脱，有的装潢甚劣，都可以成为古迹重装的缘由。其次，重装与否，还决定于有无相应的装裱高手，此一节则常为某些收藏家所忽略。正确的做法是：有高手能人则重金礼聘；若遇庸工愚匠，则切不可轻举妄动，更不能粗心大意！要知道中国书画的装裱，除了便于观赏，更重要的同时还着眼于延长古代书画的寿命。古书画年龄老了，上百岁的，几百岁的，甚至上千岁的都有。作为炎黄子孙，谁都应该想方设法，使其延年益寿，代代相传。记得《装潢志》作者明人周嘉胄早就说过：'书画之命，我之命也。'他能把古代文化真品看重得像自己的性命一样，这是了不起的。所以，对待能够延长古书画寿命的装裱高手焉能怠慢？说出来不怕见笑，与我交往的那些装裱高手向我索画，我事情再忙，说什么也乐意抽空画给他们。其实，优遇良工，其目的无非也正是为了延长古书画的寿命。"

唐云对古书画的保藏，是花了一番心血的。历年来他所购入的古书画，不少都经过重新装裱。不但如此，他还根据古书画的原件尺寸，要家人缝制锦囊缎套，外加对襟纽扣；或请能工巧匠，配以木匣，缎口衬里，然后一一亲笔题签，日久成为惯例。唐云总认为："对这些文化宝物，不能任其散失，更不能在自己手里被无端糟蹋，这是罪孽。"

对过眼的古字画，唐云曾有《读画札记》，摘要性地分别缕述其原件尺寸、题跋、印记收藏与流传等项，偶尔也分析性地写上些个人心得。这样的手稿积有数厚册，仅待最后删定。十年动乱，文物之被摧毁，空前惨酷，上海的书画界，唐云首当其冲，自亦无法幸免。大石斋迭经抄掠，凶锋所及，这些手稿，荡然无存，至今下落不明；其仅存的一小部分，则由友人装成一部册页，交由荣宝斋加以印制，式系淡蓝色直行笺，每面八行，单鱼尾，扉页钤有"唐华盦"、"大石"两印。由于唐云的交游广，见闻博，考证详审，结构严谨，是一部极有资料价值的读画笔记。

对鉴别古书画的眼力，唐云自定为"不高也不低"。他屡次谈到传世的古书画渊源复杂，而某些作品，岁月既久，真赝难判，向来见仁见智，英雄所见不同，不易定于一尊而万喙俱息。但鉴别真赝，也不是什么神秘莫测的事，最根本的一条，端赖"熟悉"，一切犹如每个人对自己所熟悉的朋友，即使他在隔壁房间谈话，一听话音，你就能辨认出是"何许人也"，是同一道理。当然，古书画不能言，一直为某些人引为憾事。否则，来上个自报家门："我是宋画"，"我是明画"，"我是真迹"，"我是仿品"，那就省事多了。但是，也还有《庄子·大宗师》："今大冶铸金，金踊跃曰：'我且必为镆铘'，大冶必以为不祥之金"，难保不被"掷而去之"的。

唐云玩了一辈子字画、曼生壶及古董，最后总结出三个字：眼、闲、钱。

玩字画古董，首先要眼力好，还要懂和看得准。要眼力好，就要多玩，有比较才有鉴别。唐云早年曾在南京看到两张石涛的扇面，其中一张是《春海棠》，背面还有石涛的字。那时他正在吃酒的兴头上，醉眼蒙眬，就掏三十元钱把它买了下来。翌日忆及此事，取出仔细一看，假的。虽假，还可以玩玩，那字嘛，可假得没有水平了。他就把字揭去，而把画转送了钱瘦铁。

"老药，你怎么搞起假货来了？"钱瘦铁不无惊讶。

"走路也有摔跤的时候。"唐云悠然地说。

鸡虫得失，不入于心，这就是唐云的性格。

至于那个"闲"字，更容易理解了。任何一个人如果一天到晚为稻粱之谋，疲于奔命，心如悬旌，哪还有什么访古玩古的闲情逸致？但唐云具备这个条件。

唐云经常谈道："一个人不嫖，不赌，不投机，心就能闲起来。"唐云曾这样劝他的一位朋友说："要多享些清福，少享些艳福。"唐云那时刚买一尊六朝佛像，每当外出回家，第一件事就是把帽子往佛头上一戴，然后坐下来"相视而笑，莫逆于心"，悠然享那旁人无法享的清福。

朱公曰："象者理之所假，执象则迷理"，"反迷归报，归报得本"。惠能亦曰："无情无佛种，欲求见佛，但识众生，正为众生有情，乃知佛亦有情，情字乃成了佛法种子。""青青翠竹尽是真如，郁郁黄花无非般若"。唐云不谈佛，但八大的"曰余所旧宠"，八十年来，深爱其言，是孟子不言易而善用易，正不须别修枯木倚寒岩，三冬无暖气，终为婆子逐出烧木禅。

"天下的东西买不尽；出重金就能买到，没有钱就向朋友借，买茶壶，买书画都是这样。"唐云用这句话说明自己的收藏原则。正因为不吝千金一掷，当时的古董商人好东西一到手，照例先要送到大石斋来善价而沽，而精品神品亦以是归之。

"我也没有钱，想买东西就画画。"唐云说。

无论买什么东西，唐云总是以力所能及为原则。他有一个极浅显的比喻："平时能背一百斤，一百二十斤还可以撑一撑，要叫我背一百五十斤，那就背不动了。"戒之在"贪"，故无不鞭其后之累。

"我买东西，有时聪明，有时是笨的。"唐云说。这样说，是因为他的藏品不少都是买来玩的，有些则仅出于借鉴，并无多大的保存价值。出入之间，自然免不了做了"蚀本生意"。

在那世风日下、人欲横流的日子里，唐云的画卖出甚少，生活日蹙。经友人吴待秋的介绍，他不得不去为一位大亨的夫人代笔，每次只有五元钱；然后，又给俞亚声的同学金屺静代笔，所幸金氏社会交往广泛，路路皆通，故唐云开门七件事，尚得于艰难竭蹶之中，聊存卒岁之想。嗣后，百业萧条，人心惶惶，书画雅事愈复为生在动乱之世的人所不遑顾及，此时的唐云竟连"强将笑语供主人"都难乎为继了。"悲见生涯百忧集"，怎么办呢？唯一只有把自己呕心沥血收藏的画件去换柴米油盐……那时画家们的生活都在凄风苦雨之中，女画家周鍊霞粮尽釜空之余，曾有诗记其事。

"积财千万，不如薄技在身。"唐云至今感慨万端地说。从吾所好，但决不玩物丧志；更为重要的是，无论收藏什么，都应该终极目的是为了"积技"，而不是为了"积财"。这是唐云一生收藏生涯中的悟道之言。

唐云收藏与收藏唐云

　　收藏总是"三十年河东，三十年河西"，从帝王之家到一般收藏家，对其藏品都有着"子孙永宝"的愿望。但并没有因为有了这样的愿望，就能逃脱藏品流传的规律。所不同的是有的在平静中散去、有的在后人的矛盾争执中消失，有的散去比收藏时更加辉煌。唐云在身后，他的一部分藏品捐赠给故里杭州，藏在西子湖畔唐云艺术馆和八壶精舍，有的流向市场造成了风起云涌之势。

　　药翁唐云生前的文玩，可谓是伴其终身，上海工美拍卖有限公司组织了三场拍卖，随着槌声的起落，满堂生辉，不只是该公司创业史上的成功之举，在拍卖行当的拍卖史上，也应该是很有价值的。说是成功，每件拍卖的价位固然是一个标尺，更重要的是它给人们留下了记忆，留下了一个历史见证，留下了一段佳话。虽然是渭城已远，但波声还在，可圈可点的事，仍然历历在目，说个不休。这种无形的文化标尺，我以为比什么都重要。

　　书画、砚墨、印章、瓷器、扇骨、臂搁、镇纸、拓本、信札、紫砂壶、茶叶罐等，都是药翁手边常用之物。或是案头清供，进出大石斋的人都是随时可见，随手可摸的，虽然谈不上怎样的珍贵，但雅韵充盈。药翁说："家有敝帚，贵之如金。"可见这些长物在他心中的分量。在拍卖行现场都有着意想不到的热闹，更可见它们在新主人心中分量，有些并不因为是冷僻收藏而反应平平。药翁的藏墨就是如此。袁子才、沈德潜监制墨三锭，盒内有陈汉第题"袁子才沈归愚墨三丸"，药翁旁注云："此九字乃陈伏庐手迹，一九七三年其子陈植所赠，一九八四年药翁记。"起拍价是4 000元至8 000元，最后以5.5万元落槌。还有几包碎墨，也都拍得很好。陈植是上海建筑设计界的泰斗，是大石斋的常客。一位收藏界的朋友告诉我，三年前在上海的一次拍卖中，一盒咸丰贡墨因为老药旧物，二十锭起拍价不到1万元，到落槌时是5.6万元。当时认为价格不菲，今天看来已经是很便宜了。这次拍卖中有几件药翁用的颜料盘，其中一件六格梅花形调色盘，底款"伏庐清玩"，为陈汉第旧物，药翁在二十世纪五十年代配以漆盒，画梅花，因用久物损，又于1973年付窑重烧，并再题款识，尤见风雅，以800元起价一直追到12万元才停槌。

注文化于紫砂，融泥韵于生活的，除了陈曼生，就数药翁了。陈曼生作溧阳县令，对丁蜀紫砂器可谓是近水楼台，而且有几位幕僚代他撰铭题诗，风雅之风，为时代所倡导。而药翁则有些不同了，虽然有着名士风流，但毕竟是一介布衣，紫砂茗壶也不为世所重，儒雅之风又受到鄙弃，他仍然沉浸其中，从壶型设计、撰铭都亲自操刀。今日之紫砂壶贵若金玉，药翁的贡献非凡。他收藏的

"曼生八式"，捐献给杭州故里，仍藏有不少精品，这次都一一现身于拍卖市场，价位走高自是意料之中的。药翁所藏经折装"时大彬壶旧拓"本，为爱壶者以10万元买走，再有承名世勾摹朱石梅摹本"茗壶廿品"一册，也以8.5万元成交。还有赵之谦行书"大字钞书就月看"，系字对的下联，有行家找到上下联一起完整时的印刷复印件，结果，价钱至7.5万元才落槌。若上联合则不仅价值翻番，且是一段艺术流散聚合的佳话。

拍卖末尾为无图标的，多为无底价之物，但照样热闹，如无底价起拍的豇豆红小罐以1.3万元成交，还有36枚铜印，多为汉印及宋元花押，其中有一枚"鱼雁往来"尤为可爱，结果从无底价直拍到2.1万元方才罢手。在开槌拍卖前预展时，药翁的一批书画用纸放在角落里，我想应该没有人会感兴趣。可是开拍时，五刀六尺净皮玉版宣5 000元起价，直到4.2万元成交；四尺净皮绵连玉版宣，直拍到6.9万元；三刀五尺玉版宣，则以3万元成交。其他还有洒金、泥金及停云楼制空白扇面，都以善价而沽，其中有一买家就是篆刻家吴子建。有几位我认识的朋友，都和我一样，本想"捡漏"弄一件玩玩，结果却失望而归，叹息着今后不再有这样的机会了。

药翁收藏的石涛、八大、金冬心、赵之谦、齐白石等名迹巨制，都一一浮出水面，又被他们的新主人收而藏之。也许会有人认为，这些应该大书而特书的却不写，反而喋喋不休地记述这些小文玩的流散，严格地说，这些东西还算不上是大石斋的收藏。可是正是这些东西使我反复地寻问：这些新买主所要收藏的是什么？他们是在收藏砚墨、印章、扇骨、臂搁、镇纸、碎墨、旧纸及紫砂壶吗？从表面上看，他们的确在用不菲的价钱得到拥有，而他们内心是在收藏药翁唐云。当新主人得到这些文玩摩挲于掌中时，第一个想到的可能要问：那上面有锃亮而浓重的包浆，药翁是怎样玩出来的？当他们读到椰子壳茶叶罐、汉砖砚侧、砚台上、拓片上的简单的题跋，会不会想到也像药翁那样提笔来两下呢？当他们得到象牙香坠、手炉、脚炉、拂尘、烟斗、蟋蟀缸及养金铃子的葫芦，是否也想像唐云那样过着有情趣的生活呢？睹物思人，新主人一定会从这些文玩小摆件上看到药翁的名士风采，感受到药翁的气息和精神，体验到作为一个玩家所要具备的知识和素养。药翁魂消，可是这些富有生命气息的灵物，仍然泛溢着药翁的才气、心迹和梦想。从这个意义上讲，在拍卖会有所得的收藏家，所收藏的不正是活灵活现的药翁唐云吗！

　　药翁唐云也正是以这样的心境来珍藏前人的遗物的，在药翁收藏的碑拓及古籍版本上都留下他的这种心迹。有几种碑拓，他不但题写签条，而且配上一幅画，表明他得此的当时心情。《贤良方正残碑拓本》，药翁自题云："贤良方正残碑，存汉安帝元初二年，款识书迹醇厚高古，拙中致巧，堪称汉刻白眉，《曹全》篾如也。贵忱见之，叹为观止。"贵忱即广州之王贵忱，收藏家，亦版本碑帖鉴定大家。药翁寥寥数语，已足见他们共同赏玩的心情。药翁得《鲁相史晨碑拓》，欣然命笔作兰竹两幅附之于后，并题曰"案无余纸，泼墨于此"；得《鲁孔让碣石碑拓本》，药翁作竹石一幅相附，并题曰"大石铁笔"。药翁善篆刻，不长作，曾为笔者镌一方"大泽乡人"印，而在此的题识，表现出他跃跃欲操一试的欣喜之情。药翁藏书，可以说没有什么特别珍贵的版本，但他总是以"家有敝帚"的心情，每有所得，即重做封面，做题跋，忙得不亦乐乎。在另一帖的尾页，药翁附一竹石图题甲辰除夕似乎是和老朋友一起把酒共度。大石斋的藏物，药翁都视之为朋友，物不是他的仆从，他亦不是物之奴隶，心绪明朗，开诚相待。在"伏庐考藏玺印"的包装纸上，药翁写下得此书的原委："骥良于一九八四年借去四百元，言十一月见还。此册伏庐藏印，托孙祖白购得，其时骥良赠□□□，以此册藏印为报。骥良于一九八五年五月廿五日携此藏印来作抵前款。余亦为此藏喜而于前款作罢。"君子坦荡荡，不失为一段有趣的故事。

药翁与朋友的往来信札，只能说是友谊的留痕，对他来说算不上收藏的；对新的藏家来说也就成为珍贵的藏品。他们收藏的也不仅是几件信札，而是在收藏药翁，收藏药翁对知己的友情，不但有着温馨人生的情与爱，而且有着研究的价值。张伯驹《行书金缕曲》卷，张伯驹在跋尾中云："余书不落字、无错字而又行款整齐者即非余之真迹，愿收余书注意及之，一笑。"这固然是收藏佳话，更为重要的是这几首金缕曲《张伯驹词集》不载。乙卯之秋，张氏集其词为《续断词》后，认为缘事已尽，不再作词，但是想了难了，想断难断，于80岁生日又与朋友唱和，叙入世之苦境，得失升浮，戚友凋零，身如独夫，在温婉中带着凄凉，是研究丛碧翁晚年心境的绝好的材料。半野堂新主人、菱花馆主曹大铁致药翁信札诗笺，多叙述平生不遇、命运维艰，读之令人哀婉。其他如来楚生、若瓢和尚、赖少其，都是终身与药翁为友，可谓是知己知心，生死与共的了。论起价值，千金难买，因为可以从中对药翁有新的发现。笔者与药翁相知不谓不深，但为他作传时亦未能看到这批信札，今日读之，真有着相见恨晚的遗憾了。

药翁不认为自己是收藏家，但他买东西有个原则："戒之在贪。"他有一个极浅显的比喻："平时能背一百斤，一百二十斤还可以撑一撑，要叫我背一百五十斤，那就背不动了。"他又说："我的藏品不少是买来玩的，有些仅出于借鉴，并无多大保存价值。"我为他归纳为一是交友，二是拜师。他表示认同。我想这次拍卖的诸多文玩，则属交友；他收藏的古画，则为拜师。药翁对古画收藏并不攀高求大，而是和他的艺术性格相接近，因之他的藏画不出石涛、八大山人、华新罗、金农、赵之谦、吴昌硕、齐白石诸家。他的书画藏品并不是束之高阁，而是轮番悬挂在大石斋，他坐在太师椅上，一壶茶，一支烟，面画静观沉想，即使有朋友来，他也是旁若无人。如果来客是行家，彼此会讨论一番，由此而进入欣赏的最佳境界。

文物收藏，有聚有散。如这些带着药翁的道德情操、名士雅韵，随风散去，可应"化作春泥更护花"的诗境了。

第十三章

自家笔墨自家诗

画中的"药味"

中国绘画的传统宗旨是"兴教化，助人伦"，很注意绘画的社会功能。唐云的绘画也离不开这一宗旨，这从他的一个题名中也表现出来。

幼时的唐云，有一个"药城"的名字。对这个名字，世人作过许多猜测，有的认为他幼年身体不好，经常以药为伍；还有的猜测是他的家庭开了一爿参药店，他生活于"药城"之中，故名药城。后则，他常以"药翁"、"老药"题于画上。

笔者曾经以此为题向唐云请教，他说："我所画的花草，有许多都是药材，像荷花、菊花、梅花、竹子、芦根、万年青、石榴、枇杷等等。我希望自己的画如这些药草一样，也能给人一点疗效或滋养。身体疲乏了，看了画就起一点振奋作用；情绪低落了，看了画心胸就变得开朗一些；精神懈怠了，画能给人一点调节的作用……总之，看了画能获得一点益处，哪怕是一点点作用，让人们的精神生活丰富一些，积极一些，也是好的。这就是我取'老药'、'药

图70　唐云《枇杷杜鹃》

翁'的寓意。"

　　也许正是出于这一创作思想，唐云的创作态度才那么认真，把一些自己不满意的作品毫不可惜地撕碎扔进字纸篓子中去。沈智毅收藏唐云的一部山水册页，从唐云的题识中可以看出他作画的认真态度："此皆十余年前游历情景，非经意之作，散落故纸堆中，智毅

图71 唐云《村梅》

每来斋中为余整理，捡得若干帧，逐年所积，手装成册，属题记。
余画不足观耳，智毅珍惜之颇为怪，或与余相交三十年，为友情所
重也。"

在册页的扉页上，唐云题写着："仍归废篓。"

唐云的这种作画习惯，是久有盛名的。他作一山水长卷，本已

废诸字纸篓中，沈智毅捡得后，经若干年，经唐云修补方完整起来。后经各家题咏，均认为是唐云的天合之作。

此唐云所写山水，水墨酣畅，风格出于石涛，为其二十年前所作，近年不复见作此画。辛酉秋　谢稚柳。

右唐云山水图，为其二十余年前所作，生拙奇秀，深得大涤子遗意，开卷之际，如见司隶威仪，为不可及也。　一九八一年陆俨少。

智毅同志出示药翁二十年前所作山水，信笔落墨，一气呵成，神韵淡荡，真趣横溢，洵属可珍，展读之书此志佩。一九八一年中秋　陈秋草。

岩石峥峥烟树深，小桥流水接江村，如君信笔丹青手，写出清湘腕底魂。　一九八一年　应野平。

唐云还作有一幅《月下归渔图》，也是弃诸多年，经重新点染才画成，并题曰："此余二十年前旧作，今捡出细心润色，觉清气袭人，与近来所画大不相同，识者定能审别。　乙丑二月　唐云。"

唐云作画，虽不像古人"解衣磅礴"，但却是充满激情的。他常常是一杯入肚，精神倍增；两杯下去，灵感倏至；三杯过后，技痒难挠，于是攘臂搦管，腕走龙蛇，气力相合，心手相应，笔过形显，形具神全。正值作品即成，观者动容之时，他却停下笔来，点燃烟斗，在作品面前反复审度，再三斟酌，或再作精心晕染，或束之高阁，或将画揉成一团，弃之不惜。那情景似是和自己过不去，实际上是这位"医药师"在对这些将给人们带去"福音"的药草，进行极度严格的筛选和炮制。所以，每当他一幅画画下来，往往汗水津津，气喘吁吁，刚刚喝的几杯酒，分明已经变成滴滴汗珠从他那健硕的身体中重新沁了出来。

唐云画中的"药味"是很浓的。在花鸟画中，他除了画那些中国画的传统题材，还画那些和群众生活密切，而又不为一般画家所画的题材。油茶生长在山野之间，画家很少能看到它，即使看到了，恐怕也很少去描绘它的英姿。可是，在唐云的笔下，油茶英姿勃发，给人耳目一新的感觉。他花了四年的时间，不知道撕了多少画稿，始作成《油茶》一画，他在画上题写着："茶子含油量极高，供食用，有营养，可疗高血压病，工业上应用甚广，为油类植物产期最长最能繁殖之品，昔于临平农场见此，正值花开结子、结子花开连续芳雅旺盛之际，即图一纸，越合四年。"

广东所产鸡蛋花，为药用植物。唐云避寒广东从化温泉时，正值鸡蛋花盛开，信手画了一图，并题曰："鸡蛋花色黄白如蛋故名，花可治痢，又能代茗，惟不结果。辛丑冬日于从化温泉对花写此，大石记。"

啄木鸟也是很难入画的，唐云用他的生花之笔为啄木鸟写照，并题句赋画以新意："啄木啄木，东西剥啄，除彼害虫，荣我嘉木。"

唐云绘画中的"药味"和他的绘画的艺术性是一致的。即使在"大跃进"的年代，许多艺术因被加上"政治标签"，艺术性消失殆尽，只留下一个政治标签的空壳，而唐云的绘画则有所不同。如他在1958年秋天创作的《棉花与谷子》，从题识上看完全是为"大跃进"的政治形势服务的："谷子黄如金，棉花白如银，金银盖满地，亩产上万斤，高潮赶高潮，先进更先进，万人一条心，黄土变成金。　陕西民歌　一九五八年秋　唐云。"

这个题识的句子不是唐云的创造，是一首民歌，正像以往把前人的诗句题写在画上一样，这一幅画也可以说是一幅"诗意画"。对诗意画，人们常常注意的是绘画本身的艺术性，而不大去注意所题的诗句的，诗句可能是不合时宜，而画的自身却是可能流传于世的。《棉花与谷子》这幅画同样如此，如果我们撇开这个题识的政治内容，从绘画的艺术性来审视，《棉花与谷子》仍不失为艺术臻善臻美的佳作。这幅画墨彩淋漓，互为交融，笔致在刚挺中带着几分温情，棉花的花与叶、枝与干以及与金黄色的谷相互之间的穿插、衬托，都是别出新意，不能不赞叹唐云是个大手笔。而在题材上，更是创新的。以棉花与谷子入画，在画史上可以说是从来没有的，对这样一个村野而又世俗的题材，在唐云的笔下却呈现出一股书卷气息，不俗，不白，有着艺术的含蓄之美。但是，他又摆脱了旧文人画写村篱茅舍的清高与孤芳自赏式的雅逸，而是和农民有着息息相通的感情。这是一种自然情感的流露，是对中国画的一种改造和创新，给人一种欣欣向荣的激情。

　　唐云很注意画中的"药味"，但是这种药味不是靠题写诗句来作注脚，也不靠政治标签的道白，而是用绘画艺术的自身规律，再赋以艺术家自身素养与才情来实现的。

百家兼容的艺术情结

　　综观中国绘画史，横看东西方绘画的比较，任何一个艺术家的
成长及画风的形成，无不和画家个人的性格、文化背景及所在的地
域有关，历史上诸多画派的形成，都无法逃脱这一规律。中国的敦
煌壁画，不只是不同时代画风的演变之迹极为鲜明，就是同一时期
的壁画，由于画家之不同，也表现出不同的流风，可惜的是对那些
没有留下姓名的画家无法进行稽考。以后的绘画更是流派纷呈了。
董其昌把绘画比拟成禅宗，创立了"南宗"、"北宗"之说，不管其
科学性如何，但他强调画家所处的地域及性格在艺术创造中的作
用，不是没有道理的。

　　受地域环境、文化心理及个性的影响，中国绘画流派都是有其
根源的。检讨这些流派可以看出，南方画家与北方画家在审美情趣
和艺术追求上，存在着许多差别，大体上是南方绘画多温情，多妩
媚，注重神韵，富于阴柔之美；北方绘画多雄奇，多刚正，崇尚
骨气，富有阳刚之美。南宋故都的杭州，有着深厚的文化背景，唐

云生活在山清水秀的书卷气息之中，而他的性格中又没有江南书生的文弱气息，而更多的是燕赵男儿的英风侠骨。他胸怀豁达，生性豪放，为人仗义，处世耿直，所以也就形成了唐云特殊的艺术风貌。他既有以情驱笔、舒卷风云的气度，又有秀润华滋、蕴藉含蓄的审美品格，从而将南、北两派的特色——北方的风骨和江南的神韵——有机地结合在一起，形成了自己刚柔相济、雄秀两兼、厚实而不失之于板滞，沉雄而去其霸悍的艺术风格。无论是抒情小品，还是宏构巨制，都能通灵气于一脉，显化机于生成，于飒飒英风中见娟娟情致。有人说欣赏唐云的画"如啜饮味正质纯，性温力蕴的佳酿，一品畅神，再饮醉心"。

单纯的地域灵气、人的心灵就能形成唐云的艺术风格吗？如果我们对唐云的绘画进行深层次的解剖，就不难发现，他的骨子里有着百家乳汁。对此，唐云并不隐讳，而且有着明白人的不打自招。

唐云接受了哪些人的影响？我们从他的话中可以探寻一些信息：

偶以宋元人笔意成此乃得画法之妙，要锲而不舍力求艺术精美，又必须行万里路，读万卷书，开拓胸襟，然后下笔有神，不同凡响，此中甘苦，不知者哪得知也。

此题说明，唐云从宋元绘画中汲取了营养。

石田翁学元人，颇得仲圭之气，盖其使笔沉重，效倪黄则逊之。得倪黄之刚柔相济，神韵飘逸，当推董玄宰独步矣！

唐云也研究前人学画的经验，明代高手沈周（石田）学元代吴镇（仲圭），能得其气，而学倪瓒（云林）、黄公望则不行；而董其昌学倪瓒（云林）、黄公望则能得其神理，取得较好的艺术效果。经过总结前人学画的经验，唐云在学倪瓒（云林）、黄公望时，则另有心得，所以他说：

　　余于元代画家好黄大痴、倪云林，两家笔法往往合为一体，和洽相称，而山樵、仲圭难以混杂，人有偏好，我岂异耶。甲子长夏拟之人法题于大石斋　唐云题记。

　　对宋元绘画，唐云从学习研究中，对前人的经验作了高度概括：

　　宋人重墨，元人重笔，行万里路，始得此法。

　　对金农（冬心），唐云更是以同乡之情，临其画，诵其诗，学其书，他曾在一张墨竹上题写道：

　　吾杭冬心翁墨竹苍浑天真，有临风作笑之态，为清代写竹别开生面者也。洛羊同志属余拟之，砚有余墨，遣笔成此，优孟衣冠，弗笑弗笑。

　　李槐之在《笔墨当随时代》一文中评论唐云的艺术：

图72　唐云《千里澄江》

　　唐云不仅擅长花鸟、山水，偶作人物，亦无不精妙，特别是他的书法艺术，更是另辟蹊径，自成一格，耐人寻味。除师承造化之外，在继承传统方面，则宗法石涛、八大、新罗、金农，一直追溯到元明及南唐、北宋。在他的山水画中，虽然可以看到传统的影响，但并不一味师古，而主张学而有变，不以粉本为规矩，而要得古人的精神要路，博览众家，取其所长，自存已貌，与人不同。在他的大量作品中，只要仔细观察，石涛的奇，八大的放，新罗的灵，金农的拙，都藏在他的笔墨之中。特别是他能得元四家笔墨的精髓：大痴的洒脱，山樵的绵密，吴镇的沉重，倪瓒的疏淡，已能融会贯通而自成风格。可以看出，唐云在创作道路上，是一位勇于探索、勇于创新的画家。

唐云的艺术渊源，这段简练的文字，已经说得清清楚楚了。

我们已经熟悉唐云的艺术是以山水起家的，在杭州期间，从黄公望的《富春山居图》入手，以后又转向石涛。如果我们把唐云的山水转轨之迹放在画史上来看，可以发现一种耐人寻味的现象：黄公望以后的画家中，于风格上与黄公望不同味，而精神上实可作他的继承者的，只有八大与石涛。黄公望的雄莽，于他们转化为泼辣；黄公望的沉郁，于他们转化为荒寒；黄公望纵恣的笔触，于他们转化为奔放的线条；黄公望的画面是壮健的、雄迈的，八大、石涛的画面是沉痛的、悲凉的。石涛题画有"入眼荒凉一哂然"之句（元好问句），正好代表他自己的风格。从八大的画可看到与黄公望笔意相近的地方，所以八大题黄公望的画说："郭（熙）家皴法云头小，董老披麻树上多，想见时人解图画，一峰还写旧山河。"欲借黄公望的丘壑，叹人世兴亡故国的情感，正如夕阳撞晚钟，余韵中绕着无限愁绪。

画家唐云呢？他的艺术中虽如别人评论的那样，集自元代以来的诸家之长，但历史的潮流毕竟是"江山代有才人出，各领风骚数

图73　唐云《金梦山中》

百年"。我以为唐云的艺术中更多的是石涛的风神，那也只是具体的笔墨技巧。据我所见，唐云在执笔作画时，他所理会的不是黄公望，也不是石涛，而是在充分地表现自己的性情。唐云有唐云的性情，古人有古人的性情，石涛有石涛的性情，八大有八大的性情。性是山川，情是气韵，画家今日所见之山川，已非古人所见

图74　唐云在作画

之山川；唐云心目中的山川，更非别的画家所认识的山川。所谓
山水画，也就是画家的心灵，倏然与山川投合，倏然涌现于纸上，
一弹指间，气象万千。至于别人怎样评论，画家此时是管不了许
多的。

　　至于怎样才有艺术家的风貌？唐云有着精辟见解。

风格不是个人刻意捏造，是别人客观的综合和评论。画家只能透过多读书、多观察、多生活去进行"博"而"精"的摸索，到了一定的程度，自然水到渠成，创造出自己的面貌来。

唐云作画是：大胆落笔，细心收拾。

对此，唐云解释说："大胆落笔，细心收拾，在画中是必要的。只求大胆，没有细心，作品就粗疏，就画不出气韵来；相反，只有细心，作品就会失去整体的气势，变得琐碎。所谓气韵，包括画家的人品学问、中国艺术的修养和对生活的熟悉。南齐画家已懂得把画分五等标准，即有妙品、能品、逸品、神品与人品之分，而人品则为最高艺术境界。"

唐云一生爱画，他曾自书对联一副："爱画入骨髓，吐词合风骚。"各派之长，他都了如指掌，特别偏爱八大、石涛、华嵒、金农，于近代又特别崇拜齐白石和吴昌硕。在他的山水、花鸟作品中，人们可隐约看到这些先贤的影子，那只不过是一种营养品，营养着他自身的风格和面貌。对此，唐云在　首诗中说得很明白了：

宋元那管与唐时，老眼昏花信手之。

休顾旁人低首笑，自家笔墨自家诗。

有我与无我的艺术境界

对唐云的艺术的评论，见诸报纸杂志的文字可谓连篇累牍，有的说他的荷花画得好，称他为"唐荷花"，有的说他的梅花画得好，称他为"唐梅花"，说他为"唐郁金"、"唐竹子"的也有，意思是他的郁金香画得好，或是说他的竹子画得好。殊不知唐云的艺术是一个整体，从简到繁，从一到万是唐云的艺术；从繁到简，从万到一，也是唐云的艺术。唐云的艺术精神就在：有我与无我的境界之中。

唐云是不欢喜作"画语录"的人，他认为："画语录"都被前人说完，特别是一部《石涛画语录》，已经把画家的诸多体验，说尽了，说透了，无须别人再说什么了。但是，唐云也有一句百说不厌、千百次追求的一句话："随意点笔，不知有我，而有我在，是画之无上境界，然不可多得，可遇而不可求，画之精微在此。"

何谓有我？何谓无我？对此唐云没有作更多的解释，亦未见之于别的文字。

画之有我与无我，石涛也是说过的：

夫画，天下变通之大法也，山川形势之精英也，古今造物之陶冶也，阴阳气度之流行也，借笔墨以写天地万物而陶泳乎我也。今人不明乎此，动则曰："某家皴点，可以立脚。非似某家山水，不能传久。某家清淡，可以立品，非似某家工巧，只足娱人。"是我为某家役，非某家为我用也。纵逼似某家，亦食某家残羹耳。于我何有哉！或有谓余曰："某家博我也，某家约我也。"我将于何门户？于何阶级？于何比拟？于何效验？于何点染？于何鞟皴？于何形势？能使我即古而古即我？如是者知有古而不知有我者也。我之为我，自有我在。古之须眉，不能生在我之面目；古之肺腑，不能安入我之腹肠，我自发我之肺腑，揭我之须眉。纵有时触着某家，是某家就我也，非我故为某家也。天然授之也，我于古何师而不化之有？

石涛的话说得比唐云的复杂，而含意之深刻，则不如唐云。笔者曾以石涛的繁杂的画语和唐云探索他的简约之言的异同，他只是说："我是我，石涛是石涛，石涛之我，非我之我。我之我，只可意会，难以言传，你可以从我的作品中去寻找。"

唐云和石涛的不同之处在于，石涛的绘画意识非常明确：要有我。石涛的"我"是求之而可得的。而唐云的我则进入另一境界，关键是"不知有我，而有我在"和"可遇而不可求"。这属于绘画

图75　唐云《荷花小鸟》

意识中深层次的东西，而不是像古人或像自己的表面现象。

　　"不知有我，而有我在"，是一种内心，是一种精神，是人与自然的契合，带有庄子美学的意味，那就是把自然人格化，自身的人格又艺术化，人与自然的通感从绘画中表现出来。庄子在《天下篇》中有一段自述，和唐云所追求的艺术境界是很相似的：

芴（寂）漠无形，变化无常。死与生与，天地并与，神明往
与。芒乎何之？忽乎何适？万物毕罗，莫足以归。古之道术有在于
是者……

对这段话略加疏释就是，艺术是无限的。因为是无限的，当
然也是超越的，所以是"芴漠无形，变化无常"。无限的境界是超
时空的境界。投死生于无限之中，无长短之可计较，故谓"死与
生与，天地并与"。无限即是神明，故为神明所归往。神明即是
心中的一种境界，所以人的心（即精神）也是无限的。艺术的无
限，乃由理论与实践中摆脱出来，以无目的为目的，故："芒乎何
之？忽乎何适？"无限包罗万物，但既不要求万物为所归，亦无目
的为万物所归，故"莫足以归"。由此可知，庄子的这一段话，实
质上只是对他自己所追求的而又企及达到的艺术精神的无限性的
描写。

"不知有我，而有我在"中的我，也是无限的。首先他不是
以"我"的存在为目的，而"我"又是以无所不在为其归宿。这
个"画之无上境界"当然是最佳境界，也可以说是无限境界。唐
云的这个"画之无上境界"中包含着什么样的内容呢？其中包括
的就是庄子的"独与天地精神相往来"、"上与造物者游"，使自己
的精神进入彻底解放的境界，神与物游，艺术的人生与宇宙合而
为一。

唐云的这种精神上的解放，常常从与朋友交往的应酬之中表现
出来，表现出他的无拘无束的天性。金石家叶潞渊收藏的唐云画

图77 唐云《松竹梅》

作，都是有着这种情趣的。唐云用印，多为叶潞渊所治，诸如苹罗、东原、竹土、双莲馆、太斋、唐华庵、大石山民、君当恕醉、山抹微云、唐云印信、唐云私印、八壶精舍等，都出自叶潞渊手下。唐云为叶潞渊画了《活趣》、《适兴》两部册页，都是"不知有我，而有我在"的佳作。在其中一幅《兰竹》中，唐云题写道：

画兰画竹寻常事，每到兴来一挥之；若解此中真意味，沅湘风露十年思。庚子春节睡足，茶余读古拓十三行，欣然有会，放笔写此。

在另一幅山水中，唐云题写着：

己亥春暮，与露园兄游西湖，于灵鹫峰下瀹茗品泉，纵谈艺事，归来兴犹未已，漫图此帧，觉山光峦翠，犹在眉睫间也。

在作画的过程中，唐云很强调"适兴"二字。他在一幅画上题写着：

甲子长夏，新雨涤尘，北窗睡起，随意点笔，不计工拙，适兴而已。老药记。

乘兴挥毫，兴尽收笔，至于一张画有没有完成，唐云常常是不计较的。所以他的画箧中常有"未竟之作"被人取去，又经他人补染而成。如《江云小屋图》就是由应野平补成，并题了诗：

老药丹青手，毫端有鬼神。日烘千嶂紫，舟泛一江云。屋能容客膝，深林不染尘。才情输我浅，点笔乱披纷。

唐云画此未竟，属为点染，并成五律一首。甲寅 应野平记。

唐云画中的"真意味"，就是像为叶潞渊作的册页上题写着的"活趣"与"适兴"。所谓"活趣"就是天籁自然之趣。在《活趣》一册上题诗也都有着活趣的清新：

《柳塘水禽》上题诗云："柳塘清浅处，可以濯幽禽。"

《芙蓉小鸟》上题诗云："芙蓉映秋水，好鸟鸣西风；一片江南景，生机荡笔中。"

《扁豆蟋蟀》上题诗云："篱豆花开蟋蟀鸣。"

《网鱼》上题诗云："一夜东风吹雨过，满江新水长鱼虾。"

《萝卜芋头》上题诗云："脆甜春削红萝卜，粉烂秋剥紫芋头。"

《山水》上题诗云："远雁如尘飞水面，乱帆疑叶石点头。"

《山水》上题诗云："江山平远难为画，风物高寒易得秋。"

这画不只是画出了诗境，而且画出了唐云的心灵，画出了唐云的天性。唐云的这种天性在他画的梅花中挥洒得更为突出，而又常常以白梅花更能见其真情，这里不妨录几首他的题梅花的诗：

笔底春风未许量，圈圈点点幻文章。
花开青帝难为主，忽放琼枝如许长。

一从芳信上高楼，明月平添一段愁。
十载淞滨欲归去，春光先我到杭州。

曾记孤山一榻安，暮云收尽薄生寒。
朗吟惊起沙头鸟，飞上琼枝更好看。

图成恍似入山村，招得梅花旧日魂。

多少横斜飞动意，几番还看月移痕。

真娘墓畔春如梦，和靖篱边影亦悲。

零落湖山空夕照，美人名士感全非。

诗中"圈圈点点幻文章"、"春光先我到杭州"、"曾记孤山一榻安"、"几番还看月移痕"、"美人名士感全非"等诗句，有着"活趣"、"适兴"之乐，这也就是庄子的"自适其适"的"天乐"，但又有着落落寡欢的凄清之情。人与梅花的合一，梅花之情，即"我"心中之情，"我"心中之情又都通过梅花之情传递出来，真可谓是"自喻适志"了（庄子语）。这种主客混合为一的"自喻适志"，此时与环境，与世界，得到大融合，得到大自由，也就是庄学中的所谓"和"，所谓"游"。正如庄生梦为蝴蝶一样，"不知有周"，把自己与客观对象，都从时间空间中切断了，与蝶合而为一，这也正是唐云的"不知有我，而有我在"的至高无上的艺术境界，从而"与鱼同乐"了。

从唐云的经历中，我们知道他的社会观是建立在儒家的思想基础上的，而他的艺术观又是以庄学为核心。对待社会，他常以"克己"、"无我"、"忘我"而自制，而在艺术上又有着"有我"、"存我"、"扬我"的亢奋精神。两者都与忧患意识相通，以儒家为立足点，出于对社会的忧患而要求加以救济，又从庄学出发，面对忧患则求解脱。但是，唐云毕竟没有向庄学的深处发展，所以他的艺术不是完全追求

"有我"的孤寂与凄清，而是以儒家"文以载道"的思想指导创作，使他的艺术带有药味。特别是在共产主义思想熏陶下生活了四十多年，又以一个共产党员的身份出现在艺术领域之中，绘画的目的性更为明确了：在社会责任感的负荷下进行作画。庄学就变成了"杂念"，只可偶尔让它萌动一下，这就自然是"可遇而不可求"的了。

艺术的美学意义

　　唐云推崇石涛，不光是石涛的绘画，而且推崇石涛的"笔墨当随时代"的立论。从唐云的绘画中，我们可以看出他没有因循守旧的保守思想，不是用陈旧的笔墨表现现实的生活，而是使自己的艺术和时代息息相通；同时，他也不主张在创作上用简单的、庸俗的、生硬的方法去结合时代。二十世纪五十年代到六十年代，中国美术理论还是极"左"思潮占主导地位，认为花鸟画就是不能画残荷、枯枝、农村的茅舍，以及所谓的"残山剩水"，否则就不能表达社会主义的新气象，就是歪曲了社会主义制度。而唐云则认为：同一个秋天的景物，枯枝、破叶有人画出秋风摇落，令人凄怆，也有人画出秋色斑斓，令人悦目。所以说花鸟画可以从正面来描绘含苞待放的花朵，也可以从侧面描写看来凋谢而却潜伏着生命力的残荷枯枝。在艺术上，他不因循苟安，随波逐流，而有自己的独到见解。正因为唐云对"笔墨当随时代"有着自家的理解，所以他的绘画艺术有着丰富的美学内涵：飘逸、旷达、浑厚、热情。

图78 唐云《新安江上》

唐云传 481

飘逸

欣赏唐云的绘画，使人感到他的天赋中就蕴藉着灵气。那种灵气，不是外加的，似乎是他从客观世界中得到感受，灵气从他的笔下流淌出来。这在他的小品中表现得特别突出。

他在创作中，能达到"明物象之源"，无论是山川大地，一草一木，一鸟一虫，都细心观察，分析研究，探求特定的情景中特定的表现形式。因此，无论是祝寿的鲜桃，两只八哥，枇杷与小鸡，竹篓与荔枝，墨竹与山雀，芭蕉与小鸟，纺织娘与丝瓜，竹笋，白菜，萝卜，锦鸡，青蛙，高洁的水仙，朴实的松树，不只是生动真实，而且他的笔能赋予这一切，有着浓郁的诗情画意。郁金香这种花，在西洋画中是常见的，由于难以表现，所以中国画中很少见到这类作品。而唐云笔下的郁金香，用鲜快明丽的色彩纵情着笔，画出含苞待放的花蕾，招引得观赏者有一种期待它怒放吐香的心情，给人带来几分醉意，恰如他的题句那样：

图79 唐云《芭蕉小鸟》

尚留画里三分醉，蝶也慵飞敛粉裳。

怪底芳容浓似酒，此花原是郁金香。

简练的笔致，渗化的水墨，把小鸡的形体和茸茸的嫩毛，勾画得楚楚动人，如能闻到"唧唧唧"的叫声，使人联想牙牙学语的孩子和金色的童年，这恰如《文心雕龙》所说"思接千载"、"视通万里"的艺术境界。

唐云艺术中的飘逸之气，在他的题画诗中流露得最为深切：

午晴睡起小窗幽，人事闲来对茗瓯。

解识东风无限意，兰言竹笑石点头。

他笔下的墨竹，正是这首诗的形象写真，往往是"从遒劲中出姿媚，纵横处见洒落"。竹子是画家笔下最常见的题材，从唐代开始就以竹入画，而且以墨竹见长，以后的历代画家都赋予竹子以虚心、正直、高风亮节、坚贞不屈的诸种寓意，高手辈出，佳作如林，后人是很难超越的。唐云画竹，从生活中另寻新意，为竹造写新的形象，更重要的是他对竹子有着新的理解和认识。唐云说："竹子生长在平常甚或贫瘠的土地上，一无奢求，而它成材后对人类有着很大的贡献，不论衣食住行都离不开它，就连作画的纸笔也是竹子的赐予，它是那样地富有泥土气息和浓郁的野趣。"

出于这样的理解，唐云笔下的竹子除了基本的清和飘逸之气外，在不同的情景下，竹子又表现出不同的性格。风中的坚韧，雨中的傲岸，雪中的刚毅，日丽风和中的秀韵，情景的不同，风姿各异，但舒展的外形，婀娜的体态，磊落的性格，又是各种竹子所共有的。寓刚劲于柔美，抒沉着于俊俏，别有一番姿致。

自古以来，画家都以画竹为"高人逸才"之举，高人逸才才能得竹之情而尽竹之性。所谓高人逸才，是精神超越于世俗之上，因而得以保持虚静之心。因为是虚静之心，竹乃能进入心中，主客

图80　唐云《竹林山雀》

一体。此时不仅是竹拟人化了，人也拟竹化了。唐云对竹子生性的了解，不是从书本上学而知之，而是在杭州、富阳生活期间，尝与竹游，以竹为友，从体验中得来。所以他能在精神上把握竹子的整体生命，从而在笔下表现出竹的精神。把苏东坡描写文与可画竹的诗用来描绘唐云，那是最恰当不过的了。苏东坡在《书晁补之所藏与可画竹》诗云：

与可画竹时，见竹不见人。岂独不见人，嗒然遗其身。其身与竹化，无穷出清新。庄周世无有，谁知此凝神。

"其身与竹化"是文与可画竹成功的关键，也是唐云画竹成功的关键，从个人的气质上来说，唐云与文与可一样，有着不近功名的淡泊，他笔下的竹子自然就是清新而飘逸了。

旷达

　　如果说唐云艺术中的逸气，不是远离尘世的寂寞，不是令人心灰的荒寺野钟，不是曲折幽深的山溪野谷，而是清、幽、淡、雅的话，那么他的旷达更是远上白云的黄河，势拔五岳天姥，飞流直下的瀑布，雄伟粗犷的巨响，表现出高、远、气、势。这在唐云画的横幅山水《黄果树瀑布》中表现得尤为突出。数尺长的横卷，画着连绵不断的群山，黄果树瀑布居高临下，垂直跌落，水光四溅，真有气压群峰、声吞大地之势。画上题着：

　　龙惊不敢水中卧，猿啸时闻岩下音，此太白题黄山百丈泉之句也。昔游黄果树瀑布，见其气雄势壮，惊心动魄，非此二句不足壮之。一九八一年新秋三十日写应海滨同志赏之。杭人唐云并记于大石斋。

　　同样，我们在前文中引用的他画《黄山长松》时所写的"山

图81 唐云《弄影沙上》

灵畏我黄山住"那首诗,那种"墨激长松十万株"气概是很动人的。数十年后,他重上黄山写虎头岩景色时,仍然回忆着"与友人小饮于此间,时值中秋,皓月当空,万籁无声,极一时之乐,酒后写大幅长松……"无论是画,是诗或是文,都表现出唐云的气度非凡。

唐云的旷达不是表演性的，而是发自内心，出之自然。他在一幅山水画的题跋中，记述了自己作画的心情：

山川出云为天下雨，予每喜画此，觉胸中浩然之气勃勃从十指间出也，任凭天地之大，缩之尺幅间，可与识者共赏。大石翁记于山雷轩。

特别值得注意的是"觉胸中浩然之气勃勃从十指间出也"这句话，这就是蓄之愈久，泄之愈猛，一发而不可收。这是自然地流露，心中无所顾忌，无所考虑，像作诗一样，一吐为快。这正如庄子说的"充实不可以已"的强烈的艺术冲动。正由于唐云有这样

图82 唐云《劲松》

图83　唐云《别浦高楼》

的强烈的艺术冲动，所以才创造了许多令人难以忘怀的艺术品。

现实——冲动——绘画，这一过程就是艺术的转换。这种艺术的转换不是一般的画匠所能实现得了的，而是像唐云自己体会的那样，"开拓胸襟，然后下笔有神，不同凡响"。对往昔的事物"浑如一梦"，然后达到"怡情忘忧"的心境。这也正像庄子的"独与天地精神往来"，但又不是"高处不胜寒"的高高在上，下临无地的空中楼阁，而是能做到"不傲睨于万物"，"不谴是非，以与世

图84　唐云《荷花》（1961）

俗处"。

正因为唐云没有脱离人间烟火，所以他的艺术虽然旷达，却没有自命不凡的傲气，而是使人感到它的可亲近，可相处，来自生活，而又长驻于生活。这种气息在唐云的荷花中流露得最为鲜明。自周敦颐的《爱莲说》出世，荷花就成为"出淤泥而不染"的艺术形象，曲高和寡，亭亭玉立。

唐云也是以白荷见长，花瓣呈三角形或四月形，只用淡墨勾出，花蕊和瓣边浅施粉黄，表达出素雅高洁、平静而又静谧的风姿，并不显得傲岸骄睨、自得自赏的神态。之所以能达到这样的意境，是因为唐云已从相传的"一花独放"的格局跳了出来，使荷花与水藻、芦草、浮萍、游鱼、蜻蜓或小鸟相互映照，画得充满生气，润泽兴茂。

唐云艺术中的旷达，不是脱离尘土的超脱，而是入世的充实。这正如他的诗所写的：

> 陟岱曾疑天下小，筑宅喜傍孤松老；
> 林泉许我啸长风，何必南阳拔膝抱。

浑厚

唐云的绘画艺术由飘逸走向浑厚,有他自己的诗为证:

> 少作名山汗漫游,笔驱文沈与唐仇。
>
> 老来不觉聪明减,聊尔赠君一笑休。

对老而弥坚的唐云来说,到了晚年,聪明并未衰退,只是说明他的画风变了。在唐云的飘逸风格中,那种特有的清气和灵气,是海上画坛所公认的。欣赏唐云的画,如果不能领悟到画中的灵气,那就是没看懂他的画。"聪明减"就是他的艺术中的灵气渐渐地由浑厚所代替,由轻灵走向老辣。风格的转变,很难有一条截然分界线,总是飘逸中有浑厚,浑厚中有飘逸,有时是飘逸的风韵多一些,有时是浑厚的风韵多一些。唐云画中浑厚韵的出现,应该在画《葵花朵朵向太阳》的时候。

以向日葵入画的,在世界上没有几个画家。在西方有印象派的

图85　唐云《葵花朵朵向太阳》

开创者莫奈和后期印象派凡·高，中国则有林风眠和唐云。东方和西方的绘画虽然不同，但从他们的风格表现却可以看出各人的性格。莫奈的《向日葵》表现的是色彩和光，黄色的葵花，绿色的叶子和紫褐色的台布及色彩缤纷的背景，达到色彩的丰富与协调。凡·高的《向日葵》用了比较浓烈而单纯的色调，表现了向日葵刚正不羁的姿态。向日葵的花朵似乎在发怒，叶子似乎在咆哮，一种不安的、激荡的情绪从画中表现出来。林风眠的《向日葵》是四朵葵花朝着一个方向，显然有着"向太阳"的寓意。这幅画创作于1959年，原题为《葵花朵朵向太阳》，虽然讲究色调，取得墨彩交融的艺术效果，但显得过于平静，和他平时的那种浓郁而含蓄的风格有所不同。唐云的《葵花朵朵向太阳》显然是受了前者的启发，特别强调了"向太阳"的寓意。但朵朵葵花给人以动态感，把向日葵的磊落大方、热情奔放的性格表现了出来。而在色彩的对比上特别强烈，金光灿灿的花瓣，紫褐色的花盘，墨绿色的葵花叶子，和他已往的单纯、明净的用色相比，已明显地表现出浑厚来。这种色彩上的变化，据他自己说是受了西方印象派用色的影响。这一变化，使唐云的艺术走向新的阶段。如果说欣赏唐云以前的画如吸吮清泉，沁人肺腑，而《向日葵》以后的画，则不像吸吮清泉那样爽利，而需要咀嚼几下才能品评出味来。

进入八十年代，唐云病愈之后，他的画风又为之一变，彻底地走向浑厚质朴了。唐云本来用墨滋润，用笔快慢疾徐的节奏控制得特别好，而病后用墨及用笔却有变化，多用焦笔枯墨，用滞笔，以厚重代替轻盈，以拙朴代替灵巧，而寓诗意与写实之中。他为宾馆、饭店、车站、码头创作的宏幅巨制，常常能给人以泰山压顶之势。

中国画家常有"衰年变法"的故事，齐白石、黄宾虹都是过了八十岁之后，艺术才走向成熟，明代的沈周（石田）也是到了晚年，他的作品才发生变化。由此画坛上有"愈老愈辣"之说。对

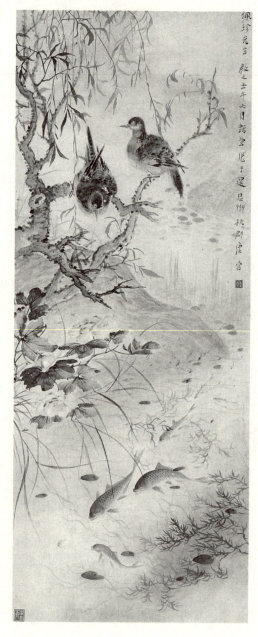

图86 唐云《柳塘清夏》

此，唐云不以为然，他认为："有的画家是愈老愈辣，但也有不少人是愈老愈差，老而走向荒率、粗疏、俗不可耐的也大有人在。不过人老了占些便宜是常有的事，我知道自己是越画越退步，捧场的人反而说我比过去画得好，这就是占了年纪大的便宜。"唐云是快人快语，笔者认为这是他的由衷之言。笔者深知唐云是很留恋他以往画中的灵气的，很留恋以往的清新飘逸。到底清新飘逸好，还是浑厚质朴好？各领风骚，自有所爱。不过一个画家的艺术风格的转变，似乎常常不是由画家的主观意志所能决定的，画家手中的

图87　唐云《兰竹》

笔和他头脑中的愿望往往协调不起来，有时甚至会朝着相反的方向走去。唐云不是"大器晚成"的画家，从青年时期起，他在绘画上就表现出才气横溢，当然免不了有从幼稚走向成熟的过程。清新飘逸是唐云，浑厚质朴也是唐云。唐云的变化不是由差走向好，能给人一种震动，而是两个时期，两种风貌，可以说融二美于一身，这就是唐云的艺术。唐云对自己的艺术有"今不如昔"之感叹，那的确像老人回忆他的金色童年那样，只不过是一种美好的、梦的回味。在他壮年时期，常为钟馗画像，有一幅《钟馗》题写道：

须眉渥丹，胡令人见，以扇障面，复偷眼看，小鬼伎俩，进士所擅。砚有余墨，涂此发笑，老馗老馗，弗笑弗笑。壬子长夏大石记于黄山紫云峰下。

此画为沈柔坚收藏，二十年后，唐云又在画上题曰：

柔坚同志以余包物废作藏之，凡二十年，今捡出属为题记并盖印章，而余白发苍苍，俨然老翁矣。一九七九年之冬杭人唐云记。

这样的"白发苍苍，俨然老翁矣"的感慨，不正是由于对青春的魂牵梦萦所致吗！

热情

　　乐观、热情是唐云绘画艺术的主调。不管是清新飘逸，还是浑厚质朴，其情绪总是乐观、热情，给人以充满信心之感。这种热情固然要从《山花烂漫》、《映日荷花别样红》这类的作品中表现出来，就是在那幅水墨《兰竹》中，也使人似乎听到了淅沥雨声，淡

图88　唐云82岁时作品

淡清香。他画的《放翁诗意图册》，虽然画的是古诗，却能反其意而行之，化淡漠为热情，把闲情变成忧愤的热情。陆俨少曾题唐云《放翁诗意图册》云：

药翁山水出于石涛，而一种生拙重秀为其独得，故非石涛之所能尽也。能益多师，遂此凌驾前贤，骎骎欲度骅骝前矣。此为吾家放翁诗意册，曾在困厄之中，百无聊赖，因此为抒忧，故傲兀不平之气，往往见之笔墨间，情有所注，尤为合作。智毅同志得之，宜深深珍藏宝爱之。　癸亥七月暑退渐凉　陆俨少于沪上之晚晴轩。

图89　唐云《松鼠》

《放翁诗意图册》评介者颇多，代秀、庄辛在《唐云和他的画》一文中评论道：

　　前些年，他画过《放翁诗意图册》数十帧，其中的"小楼一夜听春雨，深巷明朝卖杏花"、"渔艇往来春浪碧，人家高下夕阳红"、"云归时带雨数点，木落又添山一峰"、"山重水复疑无路，柳暗花明又一村"等，真是诗画交融，别具匠意！画家不是重复诗人的诗句，仅作图解，而是因诗立意，另创一个视觉艺术新天地，描绘了既不囿于诗又不游离于诗外的特定的意境，十分耐人寻味。看了唐云这些作品，看得出若不是画家早年生活在风景胜画的杭州，若不是画家对陆游的诗意有特殊的体会，这些画是画不出来的。

　　这段评论和陆俨少的评论相比，显然是陆俨少对唐云的理解比代、庄二位要深刻。代、庄的评论还停留在绘画与诗的形式上的异同，而陆的评论则深入到画的内部，揭示出唐云绘画的内在气质。

　　唐云绘画艺术中流露出来的热情，不是靠诗句来进行解样的，而是他用笔、用墨的独到之处及画的自身意境显现出来的。唐云运笔的节奏感和用笔的浓淡清华滋润感，构成了他的笔和墨自身就具有生命力。再加上他构图奇特，布局周密，使画处于动的状态之中，静中有动给人以活泼，动中有静给人以安稳。这诸多的艺术因素，构成了唐云的绘画不是冷漠的，而是热情的，不是消极的，而是进取的。他画水有声，画竹有风，画山有灵，画人有情。前面提的《钟馗》以破扇遮面，两眼有神，窥视而发笑，非常动情传情。

图90 唐云《翠涛香海图》

图91 唐云《山水》

他画的《竹枝松鼠》就表现出竹枝拂动，松鼠欲跳的动态，正如他的诗写的：

昨宵微雨又轻雷，晓对青光扫麝煤。
山鼠忽从何处下，逗人如欲入窗来。

如果他的画不能进入这种意境，就是再好的诗，也写不出人对画的感受，只不过画是画，诗是诗，使诗画分家罢了。诗只能是对画的一种补充，不是画的说明书，更不能以诗代画。"诗中有画，画中有诗"，正如不是所有的诗都能写出画意一样，也不是所有的画都能蕴含着诗情。唐云的诗与画浑然成一体，真的像苏东坡所唱的"诗画本一律，天然出清新"了。

第十四章

水流云在

　　1991年的夏天，唐云将乔迁古北小区的新居了。对曾经生活过大半辈子的上海江苏路46弄（中一村）5号，虽然留给三儿成览，但他还是有些恋情依依，毕竟难以遣此。是流连小天井中那株枝叶滴鲜的无花果树？是眷怀那座客常满樽酒不空的小餐室？还是惦念那每天几次上下的几十阶木板楼梯？牵挂攀藤，他理不清楚。他只知道自己一生的岁月裹挟着喜怒哀乐大都是在这里度过的，

图92　唐云与许恺德

成败得失各有刻痕，都是生命的一瞬，历史的一页，不可思量，固难忘。

可留恋的东西太多，欲说还休。搬家的那天，他又一次走上那个小阳台，颇感诧异，种植在此的花草怎么都枯萎了。只有那盆络石的叶子在太阳下泛着幽幽绿光。他告诉逸览把这盆络石带走。络石是一种藤本植物，那绿油油的叶子经霜之后就泛出红色，红得像一团朱丹，令人陶醉。还是在逸览少年时代，唐云就购来这盆络石，试图要诱导儿子养花的兴趣。唐云酷爱华喦（新罗）的花鸟，千百次赞扬："他点的苔藓青翠欲滴，简直就像活的一样。"唐云另一斋名印"圣华"足见瓣香之诚，种种深情，至死不渝。

《汉书·元帝记》："安土重迁，黎民之性，骨肉相附，人情之所愿也。"在一个地方住久了，呼吐吸纳，人的生命信息总是和他的生活环境息息相通，相习相安，"匹夫之志不可夺也"。一旦动迁，有所改变，则新的环境无论多么优雅，总难沆瀣一气，水乳交融。新居距离市区又较远，朋友们来看望也不像在老房子里那样方便，唐云和夫人俞亚声的确也颇感寂寞。

1992年10月2日上午，学生许恺德来拜望老师，踏进画室，唐云正在紫砂壶上画山水小景，搁笔后就说："这两天，逸览妈身体不好，有些危险，我这几天晚上睡不着。逸览妈年轻时图画得也是蛮好的，但为了我和照顾家庭放弃了，她是喜欢现代和西洋画的，而我喜欢古画。"

"师母的画有没有保存下来？"许恺德问。

"抗日战争时都弄丢了，当时也不懂，实际上从画架上拆下来，做成枕头就保存了。这次搬家，逸览找到一幅。"唐云说。

许恺德虽然是唐云的关门弟子，但进入师门的时候已届中年。唐云对他说：你中年学画，不比人家少年，不能全面铺开，不能贪多，先盯牢一两样学，我看你先从兰竹入手。唐云还告诉他：学好中国画要从传统开始，要练好书法，图画的线条是要有书法基础的。许恺德自入师门后，就逐日到大石斋洗砚煮茗，磨墨理纸，跑进跑出地为老师办一些生活上的事情。

还是在1988年，唐云和逸览在香港为庆祝香港集古斋成立三十周年时，俞亚声就因胃出血晕倒过，经医院抢救才转危为安，然已元气大伤，自此她的健康日趋不佳，每况愈下。嗣而病情越来越重，经常出现痰阻塞迫使呼吸不畅。

10月6日清晨，俞亚声终于在平静安详中悄然谢世。唐云告诉家人，丧事从简，勿落俗套，除了几位亲朋好友，不再通知外人。

但唐云还是徐展素楮，饱蘸浓墨，为夫人俞亚声写了一副挽联，上款：亚声贤妻千古。联语为：

梦惊真幻频呼汝

恸哭儿孙列满堂

拙夫唐云

写好挽联，他又来到逸览住的地方看一看悼辞写得如何。当他听完悼词时，热泪沾襟，并指出悼词中应增加一段，即说："你母亲原来也是画画的，是学西画的，但为了家庭，为了支持我画画，她才放弃了。"同时他又关照子女："将来将她的骨灰撒到她家乡富春江，那里人少，清静，仍让云烟来供养她。"少顷又说："将来我百年之后，骨灰也要撒到富春江。"三儿成览说："杭州在建你的艺术馆……"唐云说："骨灰还是撒掉好！"

10月9日，唐云带着子女涤览、俞览、如览、逸览和成览及亲属三十余为逝者俞亚声送行，俞览主持遗体告别仪式，逸览致悼词。在本色朴素的无尽哀思中送走了俞亚声。

唐云本来就有白内障的眼睛，此后的视力也越来越差，老眼昏花，远了看不清，近了也看不清，写字作画处处感到掣肘，这使性情自由无羁的唐云不无伤神。1992年年底，他和逸览去香港参加集古斋举办紫砂壶展时，本想趁机配副眼镜，但经医生检查，翳障配眼镜无助于提高视力，唯一只能用手术把已经成熟了的白内障摘除。但唐云对此不无顾虑，他对逸览说："毛主席的白内障是你叔叔给他做的手术，手术一年后他就去世了。"

　　唐云的弟弟唐由之，是著名的眼科专家，毛泽东每患眼疾，多由他治疗。

　　唐云虽作如是想，但为了未竟的事业，他还是在香港做了白内障摘除手术。手术后，眼睛的视力渐次恢复，得遂所志，仍是每天不停地作画。因为他们父子应澳门和台湾之约，1993年秋季要去举办"唐云唐逸览父子画展"。

　　1993年清明，唐云率子女把俞亚声的骨灰送到富阳，和泪撒在富春江里。天上人间，同生无分，霜辛露酸，悲怀可遣。

　　富阳是俞亚声的故里，唐云来此结婚之后，始由杭州移居此地多年，唐云的山水画之所以能够触碰着天地之一团灵气，山川之大块真相，于此潜移默化，以造化为师，实得益于富阳的乡居生活。抗日战争开始，唐云偕妻挈子离开富阳北上上海，一别就是近六十年的岁月。及至送夫人遗骸回归故里，已是风物全非，甚或早先他生活在富阳的那些轶事，亦已鲜为人知，更无能道其详的了。

　　撒骨灰的那天清晨，在唐云的住地室内，一只电灯泡在他头顶上方突然爆炸，发出很响的声音。唐云镇定若素，而子女们都不免为之震惊，相顾愕然，心中都隐隐约约地有一种不祥之感。

富春江水仍然是那样湍急，只是有些泛黄，远不如几十年前那样无忧无虑清澈迎人的了。俞亚声的灰白色骨灰从颤动的手中落入江中，江流浪推，像一朵朵不规则的花瓣，随着流水飘去，几番沉浮，迅即浪花淘尽，了无痕迹。唐云的泪水也滴滴落入江中，他又一次嘱咐儿女们："我百年之后，骨灰也撒在这里，和你妈妈在一起游山玩水。"

唐云的眼睛虽然好了，但心脏病又不时发作，脸部浮肿。尽管如此，他仍然勤奋作画，为他人的事乐于奔波。苏州古吴轩的创建，唐云不只是借箸代筹予以佐助，而且还亲自去找苏州市委和政府领导，请他们放宽政策，给予支持。有一次去苏州时，他的心脏病又发作。回来后，他对学生许恺德说："以今观之，去澳门和台湾办画展的事，恐怕不一定能成行了。"

心脏不好，他就不再多作画了。作为怡情娱魄，平时只是欣赏自己的收藏精品，玩玩汉砖瓦当砚，想一些绘画问题，还要学生帮助他寻找资料。

一天晚上，逸览帮助他洗好澡，坐在床上休息时，他神态无异，忽若偶然想到，信口对儿子说："老子今年恐怕过不去了！"

虽然如此，凡遇故旧请托，他还勉为其难，画上几笔。有一天，上海中国画院副院长韩天衡来，说是张震八十岁寿辰，请他画张画去祝寿。他还是很乐意地画了。韩天衡把画拿走后，唐云对逸览说："这些老军头，都是劳苦功高，应该画张画祝贺。"对军队的高级将领，唐云总是以"老军头"称之。唐云对叶飞也很有感情，和这位"老军头"相处，在师友之间。

9月9日，老朋友杨堤来看他，问候他的健康状况，并问他是否要安排去医院疗养几天。他说不要。杨堤又告诉他，上海博物馆有精品展。他表示要去看看。杨堤说到时由他来车接他一道去看。杨堤是中共上海市委的老领导，很关心老画家的健康和生活情况，常为他们排忧解难。

9月27日下午2时许，保姆到逸览的住处报急："老先生心脏病又发作了。"逸览急忙赶至父亲的卧室，看到他气急心痛，口里已经含着三颗硝酸甘油。逸览连忙给他揉心脏和腹部，他喃喃地说："照这样（痛苦）还是死掉算了！"逸览要叫救护车，他说："不用了。"到3时半，他才几经挣扎，逐渐平静下来，打电话通知华东医院的陈医生，医生给他检查后就告诫他："你这次又闯过一关，明天一定要到医院去住院。"为了以防万一，家人又去医院准备了氧气袋。

9月28日下午2时，唐云午休起床，俞览为他洗脚更衣，逸览去叫出租车。出租车还未叫到，在家人和学生许恺德的陪同下唐云已经从三楼走了下来。他关照许恺德把一只"油葫芦"（小虫金铃子，越冬时，唐云即把它焐在胸口，笑谈中每一出示，于焉取乐）放到逸览房间，交给逸览把它养好，不要饿死，并讲："我还要带着它去台湾呢。"

出租车来了之后，由俞览、逸览和孙子永辉陪他去医院，车子开动了，他还像平常一样对送行的人招招手说："我先去了，再见了。"

经医生再次检查，发现唐云的心脏有两个地方心肌梗塞并缺血坏死。不能再回家了，必须立即住院。医院向家属发出病危通知，这是对心脏病人入院后的常规手续，因为随时都可能发生意外事故。

第一天晚上，两个人住一间病房，他很不习惯，一夜未眠。后经医生同意，才让他单独住一间病房。

二十四小时连续不停地给他输液，平躺在那里，连身也无法翻一下，他那胖得高高隆起的腹部压得他更加透不过气来，使他苦不堪言。他对儿子说："做人是苦的，生下来第一声是哭而不是笑。"有一天，他实在无法忍受输液给他带来的痛苦，自己把输液导管"毅然决然"地拔掉，逼着三儿成览送他回来。他的三个儿子，谁也不敢违抗父命，于是成览只好乖乖地搀扶父亲走出病房。刚到电梯口就被护士发现，又把他"捉"回病房，继续给他输液。对心脏病人来说，针药就是生命。

9月31日以后，唐云的病情有些恶化，开始出现幻觉。他平躺在病床上，两眼盯着天花板，看个不停，且用手指着要儿子看，说这是一幅"荷花"，那是一枝"红梅"，那边又是一幅"富春山居图"，并问儿子像不像。自小就跟父亲学画的逸览，朝天花板直视良久，根本看不出有什么画。逸览心想，这是一种幻觉。唐云是个"爱画入骨髓"者，"嗜好与人殊酸咸"，世间万事万物摄魂夺魄的莫过于绘画了。由是观之，莫非那竟成了"回光返照"了吗？

10月6日，唐云突然昏迷，经医生抢救，有所好转，并没有脱离危险，心脏虽仍还在跳，显而易见神不守舍，精神已与肉体脱离。

10月7日，医生通知家属去购买野山参，要把他的生命从危险中拉回来。俞览和逸览兄弟二人同去童涵春堂，买了一支野山参，并打碎磨成粉。野山参粉还没有磨完，医院就打电话到药店通知，要他们立即赶回。

兄弟二人回到医院，则老父一瞑不视，诚如王羲之所云："死生亦大矣，岂不痛哉。"

海派画坛一代宗师走了。

弘一大师是"廓而忘言"；远一些的黄山谷则是"非故旧至好不露哀音于死生之际"；然耶？非耶？

唐云走的那一天，恰恰是夫人俞亚声逝世一周年。世间上的事何以有这样的巧合。天意耶？人意耶？还是他们前世有约？其可解或不可解也？冥冥之中果有主之者？

苍头白发，唐云哭别多少老朋友，如今健在的老朋友们又来哭他了。

唐云生前知己、画家赖少其赠的挽联道出了他的为人风范：

能有几人成知己

多少好事已办完

为唐云送行，花如海，人如潮，挽联如帆，哀思如楫。唐云偕夫人作逍遥游。

为了实现父亲的遗愿，逸览还是应邀赴台湾，举办"唐逸览画展"。父亲的故旧、安徽桐城余伟，与唐云香江一别四十五年，参观画展，即兴撰联作贺：

逸笔纵横小李将军逢劲敌

览今观古大石居士有传人

人生而有涯，概莫能外，然则薪火相传，艺术无涯，水流云在，再现了生命的长河。

后　记

　　进出大石斋，看到药翁唐云作布袋和尚。宋人梁楷也曾作布袋和尚，和尚捧腹而坐，袈裟如布袋裹着那肥胖的身子。唐云笔下布袋和尚，则是一位瘦小的老僧，背上驮着一个大布袋，蹒跚而行，画上题着四字真言：

　　　　　行也布袋，

　　　　　坐也布袋，

　　　　　放下布袋，

　　　　　何等自在。

　　我的心为之一动。这不正是唐云自己的写照吗？他的背上不也驮着大布袋吗？

　　唐云是外禅而内儒。名士风流只是他的外表，而内里是有强烈的社会责任感和道义精神。

布袋里装着艺术的追求。

布袋里装着收藏者的癖好。

布袋里装着友情。

布袋里装着诗和禅。

布袋里装着茶和酒。

布袋里装着人世间。

人世间的一切都装在布袋里，装着无穷牵挂。沉沉复沉沉，永远放不下的大布袋。直到他重病缠身西归道山之际，他仍然放不下玩的紫砂茗壶的保护，养的金铃子的生命。从这一点上来说，唐云和布袋和尚一样，从来没有轻松过。

唐云和布袋和尚所不同的，他手中有一根竹制的拐杖，拐杖有赖少其用金农书体写的偈语，那偈语又是唐云自己集句而成。拐杖的偈语为：

> 不畏崎岖偕此君，每当坦道亦防倾，
>
> 若从平夷犹虑险，万水千山到处行。

唐云背着大布袋，手中持着这根竹杖，在向前走着。我常常目注着他的背影，看着他那一串串脚印，走得是那样潇洒，带来的是清风云水。他曾将此偈语书一片册页送我，要我体味此中的人生。

唐云无意要别人为他作传，我和他相交数十年，起始亦无为他作传的意思。但他的朋友如来楚生、张大壮、张开勋、朱屺瞻、沈觉初、徐素白、徐孝穆、白蕉、钱瘦铁、唐大郎、龚之方等和我也都有着忘年之谊，和他们过往交谈中，总是能听到唐云的风雅趣事。言者无意，听者有心，渐渐地我把那些故事辑录数册，意在自我欣赏。

一日，唐云将他所作的诗抄录一卷送我，我要他题款识，他只是说："供你茶余饭后消遣而已，不登大雅之堂，不题了。"此时，我忽然忆及清人金农乾隆乙卯五月六日自写小像举付入室弟子广陵罗聘云："聘正年富，异日舟履远游，遇佳山水，见非常人闻予名欲识予者当出示，知予尚在人间也。"

今天下人，耳闻药翁唐云之名不识其人更不知其生平事迹的，可谓车载斗量。而我为他作传已到水到渠成之时，何不乐而为之。邓散木的学生余穗祥，随其师出入大石斋，所见所闻甚多，在我为唐云作传时，他即将旧笔录相赠，顿使拙文生色不少。脱稿后以《杭人唐云》名之，送给他"审阅"时，他说："那是你的作品，如何行文落笔是你的事情，我看它作什么！"说得何等坦荡。如今还能听得到这样的声音吗？

斯人远去。这些记录药翁山程水远的文字，但愿能使读它的人允然有得，共知爱惜，宁唯其遗作将见寿逾金石，即其人亦真为不死矣！

郑 重

2017年10月